迷茫年少时
——我的"文革"记忆

MIMANG NIANSHAO SHI —— WODE " WENGE "JIYI

于斌 著

人民出版社

目　　录

第三篇　复课的喧闹与悲凉

第四篇　高中生的希望与无奈

第五篇　年轻人的追求与成长

第一篇 小学生的快乐与梦醒

昙华林小学

在武昌城中，有一条名气颇大的小街——昙华林。50多年前我走进了这条小街，进入的昙华林小学。到了六年级，中国历史上特殊年代的大幕徐徐拉开，当年遇到的很多事深深地刻在我的脑海里，现在回想起来就像前不久刚发生过一样，一幕一幕是那样的清晰。

昙华林小学的前身是清朝武昌卫衙门遗址，相当于城防司令部。进入民国后的1913年，在该遗址上办起了湖北女子职业中学。1945年改为昙华林小学。

1961年我上学的时候还不到7岁。学校已经开学了，幼儿园里那些比我大的小朋友都上学去了，我还留在幼儿园大班。有一天，幼儿园的园长把我带到昙华林小学二楼老师的办公室，办公室有好几个老师，园长找到两个老师后，大概是跟她们说我上学的事。说完以后两个老师就坐下来，把我叫到面前问我一些问题。估计是老师对我还算满意，看着几个老师商量以后，就由其中的一个老师把我领到楼下的一个教室里。同学们正在上课，在带我来的老师把我交给上课老师的时候，我突然发现有我幼儿园一个的小朋友坐在里面，居然情不自禁地大声叫他的名字，但是马上被老师制止了。我没有书包也没有书，就暂时安排在最后一排的座位上。

园长看我坐下来就离开了。六年以后当我再看到她时，她已经是才从井里打捞上来的一具水淋的尸体了。

我充满了新鲜感和好奇心，我也开始当小学生了。后来我经常想，一般情况下早一年晚一年上学无所谓，关键是如果没有幼儿园阿姨的努力，我肯定就是晚一年上小学，那样我就不可能参加"大串连"，不可能参加"文化大革命"的很多事，那就是走的另外的路，认识另外的同路人，所有的事就完全不一样了。人的一辈子很多事都是在阴差阳错中过来的，没有如果，只有结果。

到了高年级，我才知道昙华林小学是武昌区的重点学校，我们班是重点班。这不是王婆卖瓜的说法，五、六年级的时候，我们班经常有公开课，就是其他学校的老师到我们班来一起听老师讲课，看同学们回答问题。外面来的老师把教室挤得满满的，他们经常是露出满意甚至惊讶的表情。公开课上多了，我们也习惯了，看见有其他老师来，无非就是坐得更端正一点，上课不讲话，积极举手发言，内心还多一点自豪感，我们也知道，有那么多双眼睛在看着我们。

我们班的同学基本上都住在武昌昙华林附近，班上老师的子女比较多，附近几所中学和本校校长、教师的十几个子女都在我们班，还有工人、农民、干部和医生、教授、工商业者、地主、资本家、自由职业、店员、城市贫民等家庭的孩子，还有的在填写成分时填的什么独立劳动者、小商小贩、小手工业者等等，五花八门。当然，还有什么"右派"甚至"坏分子"之类。那时我们根本就不在意这些，但想不到这各种各样的成分，以后在相当长的一段时间里却成为无形的印牌挂在他们身上。

尽管我们来自不同的家庭背景，但当时没有人很在乎谁的家庭怎么样。最多也就在心里知道谁的爸爸是实验中学、十四中学、二十二中学的校长、教导主任。大家更在乎的是班上那些左臂上带着三个杠或二个杠的同学，她们分别是少先队的大队长、中队长、班长、副班长、学习委员等等。

说昙华林小学，不能不说到十四中，因为十四中也在昙华林这条小路上，离我们学校很近，学校里很多同学的哥哥、姐姐都在十四中上学，从地缘、人缘上十四中就像我们小学的兄长一样。十四中学历史上也曾辉煌过，为湖广总督林则徐所建，1905 年左右被张之洞改为学堂。

当我还在小学四、五年级的时候，就常听同学们说，哪个同学的哥哥或者姐姐考到实验中学或者十四中了，谁的哥哥或姐姐怎么"杠"。我没有哥哥没有姐姐，只有妹妹和弟弟。我内心其实是很羡慕那些有哥哥姐姐的同学，好像他们有人带着，有人帮助，有人保护。我没有也只能是在看见同学和哥哥姐姐在一起时偶尔投去羡慕的一瞥。当然，也有好处，我可以更自由的玩，反正我在班上成绩不差。玩，对我来说是简直就是奋不顾身的事。

同学们关系很融洽，几个关系好并且是同路的同学上学放学经常邀着一起到什么地方或者到哪个同学家里去做作业，作业很快就能完成，剩下的时间就是大家一起玩了。昙华林一带的好房子真不少，但是都比较陈旧。有些同学家就住在两层楼的小洋房里，有的住的则是深宅大院。当然，一般都是好几家一起住。不过，那时候我们不可能对这些房子有什么兴趣，只是后来才知道原来昙华林曾经有那么多名人住宅，有那么多近代史上的故事。甚至有人评价昙华林"形象地展示着中国近代革命史、教育卫生史、中外文化交流史、建筑史、宗教文化史和武昌城邑文明史，内涵深厚且密集，资源丰富又集中，不仅为武汉其他城区所没有，在全国也属罕见"。是不是这样不知道，但是起码这样的评价不会离谱。我后来看过福州的三坊七巷，感觉与昙华林相比是各有千秋。

其实，这些名人住宅对我们是再熟悉不过的了，随便哪个同学家或者附近一定有这样的房子，太多了。小时候玩游戏、躲猫猫，经常在这样的房屋中窜来窜去，大人们是不管的。有一次，我和几个小伙伴玩游戏"官兵捉强盗"，别人当官兵来捉我这个强盗，说好不能出那个房子。那个房子是个很大的平房，平房里面住着十几户人家，前门在崇福山这条小巷，后门出门拐个弯就到得胜桥的街上了。那时候这样的房子不少，都是前门在一条小街小巷，后门却是另一条小街小巷了。官兵捉强盗的游戏开始后，我一直往后门跑，躲进了一户人家的门后面，可是躲了半天没有小伙伴来找，我突然想起上次看了娃娃书《岳飞枪挑小梁王》，后面的《岳母刻字》还没有看，我想去看娃娃书算了，谁要你们半天不来捉我呢。我溜出了后门到得胜桥的娃娃书店里看《岳母刻字》，书拿到手就完全把官兵捉强盗的事忘得一干二净了。等我看完《岳母刻字》，再从那个后门溜进去时，那些小官兵还在挨家挨户到处捉我这个强盗。反正我已经看了《岳母刻字》，就让他们捉到算了，尽管他们说我"痞"（武汉话，不守规矩），我不认就完了，因为有那么多间屋，谁知道躲在什么地方？

五年级时我和几个男生到一个女同学家去玩，她住在十四中那边美院对面的小沙湖旁边。那时候的大沙湖和小沙湖加起来有现在沙湖好多倍大。同学家门口有个小塘，同学说塘里有蝌蚪了，我们去捉蝌蚪。不料有个同学不小心滑到塘里，他还不会游泳，只能不停地在水里扑腾，一个同学赶紧跑到家门口拿了一根晾衣服的竹竿让他抓住，我们再把他拉上来。此后同学的家人再也不许我们接近水塘了。那时我们完全是在"散养"的环境下成长，小孩子就像放出去的鸡、鸭、鹅一样，特别是一家小孩兄弟姊妹好几个，出了窝出了笼就自己到处跑，但是知道该吃东西、该睡觉的时候就要各回各的窝或笼了。只是当时我们体会不到"散养"的幸福，所谓身在福中不知福，因为大家都一样。这种"散养"的方式与当时居住的条件、兄弟姊妹多、大人的情况、社会安全环境等因素也是分不开的。

我家住在离学校很近的崇福山，属于戈甲营居民委员会。出家门过两条小巷拐两个弯就到学校。我家住的是老平房，有个小院子，院墙那边是一所老学校，小时候只知道那个学校叫"图专"，后来才知道那是图书专科学校，成立于上世纪二十年代，是亚洲第一所图书方面的学校。现在这个学校已经没有了，但是在一面老墙上还安着武汉市政府的三块牌子，注明是重点文物保护单位……

有一次少先队开会要同学们谈理想。

有的同学说，我长大了要在长江上修更多的桥。那时武汉长江大桥是长江上唯一的一座桥，是1957年苏联专家帮助建的，这也是武汉人引以为自豪的事。

有的同学说，我长大了想当一名医生，给好多的病人治病。我想我的小姨就是武汉医学院毕业的，可是毕业以后听家人说，因为成分不好，被分配到遥远的敦煌，在那里当医生。我小舅舅从实验中学毕业后考入北京医学院，正在学医。

有的同学说，我长大了想当一名老师，像我们的老师一样，站在讲台上。老师？我不想当，我想我大舅以前是名牌大学毕业的，参加了抗美援朝，拿回来那么大一块玻璃框的奖状，奖状中间印着"人民功臣"四个红色的大字，后来还是因为成分不好被安排到北大荒，在那里当了教师。

有的同学说，我长大了想当一名工程师。工程师对我来说也没有吸引力，我母亲的表哥曾经是刘家峡水电站的主任工程师，是以前清华大学毕业的，他经常到我们家来，每次都是滔滔不绝、口若悬河地讲这讲那，但是前些年因为对刘家峡水电站建设提意见和瞧不起苏联专家被划为"右派"，不说主任工程师，连工程师也不要他当了，在个什么地方劳动改造。

还有同学说要当火车司机，开着火车在祖国的大好河山奔跑；有的同学想当画家画出祖国的美丽河山；有的想当一名解放军战士保卫九百六十万平方公里的祖国领土；有的想当一名飞行员在祖国的蓝天上飞翔……

那时，我们对祖国的大好河山是充满憧憬的。教地理的杜老师，上课时在黑板上一笔就能画出中国大陆的样子，然后就是画长江、黄河，令我们惊奇。天山山脉、昆仑山脉、巴颜喀拉山脉……，塔里木盆地，准噶尔盆地，柴达木盆地……，他用粉笔分别标出它们的准确位置，他用那黑板和手中的粉笔把我们幼小的心灵带到了祖国遥远的也是我们向往的地方。

我觉得同学们说得都很好，很羡慕他们都有自己的理想，但不知道自己该说什么，的确没有想过我长大了要做什么这个问题。那时候除了想玩以外真是没有去想什么"理想"。

从六年级下学期开始，我们并没有多少异样的感觉，但我们明白过几个月将要考初中了。那时人们对考初中并没有看得那么重要，绝对没有现在小学六年级学生这种压力。不过我们也知道实验中学、华师一附中、十四中等一些中学都是重点中学，希望自己能考上一所重点中学的愿望还是有的。班上成立了几个学习小组，我也没有参加。一切都是按部就班地进行，现在想起来，那时人们刚经过三年自然灾害，只要有饭吃就满足了！周围的一切似乎都显得那么平静、平常、平稳、平和、平凡甚至平淡。

从花园山说到吃

　　昙华林小学的南面直线距离百把多公尺有座小山叫花园山。六年级时从我们教室的窗子可以看见花园山，当然，在花园山上也能看见我们的教室。花园山说起来是山，其实不高还很小。东西长大概就三百公尺左右，南北宽处不到一百公尺。从山上可以看见不远处的蛇山、长江大桥、长江对岸的龟山、江汉关，还有实验中学旁边凤凰山高炮阵地上的高射炮，那些高射炮是保卫长江大桥的。

　　花园山东南面有一圈院墙，里面是育婴堂。作为小学生的我们都知道育婴堂是解放前帝国主义国家的修女院，专门收留中国婴幼儿，然后给婴幼儿吃发霉的奶粉和粮食，害死了很多很多婴幼儿。花园山中间有个亭子。亭子里面埋的都是育婴堂里死去小孩的遗骨，据说从1928年开办到1951年接管，进育婴堂的婴儿有5万多，活出来的才一百多，我们就把这个亭子叫做白骨亭，这是我们经常接受教育和玩耍的地方（现在这地方成了神学哲学院）。解放后把那些死去的婴幼儿遗骨集中起来，埋在了白骨塔里面。白骨塔占地面积约九平方公尺呈棱形，塔尖顶不高，塔中间有汉白玉碑文，碑文上记载有帝国主义残害中国婴幼儿的文字。我们在学校的组织下，来到白骨塔前，接受帝国主义的修女们是如何残害中国婴幼儿，我们生长在新社会的儿童是多么幸福的教育。

　　那时，花园山北面山坡上有一排粗壮的大槐树。每年五月，当槐树树枝弯弯的挂着一串串、一簇簇洁白槐花的时候，我们感觉到的不是美，而是清香和口馋。我和周围的小孩一样，拿根绑着铁丝的长竹篙，

9

去钩下那些槐花，直接放到嘴里吃或者拿回家用面粉和着做槐花粑粑，吃起来真是香甜可口。但是当槐树下面的槐花被钩完了，长竹篙也够不着的时候，我就只能找那些会爬树的同伴们要了。因为我学着别人爬树的姿势试了多次，怎么也爬不上树，开始我以为是槐树太粗，后来找稍微细一点的树试，还是不行，只能在上树的时候往上冲一下，就只能抱着树不动了，否则人就往下掉。所以我这时只能在槐树下眼睁睁地看着爬上树的小孩去钩高处的槐花，我在下面捡，以求能分几挂拿回去也能再做几块槐花粑粑。

说起花园山的槐花可以吃外，花园山还有一样东西被人吃过。三年自然灾害的时候，有人在花园山挖观音土吃。我们知道山旁边有些发白的土叫观音土，人饿极了找不到东西吃的时候是可以用观音土来充饥的，但是不能多吃，据说吃了观音土就拉不出屎，吃多了就要死人。当然，吃观音土的事我没有看见过，更没有吃过，但我们这些小孩都听说过这些事。

说到吃，有几件事是我亲身经历过的。一件事是在花园山西边的山坡带，有间比较大的有点像小教堂的房子，以前那是居委会开会的地方，大约在1959年，这里改成了公共食堂，周围的人都可以到这里吃饭，不要钱，我年纪小，吃不了多少，但是我也去吃过，吃饭的时候到了，在家里拿个金属小碗，有专门打饭的人在一个大木桶里给我打点饭，在旁边去夹点菜。公共食堂里还摆了一些桌子、橙子，很多大人就在那里吃，也有打回去吃的。但是没有几天公共食堂就关门了。以后才知道什么"大跃进"什么"共产风"，说起来这辈子也曾经过了几天"共产主义"的瘾。那个年代由于全国大炼钢铁，到处是亩产几万斤粮食之类的荒唐事，导致了后来的三年灾害，才有吃树皮吃观音土之类的事。

第二件事是一次家里快没有米了，应该说是想买也买不到米，父亲找当时省粮食局的局长批条子买了一袋干萝卜丝，偷偷摸摸背回家，全家人好高兴，吃饭时没什么米，都是萝卜丝，但这比饿肚皮好多了。锅里碗里都是萝卜丝，其中有一点点零零星星的米的印象实在是太深了，这辈子都忘不了。后来萝卜丝吃完了，不久，又找那位局长批了一袋红薯丝。也是放点米蒸着吃。尽管这样，我的妹妹、弟弟还是相继得了肝炎。这里我想为父亲说两句话，不要说他"开后门"去买萝卜丝、红薯丝不应该，在很多老百姓都在饿肚子吃树皮吃观音土甚至饿死人的情况下，作为一个父亲他难道就看着家里没有吃的了还无动于衷吗？真是被逼无奈，只要有一点办法也都会去搞点吃的回来。鱼有鱼路，虾有虾路，找省粮食局的局长批条子也就是一点萝卜丝、红薯丝，这个后门开得大吗？可那时候却是很大的后门。看看那些动物为了抚育后代奋不顾身的行为，何况是人！为了生存当然也顾不了太多。

第三件事是有一次我和父亲出去，在得胜桥的一个小食品店门前我看见有蛋糕卖，当时有很长时间没有吃蛋糕了，当我说我想吃蛋糕的时候，父亲问了价钱大概是嫌太贵，犹豫了半天，想带我走。我不可能那么懂事，食品柜里那小小的蛋糕对我的吸引力太大了，而且那个卖东西的人还在帮我说话，劝父亲买。父亲看我那个馋样子终于下了狠心把手伸向了口袋。当我拿到那块小小的蛋糕时，我舍不得马上吃，蛋糕好不容易从柜台里面到了我手上，拿在手上还想多看一下，蛋糕有我半个小手那么大，我真是好高兴啊！当我还没高兴够，还舍不得往嘴里放的时候，突然间蛋糕就没有了，是一个小男孩从我手里抢走了蛋糕，当我抬头看他的时候，那个小男孩已经把我的蛋糕全部塞进了他的嘴里。我完全没有想到会是这样，手还放在胸前，呆呆地看着小男孩，他跑了几步蛋糕就已经到他肚子里去了。父亲也没有准备，还在等卖蛋糕的人慢慢找钱。当父亲回过头看到这一切后，也愣了一会，然后牵着我的手说，算了，那个小孩也是饿坏了。这件事的每一个细节至今我仍然历历在目。

第四件事是那时我们很多小孩最喜欢吃的就是猪油拌饭，但就是这个猪油拌饭对我们也是奢侈的，不能经常吃，因为猪油也很少。我们很少很少吃肉，一点萝卜白菜里面也没有什么油，肚子里没有油水，我们叫寡人。我有时实在是馋了，就趁外婆不在厨房，赶紧去挑一点猪油往饭里面一塞，猪油在热饭里一会儿就化开了，或者再加一点酱油一拌，那就是我们香喷喷的美味佳肴了。但是猪油挑多了，外婆也会知道，就那么一个装猪油的小坛子，是经不起我挑几次的，所以我也只能偶尔为之。有时跟外婆直接说想挑点猪油，外婆也不会阻止，但是我知道她心疼。我就是再馋，也还懂点事，能感觉到后来才学会的"适可而止"那个词的意思。

我抓蚂蚱喂鸡也是有道理的。家里养了几只鸡，一般是不会去买鸡蛋的，就靠它们生蛋，老母鸡连着生两三天蛋也会歇一两天窝，人都没什么吃的，鸡能吃得好吗？有一次我太想吃鸡蛋了，别的小朋友告诉我，刚生下来的鸡蛋最有营养。那天我就看着一只母鸡趴在窝里，我在旁边等着，老母鸡趴在草窝上似乎一点也不急，它时而把脖子扭向我，还看着我，好像很奇怪，怎么今天要看它生蛋呢？我想它快点把蛋生下来，趁外婆不在，赶紧把刚生下来的蛋吃了。终于我看见鸡开始用力了，鸡身也慢慢起来了一点，我知道它开始下蛋了。一个黄黄的大鸡蛋终于从它的屁股里掉了出来，但是我不能马上就去捡，因为这时候鸡还要趴一下，好像是要缓口气。我等了一会，看它还不出来，再不出来外婆就要回来了，就过去把它赶起来，鸡慌慌张张地跑开了，不停地唱着咯咯蛋、咯咯蛋的歌，只是今天唱得有些惊慌失措，好像对我有点不满意，它当然不知道我想吃那个蛋。我拿起热乎乎的蛋，用手擦了一下，拿只筷子把蛋捅了一个洞，就这么喝了下去，感觉真好。外婆知道那天鸡会生蛋，这一天是我撒了谎还是怎么样就不记得了，但是喝那个热乎乎的蛋也是会记得一辈子的。

以后看到反映那时人吃人的文章时真是毛骨悚然，联想到父亲曾在郧阳地区山里搞"四清"，回来后说过那里有的大姑娘没裤子穿，一家人只有一条稍微好一点的裤子，谁出门谁穿。后来又看到前苏联在1929 年工业"大跃进"和农业集体化后，经济持续紧张，1932—1933年也发生过大范围的严重饥荒，造成近千万人非正常死亡。原来是以前的老大哥没有带好头。

歌舞升平的日子

　　春姑娘轻轻地飞来了。她飞过高山，来到江河；飞过森林，来到田野，把春风春雨送到人间。大地披上了绿色的新装，花草树木快乐地挥着小手。一群群小鸟跟着春姑娘，向四面八方报信：春姑娘来啦！春姑娘来啦！

　　哦，多么美好的课文！在一个略显破旧的教室里面，一张张认真的小脸，一颗颗纯洁的童心，一声声稚嫩的朗读，我们插着想象的翅膀，仿佛真的看到春姑娘来了一样。

　　就像所有的春天一样，1966 年的初春对我们依然是美好的，大自然赋予大地阳光、绿叶、小草、花朵；赋予人们笑容、生机、活力、希望；赋予万物又一个美好、崭新、再生的开端。

　　我是小学四年级加入少先队的。在学校操场上举行少先队活动的仪式自然是印象深刻。前面由一个少先队大队长举着五角星加火炬的少先队队旗，后面两个中队长做敬队礼式，再后面是鼓手和号手，唱少先队歌《我们是共产主义接班人》绕场一周，"我们是共产主义接班人，继承革命先辈的光荣传统，爱祖国，爱人民，鲜艳的红领巾飘扬在前胸，不怕困难，不怕敌人，顽强学习，坚持斗争，向着胜利，勇敢前进，向着胜利，勇敢前进前进……"那清脆而有节奏鼓声，那整齐而又嘹亮号声，激荡着我们的心，我们纯洁的心灵随着这鼓声、号声、歌声起伏和净化。我们按要求统一着白衬衣、蓝裤子，脖子上系着红领巾。老师告诉我们，红领巾是革命先烈用鲜血染红的，是红旗的一角，是少先队员的自豪和骄傲。我们右手五指并拢高举头上，随着一声"准备着，为共产主义事业而奋斗"，我们全部齐声回答"时刻准备着"。那声音是那样的整齐、有力，回荡在操场的上空。我们不懂共产主义，但知道那是代表最美好的未来，一幅美好的憧憬在向我们招手，离我们越来越近，越来越近。那时我们的食品营养比较差，精神营养却是非常丰富，革命的乳汁喂养让我们茁壮成长，沉淀在血液中。尽管换一个时间、地点，我们生活的乐趣会把这一切抛到九霄云外，忘得干干净净。但后来回忆起来，还是留下了一段少年时期挥之不去的情怀。

《红岩》是那时非常普及的一部革命小说，江姐、许云峰、双枪老太婆的革命故事我们都非常熟悉，根据《红岩》改编的歌剧《江姐》红遍了中国，主题歌《红梅赞》"红岩上红梅开，千里冰封脚下踩，三九严寒何所惧，一片丹心向阳开"。歌剧电影《红珊瑚》主题歌《珊瑚颂》"一盏红灯照碧海，一团火焰出水来，红灯高照云天外，火焰熊熊把路开……"那些优美的旋律是注定要刻在那个时代人们的心中。那是一个如歌的年代。不过没隔两年，它们统统成为了毒草。再到后来就越来越觉得莫名其妙了。

那是歌舞升平的年代，据说是解放后17年中最好的两年。说起那个年代或歌舞，就必须说到大型音乐史诗《东方红》。

"《东方红》延续了四十五年的传唱，承继了四十五年的精神，深深地影响了我们四十五个年头。

在我们当中许多人的印象里，《东方红》中的旋律早已超越了其音乐自身的意义，而被沧桑的岁月和流转的时空沉淀为一种刻骨铭心的记忆和感动。

它是人们童年的某个清早锁定于记忆之中的一首悠远明朗的晨曲；它是那些炽热的憧憬和纯真的年华谱写成的一页华章；让人喜悦，令人追思。"

这是一段2009年《东方红》重新演出时的宣传词，因为我也经历了这种刻骨铭心的记忆和感动，所以抄录如此。

1965年我上五年级，学校也要排演《东方红》，我们班分配了两个节目："游击队之歌"和"工友歌"。我和十来个男、女同学一起被选上参加排演。一般白天要上课，只能晚上和星期天排节目，我们也都十分乐意，因为有这么好的由头，同学们晚上还可以一起玩。吴业庆同学在离学校不远的美术学院请了一个女老师，那时候没有录音机什么的，就是女老师一边自己唱一边教我们，做示范，纠正错误动作，等分别把单独的动作做好了，再教我们怎么随着歌曲的旋律把动作连贯起来。那段时间每天晚上我们一群同学就去美术学院的一块露天空地学习这两个舞蹈。"游击队之歌"和"工友歌"舞蹈动作比较简单，一个是学打日本鬼子时的游击队员，主要动作是猫着腰打枪转圈圈。另一个多是学旧社会工人上街游行示威，主要动作是向上举举拳头，来回走几步然后团结起来"要做世界主人翁"的动作，当然是边唱歌边跳舞。我们很快就学会了。

我们正规演出是在学校外面的一个大礼堂进行的。我是第一次在这么大的舞台上参加表演，感觉好新奇，掀开舞台幕布，看见下面坐满了学校的学生，我想一定要好好表演给同学们看。

按节目顺序，别的同学表演了前面的节目。接下来该我们上场，"工友歌"节目在前，我们右手臂戴着红袖章，不时举起小拳头，唱着"被侮辱的是我劳工，被压迫的是我劳工，世界啊我们来创造，压迫啊我们来解除，创造世界除压迫，显出我们的威风……要做世界主人翁"。我们想象着劳工被侮辱和被压迫的样子，模仿着劳工的愤怒和威风，表演得很成功（现在的《东方红》重演时我很想看看这个节目，可惜被去掉了）。几个节目后又该我们上场跳"游击队之歌"，"我们都是神枪手，每一颗子弹消灭一个仇敌，我们都是飞行军，哪怕那山高水又深……我们就和他拼到底"，这真是一首经典而又神奇的歌。记得我在台上跑步转圈圈时，头上戴的柳树条编的草帽不知道怎么掉在地板上了，我十分着急，总想找机会捡起来，但我的位置离那个草帽总是有段距离，我边跳边眼睛不停地盯着我的草帽，也不敢跑出队伍去捡草帽，又怕同学把它踩坏了，真是没办法。这对本来感觉很神气的我打击不小，游击队员没有草帽像什么游击队员啊，别的同学都没有犯什么错误，怎么就我出了问题？最后还是快要下台了，我才找了个空隙跑过去把它捡起来，重新戴在头上。没有老师批评我，但自己这个小小的懊悔居然还能记忆至今。除此之外，我们的演出还是很顺利的。《东方红》在那个时代确实给我们留下很深的印象。

不要看我们好像只是唱歌跳舞、好玩，其实伴随着我们心里的还有那个时代特有的"对坏人保持警惕性"的极高觉悟。那些年一直在说蒋介石要反攻大陆，每家每户的玻璃窗上都要贴上"米"子形的纸条，防止敌人飞机扔炸弹时把玻璃炸得到处飞伤到人，因为每次都是外婆剪好了纸条，搅好了糨糊，由我搬了小桌子再加上小凳才够得着窗子上边，所以这些事记得很清楚。当然那些"米"字形的纸条后来根本就没有用，因为没有敌人飞机来扔炸弹。

因为喜欢看电影，当时三等电影票一毛五分一张，武昌电影院、江汉电影院离家很近，所以想看电影很容易。特别是当时的一些反特故事片，因为是捉特务的，对我们来说很惊险，如《铁道卫士》、《古刹钟声》、《羊城暗哨》、《虎穴追踪》、《秘密图纸》、《国庆十点钟》等等，看到紧张的时候心里怦怦直跳。因为喜欢看，也看得多，所以对各式各样的特务、定时炸弹、发报机的印象就多了起来。再加上社会上还有反革命、坏分子等说法，而且知道坏人平常跟好人是一样的，从外表根本看不出来，所以我们就慢慢养成了一种非常高的警惕性。

有次，我和几个男同学听说江那边的龟山有一个山洞，我们从来没有见过真正的山洞，电影和书里面的山洞是那么的神秘和有趣，我们决定星期天去那个山洞"探险"。之前我们商量好，要带上手电筒、绳子，还有小刀，有一个同学不去了，我和另外两个同学约好星期天早上在武昌长江大桥的上桥处集合，我和另外一个同学都带了手电筒和一把水果刀，但是带绳子的同学带的绳子又细又短。我们没有乘车，走过大桥就是龟山。路上我们想象着那个山洞的神秘样子，甚至又说起山洞里万一有国民党特务怎么办的问题，如果发现特务的发报机那好办，马上就去报告警察叔叔，如果还有特务那我们就先跑出来去报告，有一个人跟踪特务，反正要有跟踪的要有去报告的，像电影《跟踪追击》一样把特务捉住。我们按照当时反特电影和书里面的情节发挥着自己的想象力，没有丝毫畏惧感。

到了龟山，我们按打听好的路线顺着一条小路从山的南边上到山上再从北边下去，据说山洞在靠近山北边的山脚下。山上没有人，非常安静。这里大树不多，到处都是茂密的灌木丛，而且也长着刺，一不小心就把衣服挂住了。太阳光透过稍大的一些树，把阳光洒在灌木丛上，那些长满刺的灌木枝条好像要检验我们的决心，不断地挡着我们的去路。我们每人捡一根粗一点的树枝，走在前面的不时提醒后面的小心，寻找着下山的路。蛇山离我们近，我们去过无数次，每条小路我们都熟悉。但是龟山尽管从这里经过，还都是第一次上去。不过很快我们就发现一条通往山下的小路，跟蛇山上的一样，弯弯曲曲，很窄。我们决定就顺着这条小路下去。因为走的人少，那些灌木经常把小路挡住了，我们用树枝把它们挑开，小心翼翼地向山下走去。

快到山脚下，有一条稍微宽一点的路横在我们面前，再往下就完全下山了。我们估计山洞就在附近，按照别人说的大致位置，我们决定朝江边方向走。不久我们就发现了那个山洞。我们很高兴，但是开始慢慢紧张起来，我们轻轻地接近山洞。山洞洞口不是很大，里面静悄悄的，好像没有人。再慢慢进到里面，光线有点暗，我们停住脚步，拿出手电筒，往里面乱照一气。我跟同学悄悄地说句话后，就大声叫了起来："里面有没有人？我们看见你了，赶快出来！"接着两个同学也都跟着大叫起来。我们是在为自己壮胆。一点回音消失后，并没有特务出来，洞里面恢复了它特有的安静。我们又胡乱叫了几声后，胆子逐渐大了一些，打着手电筒往前走了几步，但是我们很快就发现已经走到头了，洞里面除了有几堆发臭的屎以外，什么都没有，根本就不是别人说的那样好玩，我们想找到的发报机就更没影了。就这样一个小小的山洞让我们完成了第一次探险。但那是我们亲眼看见的第一个山洞，我们以前关于山洞的所有想象都浓缩到眼前这个山洞了。

还有一次，我和几个小伙伴在蛇山上玩，后来我们发现有个中年男人提个包在半山腰上到处转，走走停停、停停走走，好像是在等谁或者是在寻找什么东西，我们觉得这个人很奇怪，他是特务吗？是在找电台还是发报机？还是准备跟另外的特务接头？我们的警惕性一下就上来了，停止了玩耍，改为跟踪监视。他转到哪里我们就在离他不远的地方假装玩的样子，表现得像侦察员一样。就这样跟踪了一、两个小时，那个人终于从蛇山古楼洞下山了，我们继续跟在后面，到胭脂路口，有个警察在那里指挥交通，我们赶紧跑过去，指着那个人跟警察说他是个特务。警察半信半疑的叫住了那个人，我们在旁边瞪着圆圆的眼睛心想这次抓到了一个特务。警察询问了那个人，那个人掉过头来对我们大吼道："我说怎么这几个小孩跟着我，原来把我当特务啊，你们过来看看，看我是不是特务？"我们被他吼懵了，不知所措。警察看看那个大人，再看看我们，然后对我们挥挥手说，回去吃饭，回去吃饭。听警察这么一说，我们就夹着尾巴逃跑了。路上我们不服气，仍然认为那个人就是个特务，因为他鬼鬼祟祟的样子跟电影里的特务差不多。

没有办法，这都是小时候我们做过的荒唐事，但是我相信这样的荒唐事绝对不会只发生在我身上。

40年后我才知道，不仅是我没有忘记这些事，我的同学们都记得那时的情景，40年没见面的几个小学同学初次聚会时毫不费力地把班上几十个同学的名字都回忆出来，包括他们当时的住址、父母亲干什么的。有的同学甚至像儿时一样背诵当时的课文。当然，我们还忘不了那时的歌，从一个同学开始小声唱到后来几个同学一起深情的合唱，我看见有同学眼圈里含着泪水：自从我踏进了学校的门坎/我们就生活在老师的身边/从一个爱哭的孩子变成了一个有志的少年/虽然离开了妈妈的怀抱/红领巾却抱着我们的双肩/这一点一滴的进步/花费了老师多少心血。还有：今天我戴上了红领巾/今天我就是少先队员/早上起来我敬队礼/见了同学我笑嘻嘻/我们要听毛主席的话/努力学习锻炼身体。

我们那两年真是充满了快乐，在无忧无虑之中尽情地享受着一切，不知道这一切对我们来说是那么的短暂，更不知道这一切还会在几十年以后让很多人去回味。

学习的榜样

那时没有追星的说法，我们叫学习榜样，榜样的力量是无穷的，这句话每个学生都知道，实际情况也是如此。大多数男孩子心目中的英雄情结主要是从他们的榜样那里去获得感觉和启发。

小学低年级时，除了在学校上课外，老师布置的家庭作业很少，语文、算术加起来一般一个小时左右就做完了，剩下的时间就由我们自己打发。除了玩以外，当然是小人书（那时我们称"娃娃书"）最有吸引力了。

那时离家不远处有几家专门看小人书的小店，墙上挂满了用各种小人书封面组成的挂图，每张封面上都编一个号，你点哪本书就报个号，薄的交1分，厚的2分，然后在屋里摆的小板凳坐下来看。每次去小板凳上都坐着一些年龄跟我差不多的小学生，大家都是埋着头看得那么认真，那么聚精会神，让他们手中的故事都融化在幼小的心灵之中。

作业完成以后，如果没有小朋友约我去玩，我就经常去这样的小书店看书。或者外婆要我去买点肉、酱油、盐、菜什么的，我就把剩下的钱，花去几分，看一、两本小人书。有时等我看完再把买的东西拿回家时，外婆已经等着急了，但她却从来不会因为这说我什么。

这种小人书浓缩了古今中外的各种各样小故事，还有一套很多本的，像《岳飞传》、《三国演义》、《水浒传》等都是成套的，看了前面就惦记着后面的故事，一次次让我流连忘返。人物的画面很直观，栩栩如生，主要的故事情节都有，非常有意思。有时候我点的书已经被先来的小朋友点了，那就点别的书先看，等人家看完了再马上接过来看。记得有一本《鲁滨逊漂流记》的书，讲述鲁滨逊漂流到一个荒无人烟的小岛上怎么生活的故事，非常有趣，我爱不释手，就干脆去书店买了一本新书，想什么时候看都可以。长大后才知道原来是根据英国十八世纪小说家笛福的长篇小说改编的。还有神话故事《马兰花》，我们都喜欢歌谣：马兰花、马兰花，风吹雨打都不怕，勤劳的人在说话，请你马上就开花。女生们跳橡皮筋时也经常是念着这个歌谣。

"文革"开始后，这种专门出租小人书的书店就消失了。但小人书在"文革"后期批林批孔运动中又开始复活，小人书的内容都是为了配合批林批孔而作。比如把孔子画成老朽不堪，人不人、鬼不鬼，一副丧家狗的样子。倒是印刷技术有所提高，是彩色印刷。

再大一点到高年级就知道有《红岩》、《欧阳海之歌》、《红旗谱》、《林海雪原》、《铁道游击队》、《敌后武工队》、《平原枪声》、《青春之歌》等为代表的一批革命英雄主义的小说，其中带"红"字的作品不少，如《红岩》、《红旗谱》、《红珊瑚》、《红日》等等。江姐、朱老忠、杨子荣、刘洪、李向阳都是我们这些小男孩心目中的英雄偶像。小时候一群小孩经常玩"打游击"的游戏，不论男孩女孩都想当《红岩》中华蓥山游击队双枪老太婆的角色（后来想不到历史上真实的双枪老太婆竟然完全是两码事）。当然，也有巴金的《家》、《春》、《秋》，秦牧的《艺海拾贝》等很多文学作品。外国作品主要是高尔基《童年》三部曲：《童年》、《在人间》、《我的大学》。我真是非常喜欢，后来也去买了新书，看了多遍。还有奥斯特洛夫斯基的《钢铁是怎样炼成的》、《卓娅与舒拉》等。这些书对我们这一代人的成长影响是巨大的。

"文化大革命"开始后，除了马列、毛主席著作和鲁迅的作品外，其他书籍统统都成了"毒草"，连《林海雪原》中写少剑波和小白鸽白茹的爱情都是宣扬资产阶级思想，哪里还有无产阶级的小说呢？林道静当然是小资产阶级的代表了。这些书籍自然都在焚毁之列。

　　那时很多男孩都在学校门口的小摊上花一毛钱买张印有十大元帅头像的照片，我和同学们一样把照片夹在书里，有的是放在笔盒里。那穿着元帅服威武无比的元帅个个都是我们心目中崇拜的伟大英雄。没过多久，这些我们心目中的大英雄全都人不人鬼不鬼了。在我们心目中认为了不起的十大元帅中除了林彪，都成了坏人，彭德怀彭大将军早就犯了错误被打倒了，朱德的扁担是假的而且他还是大军阀，两把菜刀闹革命的贺龙是土匪，军事家刘伯承是资产阶级军事路线的代表，风度翩翩、能文能武的陈毅历史上反过毛主席，叶剑英是"二月逆流"的黑干将，总之除了林彪都是坏的。英雄的群体形象坍塌了，威严的军人名誉扫地，连起码的人格都丧失了，开国元勋一个个成了谁都可以辱骂的对象。我们崇拜的共和国英雄们失去了他们以往的光辉。

　　即使是那些声名赫赫的战斗英雄，邱少云、黄继光、杨根思、罗盛教，都已经淡出了人们的视线，何况还有另外一群老兵，已经更早地被人们所遗忘。或许是中国近百年的历史基本上是在战争中过来的，所以英雄也特别多，从鸦片战争、甲午战争、军阀混战、第一次国内革命战争、第二次国内革命战争、抗日战争、解放战争到抗美援朝，各个时期都产生出那个时代的英雄。

　　离我们最近的当然是抗美援朝时期的邱少云、黄继光、杨根思、罗盛教，我们的语文课文中都有他们的英雄事迹。一篇《谁是最可爱的人》的文章，更是让所有参加抗美援朝的志愿军战士成为当时最可爱的人，他们受到全国人民衷心的爱戴和尊敬。

　　与苏联老大哥关系好的时候，卓娅与舒拉、夏伯阳等苏联英雄也曾经影响了我国的那代人。也正是从以后看到斯大林下令对杀害卓娅与舒拉的德国某军队不接受投降，全部消灭的命令，《卓娅与舒拉的故事》在我心目中才得以终结。特别是英勇善战的夏伯阳披着白斗篷，骑着高头大马，手举着战刀，高喊"乌拉"率领骑兵冲锋的形象真是威风。在我们玩打仗的游戏中，经常会出现有孩子举着木棍高喊着"乌拉"、

"乌拉"的口号带领身后一群小朋友向前冲去的场景。因为我们看打仗的电影太多了，打仗可以成为英雄，自然小孩子都喜欢打仗。

我们和全国人民一起学习焦裕禄的先进事迹。我们都知道焦裕禄是人民的好书记，他为了改造河南兰考县的盐碱地，忍受着肝癌的折磨，带领兰考人民艰苦奋斗，他关心人民生活，他为兰考人民做了很多好事，他不顾自己的病痛，直至他生命终结。那时他在我们心中是崇高的，直到现在仍然是崇高的。我想那种崇高对现在的官场来说并没有显得更加突出，但起码作为兰考人的后代是不会忘记他的，兰考现在一定有焦裕禄的塑像。当然他如果晚两年倒下，一样也会是"走资派"，免不了挂黑牌子戴高帽挨斗。

我们充满着幻想，心中装着所有我们知道的英雄和伟人，幻想长大以后能成为我们所崇拜的英雄。可惜童年的幻想在我们的成长时期是短暂和微弱的，轻松的空气是幻想的催化剂，精神中的养分也很充足，我们到了开始幻想的年龄，但后来却没有给我们多少沉迷幻想的机会，播下的种子绝大多数都没有开花结果。我们不可能明白这样的环境在我们人生中的意义。

郁达夫曾经说过："没有伟大的人物出现的民族，是世界上最可怜的生物之群；有了伟大的人物，而不知拥护、爱戴、崇仰的国家，是没有希望的奴隶之帮。"我不知道我们是不是最可怜的生物之群或者是没有希望的奴隶之帮，只是感觉那时群星璀璨并没有影响太阳的光辉。用一个神灵去代替众多的英雄，对神灵来说意味着孤独，对民族来说意味着不幸。

没有英雄的时代是寂寞的，而没有英雄的民族也是没有安全感和孤独无依的。他（它）们是我们这一代人的精神食粮，那些人物的崇高深深扎根于我们幼小的心灵中，曾经在潜移默化中熏陶着我们，形成了我们这代人的一种群体意识。我相信即使是"文革"这样触及人们灵魂的革命，也并没有也不可能真正从我们这代人中彻底铲除这种群体意识，因为这种群体意识的基础很厚实，还是由一块块红色的砖石垒成的。只是非常可惜这种好的向上的追求英雄的积极群体意识被后来虚伪的、扭曲的意识压抑在这代人的思想深处，而没能更多更好地形成一种对国家和民族产生积极效果的群体行动。普遍的巨大的精神力量没有变成物质财富，它流产了，重新孕育后又产生了全民追求财富的潮流。可谓三十年河东三十年河西，我们多数人只能充当蹩脚的"变形金刚"了。

我们是那个时代的追星族和粉丝，和现在的内容和形式不一样，本质应该是差不多的，都是一种追求。只不过那时太精神化，现在太物质化。

迷　惑

昙华林小学进门后右边的墙原来是白的，墙上什么也没有，后来出现"突出政治"几个大红字，写在墙上，格外醒目。有个口号是：突出政治，今年突出，明年突出，永远突出。慢慢感觉周围每天都有突出政治方面的事情和文字，任何事情都要与政治挂钩，工人生产、农民种田、营业员卖东西都有政治，我们锻炼身体是为了革命和保卫祖国打倒美帝，后来又有政治是统帅是灵魂的说法。我们不懂什么是政治，也没有想去弄明白什么是政治，尽管每天都要看见这几个字，离我们很近，但对于我们却是感觉遥远和陌生。但从那时起，我们几十年都没有离开这几个字。然而对绝大多数人来说，他们不可能把在生活和工作中的行为和想法去进行无限的放大和突出。极个别热衷于政治红极一时的平民"政治家"们最终都是以身败名裂收场。

老师经常对我们说，帝国主义把复辟资本主义的希望寄托在第三代也就是我们这一代人的身上，我们是无产阶级同资产阶级争夺的下一代，我们是革命事业的接班人，要批判成名成家、个人奋斗的思想，决不当资产阶级的应声虫。

我听了老师的话还觉得奇怪和好玩，我们是少先队员，是共产主义的接班人，帝国主义在太平洋那边，怎么会把我们拉到它那边呢？复辟资本主义那不是要回到旧社会吗？我感觉老师一定是为了让我们听话，拿这些话来吓唬我们，因为我们的确还没有被"争夺"的感觉，更没有看见哪个同学被坏人或资产阶级的人拉过去。我们仍然是生在新中国，长在红旗下的红色接班人。

在这种简单而平静的生活学习中，除了上课认真听老师讲课以外，我们把老师关于政治方面的告诫都当作耳旁风，或者根本就没有听。谁也不会料到一场旷日持久的大风暴就要来临。

学校的老师和家里的大人们比以前更忙了。好像我们国家也出现了坏人，牛鬼蛇神都出笼了。批判美化歌颂帝王将相、歪曲污蔑农民革命的长篇文章多起来。我们男孩都喜欢看打仗的电影，《兵临城下》、《红日》都是我们非常熟悉的，尤其是《红日》里那个叫石东根的连长骑在马上用马刀挑着国民党军官帽子的样子蛮好玩，但这些电影都成了反动的，成了毒草。还有向资产阶级权威开火，要剥开资产阶级权威的画皮，不获全胜，决不收兵。开会、学习、大批判的事多了。渐渐在学生中也开始批判吴晗、批《海瑞罢官》，后来批《燕山夜话》、批《三家村札记》、批"三家村"，要求人们口诛笔伐，拿起笔杆子向资产阶级黑线开火。

我们知道"三家村"是指邓拓、吴晗、廖沫沙，"邓拓、吴晗、廖沫沙，三个老鼠是一家"这样的歌谣在我们这些不懂事的孩子中传唱，我们只知道好玩，报纸上天天都在批他们，那时我们能知道什么啊！多年以后才知道这三个"老鼠"原来如此：邓拓"文革"前是北京市委书记处书记，1944年邓拓主持编辑出版了中国第一部《毛泽东选集》，还是公认的杂文大家和才子。邓拓于1966年5月初含冤自尽。吴晗是历史学家，曾和闻一多等著名教授一起反对国民党反动派镇压和屠杀人民。"文革"中吴晗一家4口死了3口。吴晗最后也是以自尽的方式实践了他自己在1961年写的《论骨气》中"威武不能屈"的大丈夫气概。廖沫沙曾任教育部长、统战部长。

当时我们仍然在上课，好像社会上发生的一切都与我们无关，其实社会变化已经非常大了，只是我们不懂，但我们的内心对发生的一切已经开始流露出一种迷惑的感觉。

我们根本无法知道，以后让我们迷惑的事越来越多，越来越大，我们将在迷惑中成长。

惶　恐

　　没过多久，我们学校开始斗争校长。我们校长姓祝，在我们心目中，祝校长是个非常严肃的老太太，平时经常在校内到处走，看到有些学生的行为有问题，她就立即制止，而且训起学生来很厉害。因为我们学校是比较有名的小学，所以祝校长平常还有点名气，甚至有点威风凛凛。但这时，学校里贴满了批斗祝校长的大字报，又开斗争会，愤怒声讨资产阶级教育路线毒害青少年的滔天罪行。祝校长就完全变了一个人，衣服也不整齐了，头发也不是原来那样一丝不乱了。我想，以前那么厉害的人，现在竟成这样了，心中有一种说不出来的感觉，是可怜，还是莫名其妙？还是阶级斗争某种原始的潜意识在作怪，天知道，或许都有一点。

　　接着，我们的数学课停了。教数学课的吴老师也出了问题。吴老师是印尼归国华侨，他是我们平时喜欢而尊敬的老师。因为是华侨，所以他的头发和衣服有些特别，皮鞋总是光亮光亮的。他讲一口不标准的普通话，人很瘦但很精神，他的数学课教得很好。他似乎总在设法让每个学生去喜欢数学，去领悟数学的美妙。每堂数学课的纪律都是最好的，哪怕平时成绩不好的学生，也不会调皮捣蛋，因为你没办法不去聚精会神地听，他一上课就把我们的心抓去了，让所有同学记忆很深。但现在，一夜之间他成了特务，都说他是台湾和外国人派来的特务，特务在我们心目中似乎都是戴着鸭舌帽、黑眼镜、叼着烟，鬼鬼祟祟偷情报、搞破坏的家伙，无论如何也无法把吴老师和特务的形象联系起来。那天，又有数学课，学校没有安排别的老师来上课，但来了个老师领着我们全班到吴老师家去斗他。我以前没去过吴老师的家，到了他家才知道吴老师住在一间很破旧的房子里。吴老师关着门，不让我们进去。我们乱哄哄地在二楼走廊上，隔着木板墙的小洞一个个争着往里看。我看了一眼就离开了。同学们都在一边议论着什么。吴老师的亲侄女，我们班的学习委员，曾带领我们一起跳大型音乐舞蹈史诗《东方红》中"游击队之歌"的吴业庆同学在走廊的尽头，双臂和头趴在窗台上，背对着我们，似乎在那儿流泪。我记得那是我最后一次看到我们平时所尊敬的吴老师，他赤着脚，坐在床边，低着头，苍白的脸，眼睛盯着地板，头发很乱，一动也不动。

尽管当时上课有点乱了套，但我们还在教室听老师安排。我们不懂外面发生的事，只是再也没有那种平静的感觉。

有天晚上，我父亲半夜让一些人带走了。那天半夜三更，我从一片很重且急促地"咚、咚、咚"敲门声中醒来，闯进几个人吼着、嚷着父亲的名字，没过一会等父亲穿好衣服，父亲就被他们推搡着走了。我们家都没睡好，感到非常恐惧，不知父亲出了什么事。母亲告诉我，是父亲在郧阳的"四清"工作队那里的人把他揪走的。但我相信父亲不会是坏人。这件事在同学面前我是不愿说的，只有藏在心里。我的同桌是班长陈康康，她好像也有心思，下了课也不怎么和同学玩，没有了平常那种天真、无忧无虑的笑容。

有次下课，我掀起课桌盖板放书，不小心盖板垮下来重重地砸在班长的右胳膊上，她一下就抱着自己的右胳膊埋着头哭了起来。我不知如何是好，呆呆地看着她，想对她说声对不起，我不是故意的。可有几个女生一下就围过来你一句，她一句地指责我，好像我是存心要欺负班长，我想我凭什么听她们的这些话，她们凭什么来管我们的闲事，我受不了这口气，把准备赔礼道歉的话忘得一干二净，为了我一个男生的自尊，冲着她们大叫："谁要她超过了界限"（指课桌中间划的一条男女生分开的"三八"线)。记得她没说什么,一抹眼泪生气地领着那几个女生出了教室。

第二天早上,前两堂课她没来,我想她是不是病了。第三节课上了一半的时候,她伤心地哭着被两个大人扶进了教室。那两个大人在教室外对老师说了些什么就走了。可她坐在我旁边后就一直伏在桌上哭,声音不大,却非常伤心。我不知发生了什么事,也没有心思去听课,忍不住用胳膊碰了她几下,叫了声"康康",可她好像越哭越伤心,我不知怎样办才好。下课铃终于响了,老师匆匆离开了教室。好多女生围上来,我只得悄悄地走开。她的哭声更大了,这时我们才知道她爸爸因为被批判,在前一天晚上用剪刀把动脉血管戳破自杀死了。

第四节课我根本不知老师在讲什么。旁边的阵阵抽泣声刺痛着我的心,我能想象那倒在血泊中的人,她一定看到了她爸爸最后的样子,而那悲惨的一幕也一定会深深地刻在她的脑海里,她这么小就没有了爸爸,那是家里的天,以后她再也不会有爸爸了。这以前我们都知道班长的爸爸是十四中有名的数学老师,她也曾几次说过她爸爸,只要说起她爸爸,她都是一副自豪的模样。我想她爸爸一定对她很好,是个很好的父亲,也不应该是个坏人啊。我想用什么话才能安慰她呢,但想不出合适的话来。我想还没给她赔礼道歉呀,但在这样的悲痛中,我那赔礼道歉算什么呢。

我爸爸被人带走还没回来,他那么小就跟着共产党参加了革命,不会是坏人。我想不明白。这段时间,是我记忆中第二次领略到"害怕"二字的滋味。第一次是更小时怕"鬼",因大孩子讲些什么"吊颈鬼"、"无头鬼"的故事,有段时间我晚上就不敢出去,怕看见鬼,很恐惧。这次是想到父亲被那几个气势汹汹的人带走以后好多天了,一点音信也没有,我很担心,心里充满着恐惧。我的父亲很多天后才回来,看得出来,父亲肯定受了许多折磨,但他不想说话,老是抽烟。

班长家出了事,全班似乎都笼罩在阴影之中,再没有了同学们下课后的打闹声，一切都变得静静的、悄悄地。从那天开始，她就变了一个人，再没有总是挂在脸上的笑容，再听不到那咯咯的笑声，那双又大又亮的眼睛像是蒙了一层雾，老是呆呆地看着一个地方。那群像叽叽喳喳的麻雀一样的女生也不敢过来了，只剩下孤零零的她。我比其他同学多一些不安，我不知该如何去劝她，安慰她，帮助她。

班长后来改了名字，取义"志在四方"，是她自己的意思还是她爸爸临走前交待了什么？

那时是在横扫一切牛鬼蛇神期间，就是要毫不留情地清除一切剥削阶级及其牛鬼蛇神用来欺骗、愚弄、麻醉劳动人民的封建主义、资本主义思想、文化。在这些你死我活的阶级搏斗中，具有这些思想、文化的一切牛鬼蛇神都插翅难逃。当然还包括所有的反动学术权威。六月中旬，很多人去武汉大学搞声援，学校就组织我们高年级到武汉大学去声援武大革命师生，参加批判武汉大学的"三家村"和校长李达。因为我们从昙华林走到珞珈山要好长时间，等我们好不容易走到武大时，说是斗争会已经结束了。武汉大学里到处都是批判李达的大字报，批判他是彻头彻尾的资产阶级反动学术权威，是假共产党真国民党。还有武汉很多工厂的工人举着大红旗和横幅声援武大革命师生的，我们也看不懂。就这样稀里糊涂到人流里转了一圈又稀里糊涂的回去了。李达是中国共产党一大代表，后来当了哲学家，李达于这年8月去世。后来才知道他说毛泽东"发烧"到39、40度了（《党史纵览》2010年第4期，邸延生：《坚持真理向毛泽东发火的李达》）。

那时关于新中国知识分子总体评价问题，也就是工人阶级知识分子、劳动人民知识分子还是资产阶级知识分子的划分和评价争论了十年以后，终于在批判资产阶级反动学术权威的旗帜下取得了"一边倒"的结果。绝大多数知识分子特别是高级知识分子被当成社会渣滓，排知仇知的意识和割腕放血的自残行为使中国这个身体并不强壮的社会更加虚弱。

学校对面的巷子里是当时我国驻苏联大使伍修权的家，我每天上学放学都从那门口过，看着那些墙上贴满了的标语，好像伍修权也是苏修的特务。那时凡出过国的人，几乎都有当特务的嫌疑。当时的伍修权无论如何也不会想到，若干年后正是由他来代表人民在审判庭上宣布对张春桥、江青等罪人的历史宣判。

惊恐接踵而来。一天上午突然听说井里死了一个人。那是我们家附近的一口老井，我去时井边已围了很多人，我过去看了一眼躺在井边的尸体，竟是我上的那个幼儿园的园长，就是她带着我找老师上小学的。我不忍心，也害怕再看下去，据周围的人说，她是自杀的，说她是特务。我想怎么周围有这么多特务呢？我后悔不该去看，我只看了一眼，根本不敢多看，但那一眼所看到的就永远留在记忆中了，直到现在也没消失。回到家里我满脑子一会儿是那躺在井边湿淋淋的尸体，一会儿是上幼儿园时她的样子，我不愿意想，但赶不走，那些情景老是在眼前。有天晚上，我做了个梦，梦见长江水流到家门口了，我想跑，但怎么跑都跑不动，急得大叫起来。那以前，我们常在这井边提井水洗东西，一口用了不知多少年的老井给封上了。至今武昌崇福山那口被封的井还在。只是为什么封，后来的人不明白，当时的人或许也忘了。记忆中这是我亲眼看到的第一个自杀的人，而且是我认识的人。

我 的 同 桌

　　我的同桌陈康康，是我们班班长，也是少先队中队长，她很瘦，但个子有点高，一双大眼睛，以前是短发，后来改成扎一对羊角小辫，显得更漂亮了。那时穿衣都很简单，经常是打了补丁的衣服，但她从来就是一副干净、整齐的模样，穿得最多的是一件双排扣的灰色列宁服。我和她同桌已经一年多了，时常感到和她同桌是幸运的，并有一种朦胧的踏实、愉快、满足的感觉。

　　她既然是班长，学习成绩当然在班上是最好的，但她并没有因此而过于骄傲，和同学们相处得很好，同学之间的友谊体现得十分自然。所以在班上有很高的威信，同学们内心都佩服她，一旦谁做错了什么事，她要是认真管起来，没有不服的，只是我偶尔有点例外。比如有时在课堂上我做点小动作或开点小差时，她总是用手或胳膊碰我一下，提醒提醒我，我一般都表示接受，但毕竟我和她同桌了一年多，平常关系较好的原因，也就不把这种提醒太当回事，甚至偶尔故意做点什么，逗逗她，看看她生气的样子，因为我知道很快就会过去，生气是短暂的，或者是故意做给我看的，脸上美丽的笑容才是属于她的。

　　五年级时，她养了很多蚕，最后结出很多白色、黄色、金黄色的茧，出了蛾以后又在纸上生了好多蚕籽。1966年的春天，桑树照样又冒出了新芽，她拿来一些蚕籽给我，我们把蚕籽包好放在贴身的衣服里，蚕籽渐渐由黄变黑，上课时，因为我们座位靠后，所以趁老师在黑板上写字，或者我们把书竖起来挡住老师的视线，我们都挡不住蚂蚁般的小蚕把壳子一点点咬破钻出来的诱惑，不时偷偷从衣服里把蚕籽和小蚕拿出来互相看看，的确很好玩。

她是女生的头，下课休息时，很多女生就找她一块跳皮筋或踢毽子或跳绳，下雨则喜欢玩一种把一个小沙包抛起来时，翻动桌上四块麻将牌的游戏，规矩自然很多，一套套的，她总是手快眼快，特别是那双纤细的手，十分灵活，玩得高兴时，一群女生笑起来，真是无忧无虑。

她因为各门功课都好，老师们都很喜欢她，甚至有些偏心，但我们觉得这是理所当然的事，她的作文经常被当作范文在班上念，还得过几次什么奖，数学考试也经常名列前茅，谁能比得过她呢？

蚕渐渐长大了。我们仍然十分用心地学习。她还是那样喜欢举手发言，认认真真回答老师的问题。我在她的带动下，似乎也有点进步，但免不了有时被老师点起来发言时，会遇到一点困难，这时她会悄悄地告诉我。她作业做得快，做完后还没下课，她就喜欢看我做，想发现我的错误，当然也有这种情况，指出我的错误，不过样子像个姐姐。我在班上年纪最小，没有姐姐，所以有这种感觉。

她爸爸自杀以后，旁边再也没有女同学围着她了。放学后，她经常是等我们走完了以后再走。

若干年后，我看了我们班的吴业庆同学在网上以网名"寒江雪"发的一篇寻找陈康康的文章，觉得写得很好，特转载这里，包括她一些网友的评论。也是因为这篇文章，后来我们一些同学下决心要找到我们的班长。

陈康康，你在哪里？

天气燥热，很难入眠。

在这样的夜晚我居然做了一个很温馨的梦。梦中我回到武汉，和很多同学相聚在一起，意想不到的是陈康康也来了。"陈康康，我们找你找了多久啊……"想跟陈康康说这句话就是说不出来，挣扎几下就醒了。

努力回忆梦中陈康康的模样，还是那张苍白的没有半点血色的脸，曾经清秀的眼眸依旧是漠然的躲闪着我们关切的目光。

多少次，我只要想起陈康康，就是这个样子，这是我最后一次见到她时的模样。

多少次，我碰到同学就打听，你们有陈康康的信息吗？得到的回答除了摇头还是摇头。谁也不知道她下农村时下到哪里，抽回城没有？

陈康康，你在哪里？偌大的世界应该有你的生存之地，你过得好吗？

四十二年过去了，真的是弹指一挥间吗？一挥间给我们留下的又是什么？

1966年，"文革"开始以后，注定了中国多少家庭不可逆转的灭顶之灾。

武汉知青作家、十四中68届高中生胡发云的《武汉十四中"老三届"大聚会纪实》里有一段话："文革"初，第一个被迫自杀的是数学老师陈邦鉴，他在蚊帐中用剪刀剪断了自己的喉管，被发现时，还在血泊中挣扎……

武汉市第十四中学，"文革"前这所中学的牌子是和湖北省实验中学并驾齐驱的。就像北大和清华一样。

陈邦鉴老师就是这个名牌中学的数学老师，一个温文尔雅的知识分子。

"文革"一开始陈老师就被大字报揪出来，说他本人就是逃亡地主。一个备受人尊敬的老师被批斗，被限制行动，最后以最残酷的方式结束了自己的生命。

陈康康是陈邦鉴老师的次女，她还有一个姐姐和一个弟弟。都是学习成绩优异，深得老师家长喜爱的学生。

　　我们小学那个班是武昌区的红旗班，班上多是干部、教师的孩子，也有几个像我这样的医生的孩子。几乎学校甚至区里举行的各种各样的活动我们班都是稳拔头筹。

　　在这样的班级里，陈康康一直稳稳坐在班长的宝座上。她中等略高有点偏瘦的身材，身上总是穿得干干净净清清爽爽的。她的性格很文静，不骄不躁，很轻易的就让人感觉亲切。

　　陈康康的妈妈是个善良、能干的家庭妇女，除了在街道负责一些工作外，就是在家相夫教子。

　　他们住在十四中校内的城山上，那排依山而建的学校宿舍最里面的一家，一进门就能感觉到家庭的平静与温馨，同时还能嗅到一种书卷气。大人能干孩子聪颖，看得出来左邻右舍对他们家亲近中带点敬重。爱屋及乌，我们这些去他们家玩的小朋友都会得到那一排宿舍的老师们的喜欢。

　　陈邦鉴老师一般都在书房里坐着，出来见到我们就轻轻笑一下，点点头，有时也随便问我们几句。不知为何，我们虽很尊敬他但是并不怕他。陈老师长得很帅，用英俊儒雅来形容一点不为过。

　　现在想想那个年代，我们都太残酷了。当噩耗传来时先是紧张，继而却是冷漠。陈康康家里出了那么大的事，我们没有一个人敢去探视一下，更别说问候一声。见面了大家都装作什么事也没发生一样。从那时开始陈康康就刻意躲避着我们。

　　接下来如火如荼的日子又似乎让我们接受了很多事实，因为这样的事情已经越来越多屡见不鲜了。

　　大概是大串联回来以后，有一次我路过十四中院墙边的一个居民区。好久没有从这边经过了，除了墙上多了一些标语一切似乎还是老样子。树荫下照例有七八个街道大妈围坐在一起，一人手上一个挽纱的耙子。这是街道照顾生活困难的家庭分派的劳动。一组黑线或者白线在耙子上绕两圈打个结，然后用剪刀剪断再挽下一个，如此反复。记得挽一组线商店是卖两分钱，她们挽一支可能也就挣2厘钱。

突然，在那些大妈中间，我看见了陈康康，与那些大妈们极不协调地坐在一起，苍白的没有半点血色的脸颊消瘦了很多。我定定地看着她，我期盼着她抬起头来，也许我们会交换一个关切的眼神。过了好久陈康康稍稍抬了一下头，这时我看见她那双清澈的眼睛变得一片漠然，就在我们的双眼交汇的那一霎，她木然的眼神一闪而过，复又低下头去再也没有抬起来。

从此陈康康坐在树荫底下的小凳上挽线的镜头深深的刻在了我的心里，我只要想起陈康康，眼前就是那苍白的没有半点血色的脸颊，漠然的眼神。我只要想起这些心就会痛。她家是不是揭不开锅了？要不怎么会去挽线？她妈妈呢？怎么不是她妈妈挽线而是陈康康？

夜阑人静，醒来之后我再也睡不着了。周围的世界是这样的静谧，波澜不兴。我的心却再也平静不下来，一阵刺痛从心底蔓延开来。

此时此刻，陈康康，你在哪里呢？这些年来你过得好吗？

后来我们终于找到了陈康康，她看了这篇寻找她的文章后，在网上留言：特殊的经历真是锻炼人，记得下放时和农民一起挖汉北河，初春时节乍暖还寒人站在泥浆中劳动，起风下雨也不停工，睡的是地铺，吃的是盐拌饭。在农村8年，最后知青点只剩下我一个武汉知青，就是在这样的情况下，我的心态还是比较好的。

很感谢同学们对我的牵挂，当时她希望我与她交流，而我没有如她所愿，而让她记住我冷漠的表情几十年，想想心里很不是滋味，当时我很自卑，自感是另类，是不受欢迎的人，真是没有想到同学还在寻找我，对于这份情意我会记住一辈子。

她看了我写的文章后说，你写的文章反复看了几遍，太感人了。每次看的时候都忍不住泪流满面，不堪回首的往事就像发生在昨天，我当时真的是好自卑，不愿意面对同学，小小的年纪要承受如此大的打击真的好难好难。其实父亲当时还活着，送到医院他坚决拒绝抢救。父亲走后，在上学放学的路上，很多小学生见了我就喊"畏罪自杀"、"死有余辜"、"自绝人民、罪该万死"，还向我扔石头，我好怕，走路抬不起头。后来上学放学根本不敢走昙华林那条街，只有等同学们走了以后，我再悄悄地绕到后面的城山，从山上回家，每次出门都是心惊胆跳，怕看见熟人，怕到人多的地方去。后来我们一夜之间姐弟几人长大成人了。其实除了挽线，为了生计我当时还给别人带过小孩，我清楚地记得每天用羸弱的身体抱着半岁多的孩子从 14 中学到民主路孩子她妈妈的单位喂奶。大串联 14 中学是安置点，我同母亲接一些床单被套在家里清洗以赚取微薄的收入，还加工过食品袋，等等。

在有她参加的同学聚会上，我给她和同学讲了埋在心里几十年想起来就心痛的小故事，并赔了不是。当然，她和同学根本就不记得还有这件事了。看着她现在还乐观的样子，我感到一丝安慰。

童 年 梦 醒

墙角边再也看不见小男孩在打弹子，玩邮票、烟纸、洋画的身影了，那以后我也忘记了心爱的皮球。那年养的蚕是否长大吐丝结茧我一点印象都没有，每年蚕结茧的时候，桑枣也就熟了，这年我们去没去花园山打白白的槐树花和摘红得发紫的桑枣，也不记得了。更没人去玩当皇帝的游戏。只记得我们没有过坐公共汽车可以不买票的"六一"儿童节。《人民日报》第一版《横扫一切牛鬼蛇神》的社论比第二版《用毛泽东思想哺育革命后代——纪念六一国际儿童节》的社论重要得多。6月2日《人民日报》发表了《欢呼北大的一张大字报》的评论员文章，文章说："人类历史上空前未有的无产阶级'文化大革命'的浪潮，汹涌澎湃，妄图阻挡这个潮流的小丑们，他们是难逃灭顶之灾的"。

　　泉水泉水你到哪里去？

　　我要流进小溪里。

　　溪水溪水你到哪里去？

　　我要流进江河里。

　　江水河水你们要到哪里去？

　　我们都要流进海洋里。

这是我们的课文，课文是美好的，它让我们想象着小溪、江河、海洋，憧憬着诗一般的明天和未来。但是我们这些泉水，没有流进小溪，没有流进江河，没有流进海洋，而是随着"无产阶级'文化大革命'"

的浪潮翻滚，汹涌澎湃，被推向未知的远方。一起流的水总是要分开的，但分开是那么地突然，让这些泉水在不知不觉的流淌中突然碰到一块使它们浪花四溅的巨石，从此它们各奔东西。

那天早上，我们跟往常一样坐在教室等待老师来上课，上课的铃声已经响了一会儿，老师没有按时进教室。五十多个同学都很自觉地在座位上坐着，按课表的安排把课本放在课桌的中间，安静的等待着，教室的黑板已经擦得干干净净，粉笔盒放在讲台上，窗外面好像不是很安静，但教室里没有任何同学的喧闹声。

老师终于来了，她站在讲台前，但是她没有带那个活页夹的备课本和课本。老师看了大家一眼，说接到通知，要搞"文化大革命"，还要改革招生办法，我们不用考试就可以上初中，现在就开始停课，要我们回家等通知。实际就是学校宣布停课了，而且要我们马上离开学校。我们根本来不及想这对我们意味着什么，要么是我们那个年纪还不会想这些简单而深奥的问题，或者是突然的决定把我们搞懵了。同学们把放在课桌上的课本塞进书包，走出了教室。这是我们小学最后一次走出自己的教室。但当时我们都没有明白这个最后一次的含义，没有明白同学、老师、教室、小学生等等这些词在我们人生的突然断裂和消失。

六年级一班就这么散伙了，没有和同学们简单说声"再见"，没有和班上其他要好的小伙伴们表示一种童年的不舍之情，没有任何最后感受童年友谊的机会，因为我们根本就没有意识到童年的完结，没有意识到童年原来是这么短暂。我们各自背着自己的书包，怀着迷惑默默地离开了学校，在不安中结束了我们的小学生活。

我慢慢地低着头走在回家的路上，没有以前放学的轻松、愉快和欢乐，而是寻找着路中间的小石头，不停地用脚去踢它，把它们踢得远远的。我没有走平常放学最近的路，是走稍微远一点的要翻花园山的路，我不想这么早就回家。在花园山的山坡上能看见我们学校，看见我们教室，教室里已经没有同学，他们和我一样都回去了。冥冥之中有一种说不出来的感觉，就这样回家了？再也不用来这个上了六年的昙华林小学了？小学上完了？当时不会用"若有所失"这个词，好像是一种稚嫩的心灵中产生的一种稚嫩的伤感。

大街小巷里有喧嚣的口号声，有铺天盖地的标语，在一部分人高亢激烈、一部分人胆战心惊、一部分人晕头转向的氛围中，没有用哪怕是一种非常幼稚童心去安慰一下惊恐、痛苦中的小朋友。后来又听说别的地方也有自杀的，有上吊的，有吃药的，包括我们的音乐老师。"畏罪自杀"、"自绝人民"对我再也不是什么新鲜词了。他们为什么要用自杀来结束自己宝贵的生命？是绝望还是反抗？还是兼而有之？那以后我很多年没见过我的同桌了。我后来曾经想，同桌一定饱尝了一个少女失去父亲的种种滋味，或许若干年后她会对自己的爱人泣不成声地诉说这种痛，或许她的儿女某一天问起外公的时候她无言以对。不论她现在从事什么职业或退休在家，总会有些事偶尔触动那不堪回首的往事。

说到那时候一些有关自杀的事。其中有个同龄人后来给我讲当时他父亲挨斗后准备自杀的事。一天晚上，他父亲把他们兄妹4人抱在一起痛哭，说没脸再活下去了，对不起他们兄妹，他母亲则抱着他父亲哭，劝他想开些，千万不能扔下这一家人，不能做那种事。最后，他母亲一步不离他父亲，硬是把他父亲从死亡线上拉了回来。尽管这是多年后的讲述，但讲述者仍忍不住泪流满面。

随着知道的自杀者越来越多，有人估计"文革"初期全国自杀者约有20万人。我以后曾反复想，他们为什么要自杀？是性格软弱？不像，那么多经过战争中洗礼过来的人不会都是性格软弱的人。是不明人生道理？不可能，像田家英等那样的大学问家们什么道理不清楚啊！看破"红尘"？看破"红尘"的人很多很多，但大多都是按中国的一句怪异的老话"好死不如赖活着"去做的，不一定非得去结束自己生命呀。是一种大的绝望？是一种弱者的反抗？是一种我不能理解的追求？是脸面还是生命重要？……百思不得其解，剩下的只能是惋惜。难怪有人说:"我们至今读不懂他们的死亡,是因为我们的灵魂永远读不懂生命的清洁与尊严"。但我依然感到那些自杀的人当初没有后人评价的这种神圣的感觉。我想如果人觉得活着是一种极端痛苦的时候,可能就会选择自杀。

小学六年级的尾声是在家里渡过的。我甚至有些高兴,因为我们不用考试了。也有些疑问,会不会把我分到重点中学呢?听说当时的高中毕业生也暂时不考大学了,也是要搞"文化大革命"和教育改革,报纸上说了要推迟半年进行。

所有人都想不到这个半年变成了11年,多少高中毕业生从此只能梦断高校了。

我感到突然的变化使我们变大了,不太懂事的我们被卷入那个躲不掉的巨大漩涡之中,一颗颗幼稚的心灵不断受到突然的震撼和撞击,承受着早来的重压与创伤,逼着我们把眼光从孩童的生活转向社会,转向大人们都看不清楚的世界,转向任何人都没想到的十年动乱的历史之路。我们在不知不觉中迅速地结束了自己的童年,犹如在雷电霹雳声中惊醒了童年的梦。

童年梦醒还是噩梦刚刚开始?

第二篇　野少年的脚步与疑惑

破灭的滋味

外面很热闹，但我的心思每天都牵挂在一件事，那就是我会被分到哪个中学呢？实验中学、十四中还是三十三中？我想按学校说的就近分配，这几所学校离家都近，就是实验中学旁边还有所二十二中，但这所学校就比较差了。

那些日子，每天上午9、10点钟是邮递员送信送报纸的时间，一早我就搬一个小板凳坐在家门口，一边拿着笛子或者是口琴学着吹，一边等邮递员来。邮递员每天都按时到，我吹笛子和口琴的水平每天都在提高，偶尔收到舅舅的来信，却没有我想看见的通知书。

这一天，邮递员终于把我的通知书送来了。我赶紧撕开信封，看见通知书上写着我被分配到武汉市第46中学，46中学？我脑子里一片空白，完全不是我希望的哪怕是差一点的学校。我从来没有听说过这个什么46中学，它在什么地方是个什么样的学校我一无所知。我去问外婆，外婆也不知道。我只有拿着通知书去找几个大一些的学生问，结果让我不仅仅是失望，简直是悲哀，我心里好伤心，有生以来第一次领略到希望破灭是什么滋味。

有人告诉我46中学在三道街，就在民主路新华书店的后面。这么近我竟然完全不知道还有这所学校。

有人问我填的什么成分，我说填的中农。别人说，你家是干部应该填干部就不会分配到这个学校了。我埋怨自己为什么不知道把成份写成干部，那个中农是我在父亲的简历上看见的，父亲的成分是中农，我就

"文革"时期的笔记本

按中农填了。

更有人告诉我,那是所流氓学校,是很差的中学。我听着这些话,心里更难受,一句话也说不出,心想这下真是完了,我不明白为什么是这样的结果。我开始恨昙华林小学,恨那些老师,把我分到这个流氓学校。

父母亲回来以后,我把分到46中的情况跟他们说了,我说可能是把成分填错了的原因,他们也只有叹口气,那时他们已是心事重重,也顾不上我的什么学校了。我知道父母亲曾经鼓励我考一个好一些的中学,我也答应过。现在我只能低着头。

外面到处是敲锣打鼓的声音,这些声音冲淡了我的恨意和伤心,又加入到小伙伴们到处看抄家的热闹之中。

我再没有去找小学的同学，我不知道他们上什么中学，我怕他们笑话，我好像在小学就是一个很差的学生一样，心里真是不服气。只有玩，拼命地玩，忘掉这个倒霉的事。

去46中报到以后，我又是分到一班，跟我小学的班次一样。我的新同桌杨海轮同学，以后我要专门写到他。前面一排的邵有志、夏少安同学，后面一排的女生，以后的漂亮女生，都将多有谈到。是他（她）们让我留下特定的记忆中故事。没有46中，就是完全不一样的经历了。这都是老天爷的安排。

现在武汉市已经没有46中学了，它已经消失，消失得无影无踪。

若干年以后知道，就是这所我印象中的破学校、流氓学校，也曾经有一段不平常的历史，把我对这所学校所有最开始的怨恨变成了一丝丝的自豪，也可能是一种自我安慰。张之洞出任湖北学政时，在"中国不贫于财，而贫于人才"的感知中，即捐廉创办湖北经心书院。

早在1869年，张之洞任湖北学政时在此创办了经心书院，比后来张之洞任湖广总督时创办的两湖书院还要早21年。地方志办公室文史专家、武汉非物质遗产保护委员会委员董玉梅老师说："经心书院旧址。1869年张之洞任湖北学政时开办。湖北三大书院之一，距今140年。实在是武汉教育界的文物宝贝啊！"

解放后由湖北省干部子弟学校改为市46中，再后来改为武汉市警官学校。

我只是不明白，曾经的湖北三大书院之一，后来怎么演变成为一所被人说的流氓学校。

幸运的是我没有成为流氓，因为我在后来的三年里实际在学校的时间就差不多一年。

破"四旧"

　　1966年8、9月份的破"四旧"运动时间虽不长，但一些事情在我脑海里留下了深刻的印象。那是一些令很多家庭、很多人心惊胆战的日子。所谓破"四旧"就是破除封建主义、资本主义、修正主义的一切旧思想、旧文化、旧风俗、旧习惯。没有经历那场运动的人，从以上这些字面的意思看，也不会觉得很特别。因为既然是一场"左"得轰轰烈烈的大革命，那些"四旧"自然是逃不脱的。

　　我们这个年纪的人现在都可以随口背一段毛主席语录，这是毛主席在领导农民推翻旧中国时说的一段话。"革命不是请客吃饭，不是做文章，不是绘画绣花，不能那样雅致，那样文质彬彬，那样从容不迫，那样温良恭俭让，革命是暴动，是一个阶级推翻另一个阶级的暴烈行动"。"马克思主义的道理千条万绪就是一句话，造反有理……"这些语录在那时候非常流行，人人皆知。

　　我觉得现在用任何语言来形容当时的情景都是苍白无力的，还是清华大学附属中学（也是红卫兵组织的发源地）红卫兵对运动的理解最生动、最真实、最准确，那就是：革命就是造反……我们既然要造反，就由不得你们了！我们就是要把火药味搞得浓浓的。爆破筒、手榴弹一起投过去，来一场大搏斗、大厮杀……你们不是说我们太狂妄吗？我们就是要"狂妄"……我们不但要打倒附中的反动派，我们还要打倒全世界的反动派。革命者以天下为己任，不"狂妄"怎么行呢？……你们不是说我们太粗暴了吗？我们就是要粗暴！对待修正主义怎么能缠缠绵绵，大搞温情主义呢？对敌人的温情，就是对革命的残忍！……你们不是说我们太过分了吗？我们就是要把你们打翻在地上，再踏上一只脚！……革命者就是孙猴子，金箍棒厉害得很，神通广大得很，法力无边得很，这不是别的，正是战无不胜的伟大的毛泽东思想。我们就是抡大棒、显神通、施法力，把旧世界打个天翻地覆，打个人仰马翻，打个落花流水，打得乱乱的，越乱越好！就要这样大反特反，反到底！搞一场无产阶级的大闹天宫，杀出一个无产阶级的新世界！（《人民日报》1966 年 8 月 24 日）。红卫兵们在那种特殊的背景中，把对"革命"与"造反"的理解推向了极致。在中国已经解放了十七年后，为什么还采用那种激烈的阶级斗争方式，用那种激烈的情绪、近乎疯狂的行动？显然，破"四旧"不可能是从容不迫、文质彬彬地行动。

我经历的破"四旧"基本就是抄家，我们附近就有很多家被抄了，我没有亲眼看见在抄家过程中红卫兵打死人的事，吓唬人的事的确很多，或者再重一点就是稍微给几下。这里有必要简单介绍一下我家所在地昙华林一带的历史背景。

武汉三镇最具文化底蕴的当属武昌。武昌起义辛亥革命推翻了统治中国长达 267 年的清王朝，可见武昌是藏龙卧虎之地。而在武昌最具人文、建筑特色的集中地就在武昌花园山下的昙华林一带。所以昙华林一带是辛亥革命、北伐战争、第一次第二次国共合作、抗日战争、解放战争等重大历史事件中的许多国民党和共产党的政要名人故居十分集中的地方。在那里走不了几步就可以找到你既熟悉又不甚清楚的人和事。徐源泉、夏斗寅、晏道刚、石瑛等人的公馆旧居都在附近。可想而知，在"破四旧"时，我们那一带必然会显得十分热闹。

那时候，我还没有上初中，放假在家等分配，小学生们都放了假。所以只要有街坊邻居的孩子说哪里在抄家，我们就跑去看热闹，看了这家看那家。要说看热闹，还真是从来没有见过的一种热闹。首先是穿着军装戴着红袖章的十几个红卫兵，组成一个小队，敲锣打鼓，后面则是跟着看热闹的一群小孩。到那一家门口，锣鼓声就停下来，接着是口号声，"摧毁旧世界，建设新世界"、"破四旧，立四新"、"打倒……"等革命口号震撼人心，响彻云霄。这时房主人早已是战战兢兢、面如土色，老老实实站在门口，听候指令，稍有红卫兵认为不服气或不老实的，对不起，吼几声是客气的，是比较文质彬彬的，那时"红卫兵一声吼，地球也要抖三抖"，何况几个老朽。那时的印象中，凡是哪家的旧东西多，值钱的东西多就要被抄，那些哆哆嗦嗦的房主人在我的印象里也不一定就是很坏的人，当然我也不会把他们当好人看。

接下来就开始抄家。说实话，我没有亲眼看过红卫兵是怎样在别人屋子里具体抄家的，因为红卫兵不许其他人进被抄的房子里面去，唯一一次可以看的机会又被我错过了，因为那抄的是我自己的家。

我们要看就是看那些被抄出来时是些什么宝贝。红卫兵抄家一般都是在被抄的那一家大门口搬一、二张床出来，那时正是夏天，乘凉用的竹床、木板床每家都有，而且搬进搬出很方便。红卫兵把抄出来的东西放在竹床上展览，看热闹的人就围在门口，里三层外三层，指指点点，不断发出啧啧的惊叹声。那以前，我只听说金子、金砖，却从没见过这些东西，开始看到被抄出来的金银时，还很惊奇，后来看多了，就不怎么奇怪了。只是有些家里抄出很多金砖、银元、各种玉器、绵帛、绫罗绸缎、瓷器古董、书画等，我们才感叹这个家里真有钱。小孩子一般只知道金、银值钱，别的什么好东西也不懂，也不识货。那时候抄家抄出来的好东西可真多。家抄完了，展览也结束后，红卫兵们当然是满载而归。只是那些宝贝的去向，的确绝大多数红卫兵非常单纯，有相当多的是上交了，但谁又说得清楚有些识货胆大的发了什么不义之财呢？我有个亲戚家里一尊象牙雕刻的释迦牟尼像，是旧政府驻印度大使带回来的，被抄家拿走以后，在清退返还部分物品时就不见了。这是"破四旧"抄家的事。但由于抄家有先有后，红卫兵们忙不过来的原因，有些家庭看到别人家被抄的情况，无不痛下决心，深更半夜，偷偷摸摸地起来对属于四旧的古玩、字画、绸缎、书籍、麻将、瓷器等物品进行销毁，免得留下"罪证"，宝贝没了，人还要多受很多折磨。

有天下午，我正挤在人群中看抄家的时候，一个小伙伴气喘吁吁地挤到我面前，把我从人群里拉出来，悄悄而急促对我说，到处找你，你还看别人抄家，你自己家被抄了。我一听这话慌了神，小伙伴不会骗我，看他那帮我着急的样子我知道肯定是真的，然后撒腿就往家跑。边跑边想象着我家被抄的样子，不知道去了多少红卫兵，外婆不知道是什么样子，有多少人在围着看热闹，家里肯定是乱七八糟，我清楚地知道我们家没有值钱的东西，不会像别人家可以抄出很多东西拿出来让大家看。

等我跑到家时，抄家的红卫兵已经走了，外婆正在清理一些翻乱了的东西，床上还堆着从箱子里翻出来的衣物，脸上还有惶恐不安的样子。我问外婆，红卫兵来了？我是明知故问。外婆只"嗯"了一声。我又问外婆，他们拿了什么东西？外婆说，有得值钱的东西他们拿了，就火盆被拿走了。我松了一口气，就帮外婆清理东西。外婆说的火盆是我们冬天烧木炭烤火用的，就是个黄铜火盆，只是做得比较精美。外婆悄悄对我说，幸亏把那些东西丢了，要不然今天下不了地。"下不了地"是黄冈话，意思是事情没完没了。

外婆说的话我当然明白。

就在前几天，外婆已经把一些我外公留下的老字帖什么的生了炉子。其中还有个装铅笔的空纸盒子，那是我舅舅以前用装一种大头橡皮铅笔的盒子。盒子外面印的是一个断了手臂、裙子滑到肚脐的一个外国女人的雕像，铅笔早就用完了，但是这个盒子还一直留着。我虽然小，不懂事，但也觉得这个盒子上印的人像蛮漂亮。那时在外面公共场所是看不到这样的人像的。我帮外婆生炉子，看见要烧它，还觉得有点舍不得，但是因为是女人的半裸像，我也不敢说不烧。这个纸盒子就这样被我放在炉子里，看着它慢慢和别的纸、柴火一起燃烧起来，化为灰烬。

51

以后才知道那是维纳斯，当时无论如何也想不到，多年后在法国罗孚宫维纳斯的雕像前，我久久仰视，除了欣赏美以外，还回忆起那天生炉子的情景，这是所有游客体会不到的心情。

还有一个红木盒子装着的一副骨头麻将，烧不掉，外婆就要我晚上偷偷地扔到公共厕所去了。那时家里没有厕所，都是去公共厕所，我们附近的公共厕所是很简陋的木板做的，蹲在上面不小心就会掉到下面的粪坑里去。外婆用一块布把麻将盒包好，告诉我丢到厕所去，不要被别人看见了。我因为看了几次抄家，知道这些东西都是"四旧"，于是心领神会。按照外婆的意思把麻将拿到厕所，进去一次看见有人我假装小便就出来了，在不远处等里面的人出来，我赶紧又跑进去，把布包丢进了臭粪坑，只听"扑通"一声闷响，那么好的盒子连同麻将就没了。第二天早上我还特意去侦查了一番，一切如旧，只是粪坑面上好像还有一些什么沉不下去的东西，我想那肯定是别人丢的什么，也顾不得细看，就等掏大粪的工人去弄了。

其实，红卫兵去抄我们家，外婆是有预感的。我那时已经隐隐约约知道外婆的家世，海外还有人，而且不一般，我父亲、舅舅都受到牵连。最不好的是我到邻居家去玩的时候，就有老人还带着羡慕或者妒忌的口气跟我说，解放前你们家就常有坐包车的人来，包车进不了小巷，就停在什么地方。我们那时都将小汽车称为包车。我不喜欢听这些话，这不是好话。所以外婆家里的一些事老邻居都知道一点，随便哪个指点一下，红卫兵不来才怪。

不管怎样我自己的家也算是被抄了一次，是冲着我外婆来的，我那时已经知道一点外婆的社会关系有些复杂，但外婆在我眼里是善良和勤劳的，她从来没有教我任何不好的东西，外婆是好人。我想红卫兵就是来看看我们家有没有值钱的旧东西。但是我原来的被抄家的人不会是好人的想法开始模糊和动摇起来。

若干年以后有一次聚会，扯到抄家的话题上，有个女同学讲到她家被抄的印象，她说记得抄家的时候，她爸爸妈妈都到单位去了，她奶奶被红卫兵吼着，战战兢兢地跪在地上发抖，她和她哥哥在围观的人群中，他哥哥想冲过去扶她奶奶，她在旁边也吓得浑身发抖，拉着她哥哥，不让他过去，看着奶奶跪在地上好可怜的样子，她哭都不敢哭出声。

其他同学都不作声了，我想他们中肯定有人有过类似的经历，只是不想说出来罢了。

花园山上的那个大教堂，那时我们都以为是美国人的，后来才知道实际上是意大利人盖的。"文革"前里面还有修女，后来红卫兵去把教堂的牌子和里面的一些东西砸了，还有教堂大门上面一左一右站立的一女一男外国人的雕像，身子、手臂也被砸得稀烂，头早就不翼而飞了。后来就再也没看过那些修女了。这里以后又变成了工厂。

后来看到一些如慈禧的曾孙叶赫那拉·根正谈慈禧及她家人、"人民艺术家"的老舍先生、宋庆龄父母在上海的墓穴也被捣毁，孔庙、龙门石窟、颐和园被砸等等太多那个时期的记述文章，还管值钱与否，什么国宝，统统四旧。那时抄家的情况可见一斑，销毁的宝贝可见一斑。

据《回首"文革"》一书记载：在"破四旧"高潮的 1966 年八月下旬至九月底的四十天内，据统计，仅北京市就有 1700 多人被打死，33600 多户被抄家，84000 多名所谓"五类分子"被赶出北京。另据统计，1958 年北京市第一次文物普查保存下来的 6843 处文物古迹，在"文革"时期有 4922 处被捣毁，其中大多数是被毁于 1966 年 8、9 月间，包括长城、颐和园、圆明园等著名古迹。

现在每当参观很多名胜古迹时，听到讲解员讲得最普遍的一句话是：原址在"文革"中被毁，现在大家看到的是某某年重新修复的。我当然理解她们讲的都是实情。

那时有不少人想办法保护了一些文物，比如最有效的办法是在保护对象上面写上"毛主席万岁或敬祝毛主席万寿无疆"几个字，这时谁也不敢伸手去砸毁这些保护对象了。如黄州赤壁苏东坡的"大江东去，浪淘尽、千古风流人物……"就是我单位领导的父亲，曾经的地委书记用这样的方法保护下来的。

我没有武汉这方面的统计数。但是感觉在"破四旧"时，死人的事情比前段时间少多了。我曾猜想，可能还是"钱财乃身外之物"这个中国古训的作用，命比钱财重要，人们一般不会因为损失钱财而去自杀。

破"四旧"除了抄家外，就数更改名称的事风靡一时了。破"四旧"就是"要荡涤旧社会遗留下来的一切污泥浊水，扫荡几千年来堆积起来的垃圾脏物。"那些旧社会留下来的各种名称当然在荡涤和扫荡之列。"冠生园"是个食品厂，因为是"臭招牌"，改名为"工农兵食品厂"；"旋宫饭店"因为是资本家寻欢取乐所用的臭名字，改名为"东风饭店"，象征着东风压倒西风的大好形势；汉口的三民路改名为人民一路，民族路改名为人民二路，民权路改为人民三路，民生路改为人民四路，一元路改为红卫一路，三阳路改为红卫二路；武昌的张之洞路改为工农路；1858年帝国主义建的江汉关改成反帝大楼……现在这些原名早已得到恢复，但那时真是乱了套，起因好像是北京长安街改为东方红大街，外国使馆区东交民巷改为反帝路，全聚德烤鸭店改为北京烤鸭店引起的，接着全国各大城市纷纷效仿，《人民日报》当时为"破四旧"发表了《好得很》的社论。全国各地所有封建主义、资本主义的臭招牌、臭名称都换上了具有革命意义的新招牌、新名称。资产阶级腐朽的生活方式和陈规陋习被打得落花流水，资产阶级威风扫地，革命群众扬眉吐气。

让人惊奇的是百年以前，法国革命时也曾出现过类似情况，用革命的新名字取代一些旧的道路名称。我不懂这是历史的巧合还是含有更深刻的道理。但据说法国大革命中没有对私人财产进行侵犯。

那时在街上走的女同志，如果头发烫得有些怪，少不了被红卫兵捉住强行剪个狗啃似的阴阳头。遇有极个别穿喇叭裤、巴裆裤（那时好像还没有牛仔裤这一说法）、高跟鞋的自然也免不了要处理一下。这样的故事现在网上太多，全国各地都一样，就不去多说了。

就是在这时候，我自己作主，把户口本拿到派出所把自己的名字改了，改名字的学生很多，不过我绝不是想赶时髦，而是因为我以前的名字小学同学喜欢给我起不好的诨名。那时"兵"字很多，但我改的字是"斌"，因为我的小名是这个音。

有时我真不明白，为什么只短短几十天工夫，在中华文化仍有很深根基的国度里，学生们怎么会一下就爆发如此大的破坏力或说疯狂的"革命精神"？所谓封、资、修的"四旧"中，我们哪里见过什么资本主义与修正主义？封建的东西倒是随处可见，但那是中国几千年留下来在人们思想、生活中根深蒂固的东西，就这么容易被一扫而光？红彤彤的新世界是几十天就这么砸出来的么？看来对"破四旧"这一历史现象的继续破解还有待时日。

大　串　连

　　1966 年 8 月 18 日，毛主席在北京接见了红卫兵，接下来就是全国红卫兵大串连。武汉开始大串连是 1966 年 9 月初。

　　刚上初中，学校安排我们去武昌县石咀劳动一个月。这是我第一次随学校出去，感觉很新奇和好玩，都是刚刚认识的新同学，睡在一个大仓库里，白天劳动，好像是拔芝麻秆。晚上和同学拿着手电筒和弹弓去打鸟，这都是在出发前精心准备好了的。但是劳动了一个星期，学校就通知我们回去参加"文化大革命"，说是有学生贴大字报，批判学校不要我们革命，把我们安排去劳动。就这样我们提前回到学校。

　　我最初只是羡慕那些被选出来参加了红卫兵的同学能够到北京去，并且见到了毛主席，没有想到我后来居然也经过一番周折到北京见到了毛主席。这在当时是非常引以为自豪的事。

　　到北京去串连，开始还是有组织、分期分批由学校安排，随着到北京去的学生越来越多，毛主席一次次在天安门接见红卫兵代表，受北京串连返汉的红卫兵学生英雄般凯旋归来的鼓动，其他学生们再也等不及、坐不住了。也不管自己是不是红卫兵，几个同学凑在一起，带着学生证就往北京跑。而且各方面对学生串连，要求态度要保证积极热情、周密完善地组织接待，保证交通安全、乘车方便，注意住宿饮食、保证身体健康，病了还要保证送医院治疗。更加上学生们什么时候听说过坐火车、吃住都不要钱的事？而且还带来无上光荣，这等好事谁不想去？《湖北日报》、《长江日报》一期又一期满天飞的鲜红号外，还有一次次天安门广场人山人海、满天气球标语的照片让所有还没出去串连的学生都坐不住了。

我看见比我大的学生很多都出去了，当然也动心了。但家里父母觉得我小，出去不放心，所以一再劝阻，没想到我不争气的身体又得了一场病住进了医院。高烧没几天就退下来了，我又多住了几天，就想出院，家人不同意，我没办法，穿着医院专门给住院病人用的长睡衣，偷偷从中医学院翻墙跑回了家闹着要去串连。父母见我要去串连的决心很大，而且那么多学生来来往往也没出什么事，也就勉强同意了。我赶紧约了4个同学，也不需要多少准备，每人背个书包，因为是上北京，我们都穿上了棉衣。大约在10月下旬，我们5人一行高高兴兴来到武昌火车站。

到了火车站我们才知道根本不是我们想的那么简单。火车站到处都是学生，绝大多数都是要到北京，因为那时串连也有几个月了，串连的目的地已由北京发展到全国各大城市，上海、广州等只要是火车能到的地方，都可以去，坐火车都不要钱，所以武昌火车站也有不少外地来汉或中转的学生。更让我们没有办法的是根本就没有到北京的火车。我好不容易从家里出来，要我再回家是不行的，我们在车站转了好几个小时，终于打听到有列火车是到郑州的。我们几个商定就先到郑州，然后在郑州想办法。

上了去郑州的火车，我们先只能挤进去站着，然后找地方在地板上才坐下来。后来越来越多的学生上了这趟车，车连接处、座位上方、行李架、厕所凡是有空的地方全都是学生。

火车终于开动了，很快就经过长江大桥，桥下是我熟悉的滚滚江水，它们好像也在随着列车的有节奏的轰隆声急匆匆地流向远方，尽管很疲倦但还是抑制不住内心的高兴，我的目标是北京，它们的目标是大海。

我们几个因为带的干粮在武昌站也吃得差不多了，没办法，空着肚子，稀里糊涂，迷迷糊糊开始了我们北上串连之行。

车轮滚滚向前，天渐渐暗了下来，有节奏的响声慢慢平息着我们的兴奋情绪，我们也太累了，所有的学生都东倒西歪地进入了甜蜜的梦乡。

火车总算是停了下来，郑州站到了。我们跟着下车的人流出站，被专门接运串连学生的汽车拉到郑州三十中学，住进一间铺满草的教室。我们好不容易离开了家，在外面吃饭也不要钱，郑州离北京也不远了，我们决定在郑州玩几天再说。

在郑州几天有这么几件事记得很清楚。

一是我们到郑州动物园去过，因为我在那里第一次看到小熊猫，以前只听说大熊猫，没想到还有小熊猫，而且小熊猫和我想象的大熊猫相差很大，但我想只要是熊猫就很珍稀。

二是我们在街上买柿子吃。那时我们几个家庭生活条件还算可以，出门时尽管知道串连吃饭不要钱，但家里还是给了二、三十元钱，这个钱数是当时一般人二、三个月的生活费，应该是比较多了。我们在郑州三十中，每餐吃馒头，有些吃厌了，反正口袋里还有几个钱，我们就在外面买吃的。我们发现郑州的小红柿子特别好吃，就一个劲地买小红柿子吃。没想到我们几个人全吃得拉肚子，后来找三十中红卫兵接待站要了药，躺在那间教室里，什么地方也不敢去，休息了两天才好起来。

等我们肚子好了，郑州也玩得差不多了，这天，我们看见到处都是张贴"停止串连"的通知，我们仔仔细细、认认真真看后，都不知该怎么办。我们想想还是几个人商量吧，于是五个人蹲在没有隔板的简陋茅坑里，开始了光屁股会议。但意见出现了分歧，而且态度都很坚决，我和一个同伴坚决不回武汉，万一去不了北京，就随便上别的火车，开到哪里就去哪里，只要不回武汉就行。其他3个同伴的想法是既然中央都发通知不让串连了，就应该回去。我们谁也说服不了谁，终于发生分裂。我和那个也不想回家的同伴背起书包直奔郑州火车站。其他3人就准备回武汉了。

我们两人到郑州火车站时，情况比我们在武昌站看到的还糟糕，串连的学生又多又乱，大概都知道了停止串连的通知，该回家的回家，不想回家的抓紧最后的机会。我们两人有了武昌火车站找火车的经验，哪里人多就到哪里打听，是到什么地方去，得到的都是些五花八门与我们想法不沾边的回答。这也难怪，郑州作为交通枢纽，全国各地有多少学生滞留这里。我俩围着郑州站大广场到处转，车站里面也进不去，但仍不死心。

我们把寻找范围扩大，因为离车站不远处好像也有许多人。真是功夫不负有心人，原来那边还有几条长龙。听其中一支队伍的人讲，这支队伍有可能是到北京，我俩一听十分高兴，尽管别人都不敢肯定是到北京，但总还有可能，而且我们转了这么大半天，这是唯一和北京沾上边的。我俩主意已定，万一不到北京，拉到哪里就到哪里算了。我们站进了这支队伍后面，但是很快我们就不是最后面了，后面加入的学生越来越多。车站的大喇叭里不断传来《大海航行靠舵手》的歌声。大约两个小时后，队伍开始有了动静，但队伍不是朝郑州火车站运动，而是朝另一个方向走，我们也不管，跟着走就是了。走了多长时间忘了，我们来到郑州另一个小得多的火车站，好像是郑州南站，我们也跟着队伍上了车。

车上和我们来时的情况一模一样，甚至人更多一些，凡有一点空隙的地方都有人，车厢里实际是四层人，地板上坐一层，座位上挤满了一层，座位的靠背上坐了一层，车厢顶行李架上爬着一层。真是火车运输史上的奇观，可惜到目前为止还没有反映这种壮观场面的电影或电视剧，要有收视率一定很高，广告效果也一定很好。能够上车就很不容易，而且上车后很多人说这列车是开往北京的，所以上了车的学生们都很高兴，没有任何人因不满意而发牢骚或骂骂咧咧。

第二天上午，火车到了北京永定门车站。出了车站，看见几十辆卡车停在广场上，学生们纷纷跑过去往卡车上爬，我和同伴也随便爬上了一辆卡车。灰蒙蒙的天，刮着呼呼的大风，这时我才感觉好冷啊！冻得我和同伴浑身发抖。第一次到北京，到了首都，全国人民向往的地方，一切都是新奇的，还带有神圣感，因为毛主席就住在不远的地方，我们已经到了毛主席身边，我们离毛主席很近很近了。我想多看看北京的样子，但除了那些街道和行人外，没有很特别的景物，离我心目中的伟大首都有很大差别。太冷了，冷得我什么也不想看。可能是太冷的原因，车上鸦雀无声，学生们都挤在一起，缩着头，闭着眼，躲避着寒风。我旁边有两个比我们大得多的女生，看见我们那个样子，问我们才多大，从哪里来？我回答说十二岁了，从武汉来。她们说才十二岁怎么跑出来串连，我说我们是刚上初一的学生。这两个女生说了几句话，她们就把各自穿的大衣扣解开，让我们靠紧她们，再用大衣把我们裹起来。我有点不好意思，但实在冷得受不了，也就老老实实靠着那位大姐，心想这些人真是好人。

车开了好长时间才停下来，我们下了车，跟着来接我们的解放军住进了一栋三层楼的楼房。这里有点像解放军的营房，上下铺，一个铺位睡二个人，而且衣服穿得少的学生马上都能借一件军大衣，我们就这样被当作毛主席请来的革命小将、毛主席请来的客人被安顿下来。后来我们知道这里是东直门外叫大山子的地方，我与这里算是结了缘，若干年后，两次到京出差都住在这里，斜对面不远是北京电子管厂。还有几次从市区到首都机场的路上，看见高速路旁边"大山子"的路标，都会勾起对当时的回忆。

我们到北京去的最大心愿是想见毛主席，当时毛主席已经六次接见了红卫兵和全国各地的学生，我想我们也一定能见到毛主席。负责接待我们的是个大家称为杨排长的解放军同志，杨排长告诉说如果毛主席要接见红卫兵时，会提前通知我们。

每天早上我们到食堂吃了免费早餐就开始自己各有特色的串连。因为中午一般回不去,所以中午我们就在外面买点什么吃,晚餐再回去吃,外地学生到北京串连在接待地点吃饭都是免费的,伙食大多数是馒头加水煮大白菜,菜里有一、两片五花肉,好像有时也有大米饭。那时北京只有三、四百万人,但从八月到十二月,毛主席接见、检阅的红卫兵和外地学生总共约有一千三百多万。这么多一批接一批的学生在京期间的吃住困难有多大可想而知。后来曾看过介绍周恩来总理为这些学生吃住操心的文章,深有所感。怎么布置安排各机关、部队、学校腾出大批办公室、会议室、教室、礼堂和食堂,让各地来京的革命师生和红卫兵住。

其实,刚开始我对串连是十分认真的。记得第一次出门,我和同伴就费了很多周折才从大山子到了北京大学,一个在东,一个在西,转了好几次车。北京大学本来名气就大,"文革"因为第一张大字报名气就更大了。我们来到北大南门,看见悬挂在门上"北京大学"四个大字,仰慕之情不觉油然而生,这里是全国多少中学生向往的地方啊!停留片刻我们从北大南门进去,一进门就感觉不一样,"文革"气氛十分浓厚,路两旁全是各种各样的大字报,有很多学生边看边抄,来来往往的学生也很多。我们边走边看,也看不懂那些内容,后来我想,到北京来串连,总要带点什么革命的内容回去呀,于是拿出带来的小本子和笔,找个写有聂元梓名字的大字报前,因为北大的聂元梓是当时最红,名声如雷贯耳的人,所以在那里抄的人最多,我也学着别人在那里抄起大字报来。

大约抄了不到二百字,一是大字报上写的那些事我的确不懂,二是天气太冷,抄着抄着手就冻僵了,我不想再抄下去,看不懂的事我也没了兴趣,因此,串连中的一项重要内容就这么结束了。

后来看到季羡林描写当时看大字报的一段文字写得很生动:

到北大来朝拜第一张"马列主义大字报"的人,像潮水般涌进燕园。在"马列主义"信徒们眼中,北大是极其神圣,极其令

61

人向往的圣地，超过了麦加，超过了耶路撒冷，超过了西天灵鹫峰雷音寺……来的人每天有七八万十几万甚至几十万。先是附近学校里的人来，然后是远一点的学校里的人来，最后是外地许多大学里的人，不远千里，不远万里，风尘仆仆地赶了来。

确实是季先生写的这样，连我这个刚上初一的武汉学生也不远千里来北大看大字报了。

后来又看到一小段关于聂元梓的报道，有点意思，也抄录在此。北京大学聂元梓写了大字报，毛主席写了"炮打司令部——我的第一张大字报"，赞扬全国第一张马列主义的大字报写得何等好啊。我要向那些因为我在"文革"中犯错误而造成痛苦的人，致以深深的歉意和忏悔。聂元梓那年74岁，正在写自传，进行反思与忏悔。每个时代都会产生它的一些代表人物，这是必然的，聂元梓碰上了，把她推到了那个年代的风口浪尖上。

以后，我们往天安门、故宫、天坛、北京动物园、军事博物馆等名胜古迹和景区串，当然这不是串连的目的，但大家都去，到了北京不去这些地方，那叫什么到了北京，串连对年龄稍小的学生来说，开开眼界，长长见识也就很不错了。北京动物园我去了两次，第一次去觉得还没看够，那么多动物，真好玩。于是第二天又去了一天，当然这次看到了真正的大熊猫。

故宫给我留下了很深的印象，除了大、豪华外，我看到故宫里有些地方留有"万寿无疆"和"万岁"的字样，我的眼睛长时间停在那里，尽管我不很懂事，但我想，原来这些意思是古代皇帝时就有了，是对皇帝才能用的，不是新词，怎么现在也用"万寿无疆"和"万岁"这样封建的意思来说毛主席呢？毛主席知道吗？我真的感觉有些惊奇，但我不敢吱声，知道这样的话是不能随便瞎说的。这也许是我人生最早的重大疑惑之一。以后无数次右手拿着小红书《毛主席语录》从胸口向上举起口里念到"敬祝毛主席万寿无疆"的时候，内心深处都会闪出在故宫里的一幕。很多年以后看到毛主席在天安门与斯诺谈有关个人崇拜的话题，才部分解开了心中的疑惑，原来毛主席是知道的。想不到的是，差不多四十年以后的一天，我参加一个小范围宴会，接待一位省领导和他原来曾经工作过的地方省局的一位局长，这位外省的局长是个女同志，年纪可能也有五十好几，她显得十分老练。席间我们给领导和客人敬酒以后，那位女局长自然也起身给我们回敬酒，她回敬酒时说话的声音不大，但是样子还是非常真诚。走到我面前我才明白无误的知道她是在说"祝您万寿无疆"，我惊诧不已，感到震撼。"祝您万寿无疆"现在居然变成为一句祝酒的语言了，我想这绝不是她第一次这样说，可能在她所在的省或她经常出入的场合她们也是经常这样说，而且给人绝对不是假惺惺的样子。我自己无疑是第一次也是唯一的一次被人说"祝您万寿无疆"，真是天大的玩笑，虽然完全没有受宠若惊和飘飘然的感觉，更不会真的想去什么万寿无疆，只是还有这样祝酒的，真是开眼界了。但是当真有人哪怕仅仅就是客气地表示一下"祝您万寿无疆"时，还是感觉到一种比春节那些如"万事如意、恭喜发财"等祝福让人更愿意接受，并没有肉麻的感觉。我想如果以后大家在酒桌上都用这种语言来表示祝福，应该也是很开心的方式，起码也可以让凡人在瞬间去体验一下什么是万寿无疆。同时我也想这样说在以前是多么不可思议，起码也是要抓起来去坐牢的事，这就是所谓的社会的变迁。

我到北海公园，我因为在青岛见过大海，知道海是看不到边的，我想这个北海比武汉的沙湖还小，更不用说东湖，怎么也称什么什刹海、北海呢？可能是古代远离大海的人出于对海的敬慕，以湖当海，感到很稀奇。军事博物馆看上去没有我以前在邮票上想象的那么壮观，但是那些飞机大炮及各种各样的枪吸引着我，小男孩对这么多真家伙还是看得很过瘾的。

我们每人还得到一枚小小的毛主席像章。那时像章还少，很珍贵。有很多学生在天安门广场照相，我因不想排队而没有在天安门留念的照片，很多学生至今还保存着手捧《毛主席语录》以天安门城楼和毛主席像为背景的照片。

到了北京后，我曾给家里写了一封信，告诉家人一路情况，并说明安全到达北京，让他们放心。过了些天，我收到母亲回信，告诉我在北京上大学的舅舅到上海串连去了，要我不要去找他。但我小姨正好串连也在北京，住在工人体育馆。这样我就上工人体育馆去找我小姨。去了我才知道原来那里住了那么多的学生，而且全部都是睡地铺，条件比我那里差多了。我抱着很大希望，在所有有学生住的屋子、大厅里几乎是在人堆里穿来穿去，找了几个小时也没找到，最后只好失望而归。那些日子，我们整天在外面串，自然要买些吃的，但再也不会吃柿子了，改吃梨。梨是好吃，就是拿梨的手受不了，吃一个梨要左右手来回换几次，这样可以让快冻僵的手缩回袖口里暖和一下。

我们当然不会忘记到北京的主要目的，天天向杨排长询问毛主席什么时候接见我们，杨排长总是要我们再等等。我听很多学生说，不见到毛主席我们就不回去，我也这么想，要就这么回去了，别的同学到北京都见到毛主席了，就我没见着，那怎么行。我们都认为毛主席会接见我们的。这一天终于等到了。

一天晚上，杨排长高兴地告诉我们，第二天毛主席要接见，要我们半夜三、四点听口哨起床，集合乘车到指定地点，接受毛主席接见。尽管我们都很兴奋，但白天玩累了，还是迷迷糊糊睡着了。半夜听见口哨声，我赶紧起床，穿好那件救命的军大衣，每个人到食堂领了一个大馒头，一节北京特有的那种很粗的香肠，集合上车，来到指定地点。

我们被安排在北京电报大楼正对面坐下，第一、二排全是坐着解放军战士，杨排长平常就对我很好，总是照顾我，这次也不例外，排队我在最前面，所以我就坐在解放军战士后面，是最好的位子，我后面排了好多人，能比别人更近地看毛主席。东西长安街两头全是我们这些等着接见的学生，两头都是黑压压的人，看不见尽头。这时天还没大亮，大家都规规矩矩坐在地上等。尽管天气很冷，但大家都沉浸在无比激动、无限幸福的期待之中。

几个小时过去了，毛主席还没来。我看见有的学生到背后胡同里找地方拉尿，我也有些急，但我想我一定要憋着，几次想去都憋住了。这时，长安街东边开始有了动静，开始有吉普车疾驰而过，街两边的学生们情绪有些激动。终于，东边传来巨大的欢呼声，随后出现吉普车队快速向这边驶来，我们开始沸腾了，欢呼声、口号声一浪高过一浪，我终于看见了毛主席，毛主席站在吉普车上，身躯高大，频频向两边的学生们挥手致意，可惜车队很快就过去了。当时我激动得不知道呼喊什么，以前只是在报纸、电影里面看到的伟大领袖，而现在就在我前面一、二十米的地方，我不知道怎么去形容那一刻，只想多看一眼、看清楚一点这位伟大的神一般的人物。一切都在短短不到 10 秒钟的瞬间结束了。当我的眼睛送走了毛主席高大的背影后，赶紧再看后面的其他大人物，但眼睛确实不够用，很快这些车都过去了。1966 年 11 月 25 日，记忆的细胞将这一天凝固在我的脑海里。第二天，各大报纸用醒目的套红大字报道了毛主席第八次接见红卫兵和外地学生的消息。

车队已经看不见了，所有的学生几乎全部都往胡同里跑，也顾不了太多，冲进老百姓的四合院里，男生女生尿流成河。我全身异常轻松地从一个四合院出来，过长安街就是电报大楼，电报大楼里人很多，可能和我一样，都想以最快的速度给家里报个喜，我给家里的电报是：我见到了毛主席。据后来母亲告诉我，那天深更半夜，送电报的人大声叫门，说有北京的电报，我们家里人都还紧张了一下，看到电报内容后才放心下来。

关于这次接见有史料记载，《跟随毛泽东二十七年》（陈长江、李忠诚著）有一段很有意思：

"10 月 18 日、11 月 3 日、11 月 11 日，接见红卫兵时，主席改用敞篷吉普车，在车上一站就是几个小时。11 月的北京天气渐冷，涌入北京城急切盼望见主席的人骤然增加，有的排队等不到火车、汽车的人就步行千里到北京，各方面压力很大，吃住都困难，而且天气又冷，很难办。

周总理请示主席：你不见，他们不走啊。

主席说：不是停止串连，要回原地闹革命嘛。总理担心地说：已经来了，天又渐冷，北京市压力很大，要尽快想办法见，让他们快回去。

主席和总理决定，11月25日、26日两天全部接见完。两天安排300多万人，谈何容易。东西长安街、天安门、西郊机场都安排满了。一天150多万，连续两天，主席和其他中央首长分乘吉普车接见红卫兵。由于在车上站的时间太长，有的首长下车后，脚都走不了路了。

一次，主席对我讲：这些红卫兵娃娃来了，你不见，他们不走，天冷了，了不得。

我见主席面有倦容，便不由问道：昨天见了，今天还要见？主席说：累也要见，不然娃娃们不走，你有什么办法。这是逼上梁山呀！"

我当时也是毛主席说的娃娃们之一。而且可能是最小的娃娃之一。

在北京串连的全部愿望都实现了，我开始有些想家，想尽快回武汉。学生返回比较有秩序，由各接待站统一安排。我找杨排长说了我的想法，他答应我尽快安排，最后几天就是在等返程票中渡过的。

杨排长终于把火车票给了我，临走前我把军大衣交给了杨排长，对杨排长我有些恋恋不舍，他那壮实的身体，四方脸，络腮胡，还有笑容都留在我心里，现在他应该是个七、八十岁的老头了。

我上了返汉的火车，按票对号找到自己的座位，但由于返回学生依然很多，我被旁边一群高年级学生友善地、起哄似地举起来，像放行李一样，放到行李架上，还好，那时个子比较小，可以伸直了睡觉，还可以慢慢地翻过来翻过去，我在行李架上感觉也很舒服，再说行李架上没行李，全部是学生，基本上都是带一个书包，就这样我舒舒服服地在行李架卧铺上睡到武汉。一路也没吃的，我离京时用所剩无几的钱买了3盒果脯，准备带回家，不想躺在行李架上嘴馋，忍不住一会儿摸一块，一会儿摸一块，到家时只剩半盒了。

大串连梦一般的开始，梦一般的结束。我在这特殊的时期，特殊的年龄，用自己特殊的方式参与了这场对那整整一代人来说都不可忘记的事件。

大串连的余声

大串连刚刚停止，接着就兴起了徒步串连。街上到处可以看到一小队一小队的红卫兵，他们举着"红军不怕远征难"或者"红卫兵不怕远征难"的旗帜，背着像解放军战士那样的背包，打着绑腿，喊着口号，据说都是靠两条腿走了很远很远的路，而且是学习红军长征，沿路当宣传队、播种机。我看着也觉得蛮好玩，因为在这些队伍中，也有不少像我这样年龄的学生，背着从领子到屁股下面的大背包，还带着笑容。也知道徒步串连一个人每天有几角钱补助费和一斤粮票，还有几元钱的宣传费。也想过跟别人一起去徒步串连，甚至去找到一副绑腿做好准备。对武汉的学生来说，徒步串连一般最近最有意义的目的地是毛主席的诞生地湖南韶山，所以徒步串连去韶山的很多。韶山远，但到底有多远？据说要走十来天。我想走十来天的路对我们一点都不可怕，而且是一队人，一路有说有笑，还有接待站。但是经过几次打听，也有个上初三的街坊准备和同学去，我跟他说了，但是后来他说他的同学不同意，嫌我小了，怕成为他们的拖累。我自己也找不到几个敢一起去的好同学，终于没有加入到徒步串连的壮举中去。但我好羡慕那些徒步串连的学生，差不多就把他们看成是《红旗飘飘》中爬雪山过草地的英雄了，我为自己不能在大风大浪里锻炼，更重要的是没有实现我想象中的徒步串连"蛮好玩"的梦想而无奈，我希望自己快快长大，才好去做一些想做的事。以后知道是大连海运学院十五个学生用一个月的时间从大连走到北京开始的徒步串连，也听到看到那时候徒步串连的很多故事。

想不到过了半年多，也就是 1967 年的 6、7 月左右，不知怎么回事，全国又掀起了一股串连热潮。但与 66 年的串连不一样，没有上面号召，多是各种派别组织上京，人员很杂。很多学生又开始自发往北京跑。我们知道这个消息后，街坊里比我大一些的几个学生商量如何去北京。他们中间有在半年前已去过，有胆小的则在大串连中哪里都没去，这次就再也不想错过机会了，没有任何革命的理由，就是找机会赶马混骡子到北京去玩。我们约定好第二天下午在什么地方集合然后一起去火车站。

我因上次串连就受到家人阻挠，所以这次想好了不给家里说，先偷偷跑掉。我们一群 7、8 个人各自暗地做着准备。我有到北京串连的经验，还告诉那些没出去过的伙伴该做些什么。第二天下午 2、3 点钟，我找准机会，在外婆放钱的箱子里拿了 5 元钱，我不知道这里该用"拿"字还是用"偷"字，但意思都一样。按串连的经验，5 元钱到北京足够了，车票不要钱，吃住不要钱，5 元钱零用绰绰有余，本来我不准备带钱，后来想万一有什么事身上一分钱没有也不行，才决定把手伸到那个箱子里。因为是夏天，也不用太多衣服，我怕外婆看见，把换洗的衣服放在靠巷子的窗台上，再到大门外取出衣服藏在别人家。一切都按预定的去做，也很顺利。我焦急地等待着，盼时间快快过去。

下午 4 点我们都到约定的地点，朝火车站走去。为避开查票，我们顺着铁路线直接来到站台。

武昌至北京的车停在那里，车上已挤满了人，大多是学生，还有少数工人。我们顺利上车，没人剪票，站在车厢的过道上。时间一小时一小时过去，车厢的人也堆了起来，人挤人。车下还围了很多人上不了车，一点不亚于大串连的情况。我们反正上了车，也不急。又有几个小时过去了，火车还是一动不动停着，没有开动的迹象。车下有人在不停地喊："火车弹簧压扁了，请同学们下来"，有些上不了车的学生也帮着喊："弹簧快压断了，车不会开"。但车上没人理会他们，上了车的学生谁也不会下去。

夜已经很晚了，我万万没想到我的一个叔叔在车下发现了我们，他是专门来找我回去的。但他也上不了车，只能在车下大声叫着对我说话，我不想回去，但叔叔说我妈在家着急，哭了很长时间，同伴们听了都劝我回去，说反正我去过北京，又被家里发现了。我想怎么会是这样，没办法只好请车窗旁边的人让一下，从车窗爬了出来。

我快快地随叔叔回家。一路上他告诉我，吃晚饭时找不着我，天黑了也没见，找了好几家和我玩的伙伴，才打听到我们一群人的去向。叔叔见我妈急得不行，才找辆自行车到车站来找我，他已经找了两三个小时才把我们找到。

想来，那时的生活就是这样，驯服得像绵羊似的中国娃娃开始学会无法无天、野性十足了。大学、中学的多数学生通过串连，确实开阔了革命的眼界，也充分享受了游览祖国大好河山千载难逢的机会，把"文化大革命"进行到底的积极性被极大地调动起来，使一些学生更加积极地投身"文化大革命"之中。

当然，还有一些人却开始玩得昏天黑地。

红 袖 章

我一直没能加入到红卫兵组织，"中农"出身的我，红卫兵组织是不会要的。但在我心目中，那些左手臂上戴个红袖章的学生好像就高人一等，红袖章就是那个时代的名牌。我总盼望能戴上红袖章，这样我就不会低人一等，走路也可以神气些，也不会让人看不起或受人欺负。反正刚开始有红卫兵时，红卫兵就是一种身份的象征。但到我真正自己去争取到一个红袖章时，红袖章已经满街都是了。

1966 年 6、7 月份，开始出现红卫兵。到 1967 年，中国有多少个所谓兵团、司令部、总部、公社、联合会、战斗队，可能谁也说不清。最早的红卫兵实际上这时已不存在，当时有个叫法叫"三字兵"，因为红袖章上只有"红卫兵"三个字。后来这些红卫兵都演变或加入到其他组织中了，红袖章上面都印了一个什么兵团、什么司令部等，下面才是"红卫兵"三个字。为什么会出现这种分化？这个演变过程非常复杂。

最早出现的一批红卫兵，的确都是干部军人、老工人、贫农等家庭出身的。这批红卫兵中又以高级干部家庭出身的最有优越感。

"我们凭什么当毛主席的红卫兵？就凭我们是工人、贫下中农、革命干部、革命军人、革命烈士的子弟，就凭我们对党对毛主席的无限忠诚！

我们最革命！我们最反帝！我们最反修！我们最敢造反！我们最敢叫阶级敌人胆战心惊！

历史是谁创造的？我们红五类的父兄！

"文革"时期的笔记本

社会是谁推动的？我们红五类的父兄！

江山是谁打下的？我们红五类的父兄！"

这确实是当时红卫兵战士心理的真实写照。

"老子英雄儿好汉，老子反动儿混蛋"，"龙生龙，凤生凤，老鼠生儿打地洞"也是当时很流行的话，后来尽管批判这种反动血统论的观点，但有些人就是信奉这种观点，而另外一些人却在心灵中受到极大的伤害。随着"文化大革命"的深入，红卫兵组织已从北京发展到全国各地，从大专院校发展到中学。

我们初一的学生刚进校时，每个班选出两个同学加入红卫兵，其中还有一个名额可以到北京去，后来，学校组织看《毛主席和百万文化革命大军在一起》的大型纪录影片中，我们看到毛主席接见红卫兵的镜头，自然都十分渴望能当上红卫兵，能到北京去见毛主席。而且毛主席也戴上了红卫兵袖章。但能加入红卫兵的同学家庭出身都是工人或贫农，我上初中时把父亲的家庭出身当自己的填上了，所以当时家庭出身为中农的我想都别想了，心里很羡慕别人，不服气但也没有办法。我们从报纸上学习到，红卫兵是新事物，要赞美新事物、歌颂新事物，为新事物的发展，擂鼓助威，鸣锣开道。要靠红卫兵去荡涤旧社会遗留下来的一切污泥浊水，要靠红卫兵去清除几千年堆积起来的垃圾脏物。红卫兵刀山敢上，火海敢下，海枯石烂，永不变心。红卫兵是敢于在革命大风暴中搏击长空的雄鹰，不是蜷缩在屋檐底下的家雀。充满着革命的朝气，敢于披荆斩棘，所向披靡。那时候当上红卫兵的同学真神气。

小时候少先队的红领巾是革命先烈的鲜血染成的，现在红卫兵的红袖章也是革命先烈的鲜血染成的。在革命战争年代，革命前辈戴着"纠察队"、"赤卫队"的红袖章，抛头颅，洒热血，同黑暗势力英勇搏斗，向旧世界冲锋陷阵，换来了红色江山。今天革命小将从革命前辈手中接过红色的火炬，继承和发扬他们"舍得一身剐，敢把皇帝拉下马"的大无畏的革命精神向旧世界发起总攻击，向一切腐朽势力宣战，保卫我们的红色江山。

后来，斗争矛头直指"党内一小撮走资本主义道路的当权派"，大多数高级干部家庭的红卫兵就有想法了。要革自己爹妈的命，要去造自己爹妈的反，他们也不干了。另外，很多红卫兵则因为家庭出身贫穷，是共产党领导他们翻了身，所以对当时共产党的干部也就是"走资本主义道路的当权派"们还怀有一种特殊的感情，也就是几十年前常挂在嘴边说的"朴素的无产阶级感情"。当然，这种认识肯定是肤浅的，甚至是无知的，不可能为当时革命的领导者们所接受。"深刻的"认识来自 1967 年一篇题目为《把无产阶级文化大革命进行到底》的社论。

"无产阶级革命路线，要放手发动群众，斗垮党内一小撮走资本主义道路的当权派和资产阶级反动学术权威,革除一切剥削阶级的旧东西。而资产阶级反动路线,则要压制群众,保护党内一小撮走资本主义道路的当权派和资产阶级反动学术权威,保护一切剥削阶级的旧东西。一个要把社会主义革命进行到底,一个要保存资本主义旧秩序,一个要革,一个要保,这就是两条路线斗争的实质……我国无产阶级文化大革命出现了一个新局面,主要特点就是:广大的工人、农民起来了。他们冲破各种阻力,建立自己的革命组织,投入了无产阶级"文化大革命"运动。革命学生的力量有了很大的发展、壮大和提高。有些革命学生走到工厂,走到农村,开始同工农群众相结合。党和国家机关的革命干部,起来造那些顽固坚持资产阶级反动路线的负责人的反。群众运动的规模更大了。斗争的内容更丰富了。"

去掉那些冠冕堂皇骗人的煽动语言,我们现在确实可以看到当时"派"产生的"实质"。不管怎么说,各种派别多了起来,但有一个共同点,他们都有一个红袖章。

到处都是"红卫兵万岁"的标语和口号,广播中不时传来嘹亮的《红卫兵之歌》:

"红卫兵,心最红,文化革命打先锋,敢革命,敢造反,要扫除一切害人虫。红卫兵,骨头硬,破旧立新当尖兵,天不怕,地不怕,披荆斩棘闹革命。"

不论如何,我要有一个红袖章,因为那时候我才13岁,说实话也没有这观点那观点,目标很简单,是我自己的红袖章,不是找别人要的、借的、捡的。再说我的家庭出身是因为父亲在农村搞"四清"不在家时我自己填错了,我认为我早就应该有红袖章了。既然红卫兵不要我,我就去找一个和红卫兵对着干的什么司令部或战斗队。反正那时不管是"造反派"还是"保守派",都是举着捍卫毛主席革命路线的旗帜,喊着保卫毛主席的口号,都是跟着毛主席闹革命,差不多。

这天,我鼓起勇气来到学校,也想好了怎样回答别人的提问,无非就是同意他们的观点。学校的所有教室已被各种各样、五花八门的组织瓜分了，每个组织都占了几间教室，教室门口有各自的队旗。我大概上了半个月课的教室也一样，成为什么什么司令部了，里面堆放着乱七八糟的桌椅。我转了一圈，选中了一个叫"新华工拼到底战斗兵团"的组织，"新华工"就是当时的"华中工学院"、现在的"华中理工大学"在"文革"时的称呼。当时我想这是大学生办的组织，要好些。我大胆走进一间门口竖着大红旗帜的教室，里面有几个中学生在忙着什么。

　　一个戴着红袖章的学生问我干什么？我说我想参加他们这个组织。他一听还很高兴，又问，你参加过什么组织没有？我回答说没有。也没问太多的话，就拿了一张油印质量很差的表要我填。我填完表后，他们就说我已经是他们这个组织的成员了。我很高兴，没想到这么简单，但我想他们怎么不给个袖章我呢？我犹豫了一下说，你们要发个袖章给我吧。他们拿出一个袖章来，但没马上给我，而是对我说："今天晚上有重要革命行动，你要参加。"我回答，我参加，并问干些什么？他们说："我们印报纸，但没有油印机，也没有纸，今天晚上我们要去砸一个某某组织，把他们的东西都抢过来。你晚上先到这里，拿一根粗棍子，我们一起去。"我一听，心想这下坏了，这不是要我去打架吗？要是我不同意，他们不仅不会把红袖章给我，而且很可能还要打我一顿。没办法，我只好硬着头皮答应下来。他们把袖章给我，我拿着袖章很快离开学校，赶紧回家。

　　我多少天来朝思暮想的红袖章终于到手了，但一路上我根本不敢戴，我打定主意晚上不去，我还能拿棍子去打别人？他们要把什么《战报》办成无产阶级的炸药包、爆破筒、匕首、金箍棒，却要我拿一根粗棍子，这粗棍子怎么能跟其他战斗队的金箍棒等对打呢？要是那些比我大得多的学生一棒子打过来怎么办，我不敢想。反正我以后再也不到这个组织去，要是再见到他们，不把我打个半死才怪。就是这个红袖章，害得我提心吊胆，惶恐不安地过了好几天，躲在家里，也不敢出去玩。我把那个袖章扔在家里，再也不想去碰它了。后来想到这事，自己也好笑，没有赶上参加红卫兵的正规部队，却参加了个小游击队，差点弄出大事来。不管怎么样，我还是以不情愿的方式了却了自己的一点心愿。

从此，我当上了逍遥派，在家养鸽子、下棋。其实，很多和我年龄差不多的人都有类似的经历。"文化大革命"已经一年多了，经过批三家村、批反动权威、扫"四旧"、成立红卫兵、大串连、揪走资派、夺权等一个接一个的运动，文化革命似乎没完没了。开始还觉得是"革命"，后来感到越来越不像那么回事，先是说"要文斗，不要武斗"，后来又讲"文攻武卫"，各派之间打过去，杀过来，大家都避而远之。很多年后才慢慢明白，那些派别斗争，都是林彪、"四人帮"们为达到他们的目的，极尽挑拨之险恶用心造成的。

这里有必要说几句"逍遥派"。"逍遥派"是没派别，但那时当"逍遥派"却也反映了一种态度，一种情绪，看不清楚、躲避、消极、无奈、沉默甚至内心深处的不满，这种态度或情绪处于一种萌芽状态，"逍遥派"的人虽然很多，但都是小老百姓，这就决定了这类人具有弱、小、散的特点。话又说回来，既然是萌芽，就有可能长大，形成气候，这在"文革"后期的历史事件中将得到证实。那时社会上虽存在一个无派别的"逍遥派"，但不可能做到真正逍遥自在，这类人想远离斗争的旋涡，但这个斗争漩涡的力量实在太大，很容易卷入其中。只有在更大的社会潮流出现时，漩涡才会消失。

我，一个当时并不懂事的初中生，就是在这种情况下，开始感受到一点点毛毛细雨的吹打，在吹打中积累了一些一个正在长大的小男孩的各种感受和经验。

武　斗　1

小时候天性比较好斗，所以对"文革"中有关武斗的几件事记忆深刻，由此也引起以后对武斗的前因后果的一点琢磨。

武斗，其实并不奇怪，中国人有，外国人有，且古往今来一直存在，估计从猿到人的变化中都存在，连和平鸽都会打架，更别说其他动物了。上小学老师就告诉我们，人是高级动物，会思维。老师说的没错。看来动武、打架、武斗也是人类的本性之一。鲁迅在 20 世纪 30 年代也说过："我们中国人总喜欢说自己爱和平，但其实，是爱斗争的，爱看别的东西斗争，也爱看自己们斗争。"从这方面讲，"文革"中的武斗就不足为奇了。

原来总想考证一下"文革"的武斗到底从什么时候开始，仔细想想这完全不可能，中国太大，武斗太多，凡是有两派的地方都可能发生，如果不把武斗的定义和规模先确定下来，我看谁也不可能把"文革"中第一次武斗的情况说清楚。但武斗又是"文革"初期的一大特点，回忆自己"文革"中的事，自然就会想到武斗。难怪后来有人说"文化大革命"是"武化大革命"了。"文革"中除了造反派、保守派外，还有第三派，叫"逍遥派"。"逍遥派"专指那些游离于运动之外，事不关己，高高挂起，保持中立，退避三舍，或者是后来所谓看穿了，思想消沉，意志颓废，退出政治舞台的新、老"逍遥派"。这些人同样也是要受到批判的。但是属于你批判你的，我还是照样逍遥我的那些人。总不能绑着人家去参加某个组织吧。

"文革"中的武斗怎么界定？这首先要确定"文革"从哪天算起，多数人认为应从 1966 年"五一六通知"算，但在"五一六通知"前，4 月 18 日《解放军报》发表社论，社论宣布：无产阶级"文化大革命"的高潮已经到来。高潮都来了，所以绝不是才开始。再把时间往前推，有"工作组"问题、批"三家村"问题，批"彭、罗、陆、杨"等等。再往前寻找呢？又有人说实际上 1965 年年底姚文元就开始批判《海瑞罢官》。越算越复杂，越扯越远。看来这个问题远不是我能涉及的。事情实在是太复杂，太深奥。还是由以后的历史学家们去讨论吧。

还是回到武斗这个主题。两个人或两个派，说不清楚、辩不清楚、吵不清楚、骂不清楚，·只有一个方式，动武。动武是又方便、又简单、又直接、又解气的办法。当然，动武也有两种情况。一种情况是多数人对一个或少数几个人，例如对待批判、斗争的对象，打几下，踢几下，坐坐飞机，还是喷气式的，或扇几个耳光，这个对象让你打，让你踢，让你扇，很老实，绝不敢还手，连正眼都不敢看你。另一种情况就没这么简单了，两方面就像两个拳击手，你一拳，我一拳，你来几下，我也来几下，互不相让，直打得鼻青脸肿、鲜血四溅。当然，这只是形容、比喻，最后"拳击手"们把刀、矛、枪、手榴弹、甚至大炮都搬出来的时候，观众趁早赶紧逃之夭夭吧。但中央"文革"的裁判却在上面吹黑哨，打累了不行，打轻了不行，打得没效果不行，反正打得裁判们不满意、不过瘾是不好玩的。

其实，当时也还是发了立即制止武斗的文章，要求执行毛主席"要用文斗，不用武斗"的最高指示，但全国性的两派打得正是热火朝天时，连最高指示也不灵了。刚有制止武斗的意思时，林彪说好人斗好人是误会，好人打坏人是活该。江青大讲"文攻武卫"，那个黑哨要想着法子挑起你们继续打，煽动你们打狠，催着你们打大，看着你们往死里打，巴不得你们打个什么结果来，他好去做"文章"。据吴德口述《十年风雨纪事》记载："北京市是在 1967 年春开始武斗的，那时武斗死亡最多的一天，根据火葬场的统计是七十多人"。

武汉革命形势的发展与汹涌的长江水一样滚滚向前。省内外、军内外的造反派强行占领长江日报社，那时长江日报社在汉口江汉路的红旗大楼。听说那里很热闹，我和一群小伙伴一起专门去看红旗大楼。我们每人花几分钱从汉阳门轮渡码头坐船过江，上岸后从江汉关旁边的小路过去就是江汉路了。红旗大楼的名字是不是后来改的不知道，当时红旗大楼在武汉市算是高楼大厦，名声很大，就像什么司令部、指挥部一样。我们去的时候，红旗大楼大门已堆了很多沙袋，一层层堆起来的沙袋把大门堵死。楼顶挂着大幅口号标语，每层楼的窗子外都飘扬着各个造反派组织的队旗，几个大喇叭里传来激昂的男女播音声音，红旗大楼附近成了是非之地，但是没有我们想象的热闹。

接着造反派在《长江日报》上发表了《关于武汉地区当前局势的声明》，后来都称"二八声明"，要"全武汉、全湖北要大乱、特乱、乱深乱透……丢掉幻想，投入战斗，在四面围攻、内外夹击的战场上，看准方向，杀出一条血路来！"一时间武汉到处都在辩论"二八声明"是香花还是毒草，说香花的是一派，说毒草的自然是对立的一派。这天吃完晚饭，我和十几个伙伴一起到江边去玩，我们在江边铁栏杆上坐成一排，边看江水边聊天，聊什么内容忘了，但肯定与派别无关。这时，背后来了一群稍稍比我们大点的孩子，足有二三十人，这伙人上来就把我们围住，问我们"二八声明"是香花还是毒草。这下我们这伙人就"苕"了，一来我们这些十三四岁的人根本就没有关心"二八声明"，二来看架式根本就不是为"二八声明"是香花还是毒草的问题，而是来找茬打架的。我们这边被问的有的说香花，有的说毒草，有的说不知道。这些回答都是白说了，那伙人你说香花他就说是毒草，你说毒草他就说是香花，你说不知道他说不知道也要说。事情到了这一步哪有不"武斗"的？打的结果自然是我们打输了，我们人少年龄小，经过顽强抵抗，我们还是被那帮人打得"燕子飞"。这是被逼第一次打群架或说

"武斗",我表现得异常勇敢。知道打不赢,大叫要同伴快跑,跑出来后一看,还差一个。为了救出那个没有跑出来的同伴,我又返回去,因为我自认为是这帮人的头,我不去救同伴,只顾自己逃跑那算什么事?尽管我比同伴们多挨了一些拳打脚踢,但回去以后我把这些同伴召集起来把他们臭骂了一顿作为补偿,同时以自己的英勇行为在这些小兄弟面前树立了威信。好的是双方都用拳头,没有用其他武器,我只受了点皮肉之苦。顺便说一句,这"燕子飞"是专指那时武斗或打群架被打输的一方四处逃窜的专有名词。以后,有段时间我们就不到江边去玩了。

我第一次直接接触到手枪也是那时。有一天,我与几个比我大的邻居在下棋,其中有个邻居的同学来找他玩,说着说着就从口袋里摸出一包用红绸子裹着的东西,打开一看竟是一把乌黑的手枪。这个邻居拿着玩,我们几个一看是个真家伙,棋也不下了,都凑上去看那支枪,邻居的同学很得意,让我们随便玩,这样也能轮到我手上。毕竟是第一次玩真手枪,拿着乌黑崭新的手枪,还有点重,尽管枪里没有子弹,心里还是有点怕,电影里这是能打死人的东西,但也满足了一些好奇心,原来真手枪就是这样子的。

过了些日子,有天下午听说有人要到花园山上打枪、炸手榴弹,我们都有些怕,但又想去看。去花园山也就是拐个弯,很近,最后一群人都去了。我们到那里时,有一些不认识的人已经在白骨亭,手上拿着枪,有长枪也有手枪,还真有手榴弹。我们从电影里都知道这可不是好玩的,一颗手榴弹可以炸死一片鬼子兵。我们赶紧退回到花园山西边山坡下面,全趴在那里,露着头看热闹。也有不怕死的就在白骨亭上围观。没过一会儿,那些人就开始对天放枪,"砰、砰、砰"的枪声响成一团。一阵乱放以后,白骨亭上有人开始大声喊:"要丢手榴弹了,离远些"。这时除了拿手榴弹的人外,其他人都躲在白骨亭靠西这边,只见拿手榴弹的人在那儿摆弄了一下,然后学着电影中扔手榴弹的动作,把手榴弹扔向东边的那块场地中,我们一个个吓的抱着头,没人敢看手榴弹是怎么炸的。"轰隆",一声巨响,差点没把我们的魂炸没了。等到白骨亭那边有了动静,我们才把头露出来,只见那边一片烟雾,扔手榴弹的人有说有笑,毫不在乎。这颗手榴弹把我们炸醒了,这可不是好玩的,我们一群人赶紧下山回家。这种见识,说实话,到现在为止,那是唯一的一次。这虽不算是武斗,但这些要人命的武器可是到处都有。以后就有报道说,有些兵工厂的两派打起来,枪支弹药都是现存的,打得不亦乐乎,简直无法想象。不过那时也听说过武昌县的一个武器仓库被抢了,我们也没有很新奇的感觉。

六月份左右,外面越来越乱。原来是哪里有热闹我们就奔向哪里,后来就不敢再去赶场子看什么热闹了,我也很少上街,周围邻居差不多大的伙伴们基本上也是在家附近玩,所以亲眼看到的武斗场面很少。有一次,听说汉口六渡桥孙中山铜像那里武斗打得很凶,在铜像附近死了几个人,没有人去收尸,因为是夏天,尸体都臭了,邻居几个小伙伴要去看,我说我不敢去。我胆小怕见死人,还是臭的,任他们怎么劝,我就是不答应。他们那伙人还是去了,回来说看到了臭死人,离死人还蛮远就感觉味道很难闻,还后悔不该去的,说一点都不好玩。

看来"人命关天"仅是个说法而已,那时人的命怎么能和天联系起来呢?说人命太贱了这话有点过分,但那时人们确实对生命有种特殊的看法,报纸上有篇《青春红似火》的文章,记述了一位在武斗中死去学生的事迹,并摘录了这个学生的日记,其中有这样一段:"怎样死才有意义?只要为人民利益而死,就比泰山还重"。

1967年6月的江城,真可谓是硝烟弥漫,惨云密布。6月6日、8日、9日、13日、17日、24日,武汉都发生了武斗流血事件,有时一天几起。大型企业、大专院校、民众乐园、水塔、财贸大楼等地据点林立,气氛异常紧张。就在这几天,武昌这边也连续发生了几起大的武斗,都死了不少人。

那天我到中华路路口的杂粮店买鸽子吃的食料,买完后刚出店门,就看见武昌电影院那边很多人往这边跑，前面跑得快的有人大声喊"武斗的来了"，这边人一听"武斗的来了"，也跟着一边喊一边往司门口方向跑。满街跑的人越来越多，可能有上百人，我夹在中间，手上还拎着十斤包谷，心里又慌又怕。结果还没跑多远，司门口那边的人一窝蜂朝我们这边跑，也是边跑边喊"武斗的来了，武斗的来了"，这边的人还没弄明白是怎么回事，就又掉头往回跑。我想，我已经挨过一次打了，但那都是小孩，这回可是真武斗，这下完了，夹在中间，怎么办。那时我们都知道很多武斗的事，弄不好就打死人，就是被打个半死不活也冤枉呀。还有手上的包谷是十斤粮票两块钱买的，那时是很不容易的，一群鸽子还等着吃呢。要真打起来，那才真是倒霉呀。有很多大人脸都吓得发白，我的心这时扑通扑通跳得连自己都听得见，当时真后悔不该出来买鸽食。正当这两路人混在一起没头没脑两头跑，也在"燕子飞"时，中华路方向有人喊，"这边撤退了"，大家一听，哗，又都朝中华路这个方向跑。当我跑到中华路路口时，看见武昌公园那边确实有支打着好多红旗的队伍，我也顾不得多看，也不管后来他们真打起来没有，赶紧右拐到粮道街方向，气喘吁吁跑回家。这次我真有一种死里逃生的恐惧，也是我第一次尝到"极端恐惧"的感觉，这也算是我亲身经历的一次武斗场面吧。

我们也听说离我家不太远的三层楼（地名）、武昌电厂、水运学院一带，一派为攻占另一派驻守的大院大楼，用大卡车撞门，伴有宣传车上的高音大喇叭不断播放"最后通牒"和"敌人不投降就叫他灭亡"的口号。开了好几辆消防车用高压水龙头进攻，打了一天攻不下来最后用燃烧瓶、汽油等进行火攻，逼着防守的一派跳楼，最后少不了用长矛、刀等武器，听说死了些人。两大派之间都是你抓我的人，我抓你的人。这一派的头头被抓，其他人就组织营救，抓的人越来越多，组织营救的规模就越来越大，甚至出动几十辆卡车几千人去营救，这种事最终都酿成了流血事件。

那时这些大的组织都成立了"敢死队"，"敢死队"成员有些二十来岁的青年，没有老婆孩子，容易冲动，打起来一般是敢死队成员打头阵，冲锋陷阵，战斗就是这样，打红了眼，没有退路了只好拼命。所以武斗中敢死队成员是很容易送命的。当然，他们也明白"要奋斗就会有牺牲"，"为有牺牲多壮志"，为了维护自己的观点，不怕激烈的搏斗，表现出视死如归的壮志豪情，满怀激情地呼唤"让暴风雨来得更猛烈些吧"。自己人被打死了，情绪自然更加激动。武斗中死的人一般也会被本派称为"革命烈士"，甚至被比喻为邱少云、黄继光似的人物，接着便有"踏着先烈的血迹前进"、"挥泪继承烈士志，誓将遗愿化宏图"等悲壮豪迈的口号，去"从地上爬起来，揩干身上的血迹，掩埋好同伴的尸体，又继续战斗"。

长江岸边有些地方有礁石，平时江水的波涛一浪一浪有节奏地拍打它，显得多情而温柔。然而每当刮起大风，那被风卷起的波涛，被浪推起的波涛却是不顾一切地向礁石撞去，波涛被撞得粉碎，变成水滴，抛向空中，又落在江中，或洒向岸上，接着又是一浪冲来……我喜欢看那冲击的波涛，却惋惜那被摔得粉碎的水滴。我感觉那些人的死就像水滴，尽管很美，但更是悲壮。

所有这些武斗的事，使我对武斗有种恐怖感，提到武斗脑筋里就充满了长矛和大刀、鲜血和死人的场面，内心当然是惶恐不安。

武　斗　2

　　要说武斗中最大的场面就要数震惊中外的"七二〇事件"了。严格讲"七二〇事件"不是典型的武斗，但肯定和武斗有联系。这里不准备把武汉"七二〇"事件的来龙去脉说清楚，因为后来有很多文章都披露了当时的情况。我只写点自己当时的亲眼所见。

　　"七二〇"的前两天晚上，附近三十三中学的高音喇叭半夜突然响了起来，除了一些口号外，就是播放歌曲"毛主席呀派人来，雪山点头笑容云彩把路开……"从口号和歌曲听得出来是发生了什么重要事情。但是"七二〇"当天凌晨，各个方向的高音喇叭里传来的就是另一种声音了。"七二〇"那天上午，我是在现在的黄鹤楼下靠大桥这边的斜坡上看"百万雄师"大游行的。当时大桥两边站了很多围观者，尽管"百万雄师"大游行从心理上不存在很怕的问题，况且那纯粹是游行，但还是因脚上的一只拖鞋滑到半坡中，我却不敢下去捡，生怕下去捡鞋子被别人当做是破坏游行要挨打，所以心理上还是很恐怖的。只是"百万雄师"的人太多，车太多，部队当兵的多，武斗的气氛太浓，但因其对立面"工总"在这种情况下完全处于下风，没有任何"工总"的组织和成员出来鸡蛋碰石头，所以不存在打起来的问题。那天回家，因为一只脚没有鞋，大街的地上晒得发烫，没有鞋的那只脚被烫得不行，我像个跛子一样，一步一步跳着回家的，回家一看那只脚底已经是被烫得通红了。

　　这次游行最热闹是汽车多。那时街上的汽车很少，哪像现在看车的长龙习以为常。能看到上千辆卡车一辆接一辆过桥，还有省内其他市、县来支持声援的很多车辆，很多车上的高音喇叭不停地喊着口号，不停地播放为毛主席诗词谱写的歌曲："钟山风雨起苍黄，百万雄师过大江。虎踞龙盘今胜昔，天翻地覆慨而慷。宜将剩勇追穷寇，不可沽名学霸王。天若有情天亦老，人间正道是沧桑。"还真是感到壮观。每辆车上装满了戴着"百万雄师"袖章的工人和"8201"（武汉部队独立师番号）的战士，还有几十辆拉着警报的消防车。我看见这些战士居然把领章、帽徽都全部摘除了，有的战士全副武装和工人们一起不停喊着"打倒王力、打倒谢富治"（"中央文革小组"派到武汉的两个代表）等口号。工人则戴着以前那种藤编的安全帽，手执长矛，枪上刺刀，有的卡车上面还架着机关枪，每辆卡车前面车门外左右各站着一人，所有游行的人脸上都是紧绷着带着愤怒的表情。可想而知当时游行队伍的激烈情绪，那完全是愤怒之极，准备拼命的样子，如果是一个或者几个人是这模样，还不算什么，那几十万游行者个个都是这模样，情况自然是相当严重了。据说还出现了"打倒张春桥"、"江青靠边站"、"毛主席受了蒙蔽"等口号、标语。"百万雄师"没闹几天，此游行持续到23日，王、谢被救回到北京，"中央文革小组"成员和首都上万人到机场迎接，中央宣布武汉"七二〇"事件为反革命事件，是陈再道（当时武汉军区司令）搞兵变，是反革命暴乱。接着武汉又是造反派几十万人大游行。同时，中央"文革"向全国发出"紧急通知"，要求各地迅速搞"三军联合行动（即武装游行）"来声讨"七二〇"事件。并且"七二〇"事件成了在全国吹响揪军内一小撮的进军号，加快了军内"文化大革命"的步伐。接下来自然是"百万雄师"的人成了"鸡蛋"，"工总"的人成了"石头"，演绎石头砸鸡蛋的故事了。

为什么说"七二〇"事件震惊中外，除了其声势、规模、影响极大外，我想还有一点就是当时的各个派别都通过这个事件看到了发现了什么。两派之间尖锐的对立已经到了极端的程度。有记载说，"七二〇"事件后全省被打死打伤打残者多达 18.4 万多人,仅武汉市被打伤打残就有 6.6 万多人,打死 600 多人。"七二〇"事件还排不上当时伤亡最严重、最惨烈的十大武斗事件。"七二〇"事件后来被很多研究"文革"历史的学者认为是"文革"期间少有的大规模的广大工人、解放军战士、干部以一种特殊形式表示对当时形势的不满和斗争。"七二〇"前一个星期,周恩来来武汉安排毛泽东畅游长江的事,回京后得知武汉事情闹大,于"七二〇"下午又来到武汉,安排毛泽东离开武汉,并请军区的同志劝说抓王力的"百万雄师"把王力放了。周恩来于 7 月 22 日下午离汉返京。王力当了几天风云人物,一个月后煽动外交部造反派砸了外交部,特别是 8 月 22 日在北京发生了万人围攻英国代办处、火烧办公楼、批斗英代办的恶性事件后,造成极坏的国际影响,由此而翻船。1978 年 7 月 26 日中共中央决定为"七二〇"事件平反昭雪。

我有个邻居是武昌造船厂工人,这个厂当时武斗也是很有名的,邻居说他们厂那时就打死了几人,几十人重伤,挨过打的就有几百人了。邻居中还有个从黄冈地区某县跑到武汉来躲武斗的亲戚,据他讲,他们县一次大规模武斗就打死一二十人。听起来令人毛骨悚然。

我突然想到中国有个说法叫"各打五十大板"。形容古代官人判案分不清到底是哪边的错,或是有意袒护一方,或是顾全大局,或是别的什么原因,让被告和原告享受同等待遇,各挨五十大板。这种结果必然有一方口服心不服,但再喊冤也没用了,还是想想对方毕竟也挨了五十大板,给自己找个心理平衡的理由算了。这武斗的两派最后的结果也只能是为了顾全大局各挨五十大板了事,要不怎么办?剪不断、理还乱的各种理由,必然是公说公有理,婆说婆有理。

另一方面,也有满怀激情去参加战斗的,"七二〇"后武汉有首《放开我,妈妈》的诗写得很好,很美,很真,"……到处都是我们的战友,暴徒的长矛算得了啥!我决不做绕梁呢喃的乳燕,终日徘徊在屋檐下；要做搏击长空的雄鹰，去迎接疾风暴雨的冲刷……再见了，妈妈……儿誓作千秋雄鬼死不回家。"真是一首可悲可叹的、催人泪下的、壮怀激烈的诗，反映一个充满革命豪情的青年人幼稚的心！还有一首《在那天快亮的时候》的诗也想抄录在这里。"请松松手，松一松手啊！／亲爱的战友！／交给我吧，／你手中的这本《毛主席语录》。／按着滴血的伤口，／朝着北方，你英勇的倒下了……／鲜红的毛泽东思想红卫兵袖章，／已被滚烫的热血浸透！"的确是悲怆！不会写诗或者性格更暴的就是我们都知道的"枪一响，上战场，老子今天就死在战场上，完蛋就完蛋"。据说这是林彪的语录。还有《国际悲歌歌一曲，狂飙为我从天落》为题的长篇报告文学。

最近看到这么一段话："在人类所有的自相残杀中最深刻的悲剧往往不是一方正确，一方错误，而是双方都正确，而同时双方又都错了"。看了这段话我很惊讶，难道武斗中两派的悲剧也是这样造成的吗？他们也是听当时党中央毛主席的话，捍卫无产阶级革命路线，所谓"造反有理、革命无罪"呀。在那种社会、那种环境、那种无知的年代，人们的政治情绪被煽动到了极致，谁又能说清是革命的热情在沸腾，还是愚昧的灵魂在疯狂！但总不能把造成"文革"中最深刻的悲剧归咎于他们。

按"文革"辞典中对"武斗"的解释："武斗"是在批斗干部或群众时，采取打人等体罚方式，或造反派组织之间，闹派性，不是进行辩论，而是进行打砸抢抓，诉诸武力、危及人们的生命和财产安全。在广大干部和所谓"牛鬼蛇神"遭到残酷揪斗、人身迫害之时，对立的造反派组织之间也互相视作生死对抗的仇敌，都用对付敌人的手段甚至动用枪炮对付对方。

这种形式的武斗局面虽然平息了，但武斗的另一种形式还在全国人民毫不知情的情况下进行。据"七二〇"事件主角陈再道的回忆录记载，他后来在扩大的中央常委碰头会上挨打，说："这在我党历史上也是绝无仅有的"。他还说了"七二〇"事件以后，被打伤、打残、打死的人有多少。数字很大就不转了。

武斗给很多活着的人留下了很深的创伤。为了安定、团结、稳定，人们不想回头摸一下这块伤疤，不想再去体会某种尴尬。经过武斗的人们再也不愿意提及旧事，希望把这段不堪回首的羞耻埋入历史的坟墓，唯恐不了解那段历史的子孙后代嘲笑他们的先辈曾经那么无知、愚蠢，惊讶透过千万人的生命才看清的那些歹毒和野蛮。对这段往事的记忆也会随着几代人生命逐渐老朽、消亡而消失，最多也就是在讲"依法治国"的必要性时都要提到刘少奇的悲剧。现代人追求的多是金钱和物质，似乎产生那些悲剧的环境、土壤、气候、人格等条件因素已不复存在了。但愿如此。我想：人民、社会对文明的追求才是永恒的。

今天我触动的这块伤疤，已经不痛不痒了，它只是一块印记留在身上，一块抹不去的包含所有那一切记忆的印记。

夏夜的星空

本来想家丑不可外扬，但想到当时整个国家就是这样的，所以还是扬出点家丑吧。

1967年7月底8月初正是武汉最热的时候，家家户户晚上都在外面乘凉。我们家有个院子，晚上一家人都在院子里睡觉。那是"七二〇"事件刚过没几天，这天夜已很深，我在睡梦中被大人的说话声所惊醒，原来是我小舅与我父亲在争论什么事。

我小舅是北京的大学生，不是造反派但倾向造反派观点。父亲则是个小小的"走资派"，完全站在保守的"百万雄师"一边。前几天"百万雄师"大游行时，父亲当然高兴，压抑了很久的情绪在家里也表现出来。没想到才几天的工夫就翻了个大烧饼，中央表态支持造反派。造反派一下就起来了。我小舅那时也就是二十几岁的大学生，也有点性格，这就与他姐夫接上火了。两个大人就在这深更半夜争论不休，我小舅还有些口才，加上是胜利一方，争论中自然是占优势，父亲处于被动之中。母亲则毫无办法，在一边小声哭泣。

说到后来，父亲的意思是这里待不下去了，准备回山东老家。我大气不敢出，躺在凉床上身也不敢翻，心想怎么会是这样呢？

同样的夏夜，同样的天空。

以前晚上乘凉，我都是看着那满天熟悉而遥远的星星，无垠的苍穹，那似乎看得透但琢磨不透的天空。我经常想瞪大眼睛，想看那些星星后面的、再后面的星星，但我明亮的眼睛看不到躲在明亮的星星后面的一切，它们把我幼小的心灵带到了遥远的地方。

这个晚上，面对同样的星空，我没有任何兴趣，却是在担心万一父亲真是要回山东老家了我该怎么办的问题。我想留在我生长的地方，但是怎么忍心看着父亲就这样悲惨地离去呢？最后还是在外婆的严厉制止下，一场家庭文斗才告结束。我却是仍然在那里假装睡着了，一动也不敢动，怕竹床发出"咯吱"的响声，想着我该怎么办的问题。

同时我还想起前几天发生在我们那个小巷子里的一件事。一个街坊夫妻两口子都是纱厂的工人，这家人平时非常和睦，和其他街坊关系也非常好。但自从女人参加了"百万雄师"，男人参加了"工人造反总司令部"简称"钢工总"后，这夫妻两人就开始三天两头在家吵架，这一吵，隔壁左右听见了劝一下也就算了。可那一次，两口子吵得不可开交，旁边人也劝不住，两口子就在门口打了起来，一边打还一边用自己那派的语言骂对方，男人说"百万雄师是保皇派"，女人说"工总是反革命"，这女的身体尽管很壮，还是打不过她男人，被她男人打倒在地上，她男人还不罢休，这女人一气之下，从地上爬起来，一边骂"你个抽筋的哟"、"你到'钢工总'去找个钢老婆哟"，一边冲进屋里拿出一把菜刀来要砍她男人，这男人一看菜刀马上就要劈过来，夺路就跑，我们这些围观的一看那举着菜刀的女人冲过来，赶紧躲闪。因为他们的儿子总是跟我一起玩，那天他们的儿子也在旁边看着他爸爸妈妈打架，不知如何是好，愁眉苦脸在那里发呆。我知道他心里不舒服，就把他拉着去玩别的。还好，没出大事，两口子过了两天又和好了。

还有其他邻居家庭内因为两派不同观点引起吵架的事，那时这样的事到处都有。

我不明白所有这一切是为什么，为什么……仿佛夜空中也挂着无数个问号。

夜已经很深了，大门外到处都是睡着乘凉的人，很静很静。我想他们一定有人也醒了，在偷偷地听我们家的声音。

很长时间，我在迷迷糊糊中伴随着不安和伤心，又重新进入了梦乡。

好在是父亲和小舅都是明白事理的人，过了一段时间也都相安无事了。但这件事让我更注意身边发生的一切，因为我开始觉得很多事跟自己命运是有关系的。

痛定思痛，从某种意义上说，现在几十年的稳定，也是中国人感受那些年动乱可怕的结果，一段惨痛的经历，让人终于明白了什么。

迷路的鸽子

1966 年刚上初中时，"文化大革命"早已是轰轰烈烈了。我们没上文化课自然也没作业可做。我和同学邵有志是新交上的好朋友，他养了一群鸽子，我几乎每天都去他们家看鸽子，慢慢地我迷上了他，更迷上了他的鸽子。毕竟是好朋友，不久他就送了我一对快下蛋的鸽子。没想到不久后中学生中就养鸽子成风了。

送给我的鸽子自然成了我的宝贝，我找了个木箱给它们做了窝，用胶布把它们的翅膀缠起来，只让它们在地上走，免得又飞回原来的家，天天等着它们下蛋孵小鸽子。可是，不幸的事发生了，一天深夜，那只雌鸽被黄鼠狼咬死了。那时，家里养的鸡什么的就怕黄鼠狼，怎么就咬了我的鸽子呢？我把死去的鸽子拿在手上，白天还好好的，我伤心地哭了，我怎么向朋友交待呢，母亲看我哭得那样，又不睡觉，只好答应再去买一只，伤心中我终于迷迷糊糊睡着了。第二天，我向母亲要了钱赶紧去买了一只雌鸽。又把鸽笼的门加固，以后随着鸽子增多，我修过几次鸽笼，都特别注意门是否牢固，防止野猫、黄鼠狼的侵害。

没过多久，母亲一个表姐的儿子大串连从北京来到我们家，我母亲和我外婆对他非常好，我外婆和他的外婆是亲姐妹，但他的外公和一个伯父却是大名人。这个叫沈熙的小表哥比我大两岁，在我们家还没半天，就看上了我的鸽子，我很自豪，给他讲了些如何养鸽子的事，他却把鸽子抓在手中不放，因为鸽子翅膀仍然被绑着，不能飞，他好不容易刚把鸽子放在地下，就又想去捉它们，看样子他比我还喜欢鸽子。我的鸽笼放在地上，他就趴在地上看鸽笼，恨不得把头也伸到鸽笼里去。

我外婆和我妈都看出他非常喜欢鸽子。小表哥要走了，外婆和我妈把我叫到屋里，说要把我的鸽子送给他带回北京，我完全没想到，又气又急，我知道小表哥来一趟不容易，而且我小舅舅在北京上学经常去他们家，他们对我小舅舅也很好。再说我们家条件比较差，没有更好的礼物送他，说了半天，在外婆和我妈答应我再去买一对鸽子的情况下，我只好答应。这小客人拿了我的鸽子，高兴得跳起来。我却眼睁睁的看着心里难受，他用一个装皮鞋的盒子带走了我的鸽子。

我又去买了一对鸽子，精心饲养，终于等到鸽子下蛋。雄鸽、雌鸽配合得很好，自动轮流"值班"孵蛋，好像它们之间有种默契，该谁在窝里趴着，该谁出来吃食、活动，很守它们的规矩，但雌鸽似乎趴的时间长些。鸽子孵蛋的时候人要去抓它，它会用嘴或翅膀表示很不高兴。孵出小鸽子后，大鸽子要把吃进去的食又全身用力地吐出来，喂到小鸽子嘴里，与很多动物不同的是，雄鸽在喂养后代方面也是尽心尽力，很负责任，直到两个月左右小鸽子会自己吃食为止。

那时不懂玩物丧志的道理，即使懂又能怎样？我们都学过古人说的"一寸光阴一寸金，寸金难买寸光阴"，但这些古训早已抛到九霄云外去了，似乎时间对我们是无穷无尽的，不会完结。家人对我的要求是只要不出去学坏就行，长时间不上学，总得找点事混日子。不少学生和我一样对养鸽子着迷。那时养鸽子的人也多，仅20多个门牌号码的小巷，就有好几家喂养鸽子，加上周围的，同学的，所以就有不少"鸽友"。"鸽友"们今天上你家，明天上他家，后天上我家，再上同学家看看，还真不闲。当然，为鸽子扯皮的事也多，自己的鸽子飞到别人家，让别人逮住了，又不想还给你，就扯起皮来。另外，兴趣来了还带着鸽子到花园山、蛇山、龟山去放。到汉阳桥头或龟山放鸽子有点意思，放出的鸽子只在汉阳或汉口的上空绕一圈，决不飞第二圈，就笔直飞过长江。鸽子几分钟就飞回了家，我们却往往要边走边玩，半天才回家。每天早上是鸽子"开盘"的时间，在笼里休息了一夜的鸽子从笼里放出来就飞到天空，天上一大群一大群飞翔的鸽子，有的带着鸽哨，鸽子在天空中盘旋，"呜、呜、呜"的鸽哨声由近到远，由远到近，我们的眼睛就盯着或辨认着自己的鸽子。

当阳光撒满大地的时候，鸽子也会充分享受阳光的温暖，或用一只爪把一边的翅膀撑开或干脆趴在房顶上闭着眼睛睡觉。那天，我又爬到我们家的院墙上骑在墙沿上坐着，陪着它们享受和打发无忧无虑的时光。

运动越来越厉害，大人都在忙他们的事，不知道学校现在是什么样子了。

我很多时间都用在鸽子上。我们关心自己养的鸽子远远超过关心"文革"，远离"文革"中的武斗和喧闹。

我太喜欢它们了，听雄鸽咕噜噜的叫唤，看它们在天上盘旋或待在太阳下懒洋洋的样子。有一天，我正偷偷的亲着我手上的鸽子，被我舅舅看见，把我训了一顿，说我不讲卫生，他哪知道鸽子在我心目中的地位。后来想，那时要不是迷上养鸽子，我会去做什么呢？那么多时间又怎么打发？我会去学坏吗？天知道。反正鸽子是我那段时间的精神寄托，我喜欢看它们和和气气、自由自在、无忧无虑、下蛋传代的生活，喜欢看它们可以飞那么高那么远的本领，在无聊中它们给我带来快乐。

有一次，我的一只刚学会飞的小鸽子飞出去以后就不知道"回家"了，到处乱飞，害得我一天都跟着它，它飞到哪里，我就跟到哪里。后来想，我当初不就是和这个迷路的鸽子一样吗？

逍遥的围棋

　　"文革"中那么多中小学生学围棋的现象恐怕在我国围棋史上是绝无仅有的奇观。说到"文革"可以列举各阶段一系列大大小小的运动，那是"文革"的正史。要说"文革"的民间史，围棋"运动"是不能不提的。

　　开始我以为就是我们一群学生在下围棋，后来慢慢才知道武汉市甚至全国的很多学生那时都在下围棋，下围棋也成为一阵风。1967 年到 1968 年有很长一段时间，除了养鸽子外，我和很多无所事事的学生一样，渐渐沉浸在围棋的乐趣之中。

　　有个街坊，比我大得多，是个高中生。有些日子我在外面玩的时候经常看见他就站在大门口，或看我们玩，或看过路的行人，一站就是好长时间，他脸上没有什么表情，就像发呆一样，也很少跟人讲话。我之所以关注他，是因为知道他哥哥前两年跟我小舅一起考到北京上大学去了，还是一起坐火车去的，主要还是他那个样子让我感觉有点奇怪。其实后来我看见好几个比我大的学生都是这样，站在外面，眼睛里带着差不多是痴呆、无奈或忧虑的目光，看着我们一些年龄比他们小几岁的孩子玩，很长时间就站在那里看，可能是看到我们有趣的时候，偶尔也会露出一点微笑，但是马上这种微笑就消失了。我还想，怎么他们不去找他们的同学玩？我全然不懂他们的内心。

　　几天以后，就看见他搬出小凳在大门口与别人下起了围棋。两个人分别执黑白棋子，对着棋盘一下就是半天，旁若无人，津津有味。那时他们每天上午就在那里。我想他们也找到好玩的事了。他们的新玩法渐渐地引起了我们的兴趣，觉得围棋比象棋好玩多了，凑上去看的人由一两个增加到五六个，后来还有稍微住得远一点的也加入了这个队伍。这群人看了几天，慢慢看出点门道来，从布局、中场战斗、收官、算输赢，到真眼假眼、做活、什么弯三、弯四、刀把五、征子、打劫、金角银边、草包肚皮等也都略知一二。

渐渐地，我们的手也痒了起来，一个个跃跃欲试。不知道是谁去弄来一副围棋，这副棋不仅一看就知道是不同的两副棋凑在一起的，而且棋子不够，还没有完全下完，棋子就没了。没有办法，就把下在盘中已经没有变化的棋子或者死棋拿一些出来，直到下完。就是这样一副残棋我们也下得热火朝天，利用率直线上升，大家抢着玩，排队轮流上。看的人不再是憋不住要说几句，干脆变成七嘴八舌、指手划脚，甚至唾沫横飞、你推我搡了。经常是赢的一方笑呵呵、得意扬扬，输的一方不服气、后悔莫及。为悔棋而闹得不愉快更是常事，后来大家定个规矩，落子生根，谁也不扯皮，这才平静下来，也算是走上正轨，加上我们都学着用食指和中指上下夹着棋子下棋的模样，就有点棋君子的风度了。这段时间对我来讲可以说是"文革"无所事事的几年中比较有收获、有意义、有进步的日子。

街坊中学会下围棋的人越来越多了，可缺少围棋真是苦了这些刚上瘾的孩子。那时别说买一副围棋要好几块钱，就是要拿出几毛钱对这帮穷小子也是件不容易的事。终于，有人想出了办法。我们到花园山上挖了好多泥巴，把泥巴像揉面那样揉过以后，再搓成一个小圆球，然后把小圆球在一块石头上按一下，做成围棋子那样大小和模样，等干了再涂一层墨，黑棋子就成了，白棋子则涂上一层白油漆。棋盘好办，有在牛皮纸上画的，也有在夹板上画的。我们就这么做了好多副泥巴围棋，做两个木头盒或缝两个小布袋，基本是人手一副，总算解了燃眉之急。虽然大小不一，形状各异，但大家都挺高兴。自己做的，不用排队，想什么时候下都可以，手拿起来更有一番滋味。然而好景不长，每次拿黑棋者手上就成了黑乎乎的手像抓了煤炭似的，更可气的是泥巴围棋过些天后开始发裂，最后这些泥巴棋子都四分五裂成了泥巴疙瘩。只好再去挖泥巴，补充已经不能用的泥巴棋子。

后来又有人想出新办法，我们到民主路靠江边一家工厂外面去捡回很多被冲床冲下来、圆圆的厚度约两毫米的小铁块，这东西优点是整齐划一，大小一样，拿在手上有点重量，感觉不错。缺点是比正规围棋子稍微小一点。但要去捡这些小铁块也不是件很容易的事，因为工厂要回收，我们也不能进到厂子里面去，只能守在厂门口，从每天运出的废料的板车上拿。我们想办法在装废料的麻袋上抠开窟窿拿一点，拉车的人发现了，我们就假惺惺帮忙推一下板车。在麻袋里掏的时候，很容易被其他金属废料划伤手，出点血也算不了什么。另外，如果发现工厂门口没有人，就赶紧溜进去在地上捡一点，积少成多。然后将这小圆铁块在沙石上磨去毛刺，再分别涂上黑白油漆，铁围棋子就做成了。那时听说云南产的"云子"最好，但我们都没见过，不就是重一点手感好一点嘛，我们手上的铁疙瘩也挺有感觉的，落子的时候砰、砰有声，一点也不比没见过的"云子"差。但终归是土法上马的东西，好景不长，棋子慢慢开始生锈，油漆一点点脱落，再也想不出别的好办法，只好再涂上一层漆。

曾经看过一篇关于"文革"时期的回忆文章，其中讲到聂绀弩是个围棋迷，"文革"期间在监牢里，一起蹲大狱的也喜爱围棋，实在想不出别的办法，最后把每餐的饭留一些下来，用米饭捏成围棋子，用墨水染一下，棋盘则是撕了件衬衣，在衬衣布上画了个棋盘。看了这段故事后，很有感慨，以前觉得我们的泥巴围棋、铁围棋都是被逼得没有办法而想起来了不起的创造，真想不到还曾有过饭围棋的。

也有人讲云南生产建设兵团的某连长有次见到"知识青年"下围棋时的情形：

连长把脸一沉，说："围棋，没听说过！资产阶级的东西……棋扔进厕所，你们还要写检讨！……从没听说过中国人有什么围棋，肯定是外国的洋玩艺儿，资本家吃喝玩乐的名堂。"……几天过去了，棋迷们惶惶不可终日，为围棋的命运担忧。有人甚至忍不住拿了棍子悄悄地去翻搅粪坑，看连长是否真把围棋扔进了厕所。

那时下棋真到了废寝忘食的境界，常常是中午端一大碗饭，饭上面有点腌菜什么的，就跑到别人家，饭是怎样下肚的根本无暇顾及，空碗筷就放在旁边，一直到下午家人在小巷子叫"回来吃饭"，才回去吃晚饭。就是晚上在微弱的路灯下，也常有一两盘棋厮杀到很晚。特别是夏天，晚上在外睡觉的竹床都不搬回去，一大早就在竹床上铺开了棋盘，一直到太阳几乎直射下来，然后再搬到家里或门庭院子阴凉处继续下。我们就是这样学会了下围棋，棋艺也逐渐提高起来。后来又知道了吴清源的大名，知道看棋谱等等一些简单的常识和道理。

庆幸的是，我们有几个街坊棋下得非常好，其中有一个好朋友的父亲和两个哥哥甚至姐姐都下围棋（我只见过他的两个哥哥和两个姐姐，都是高中生、初中生），而且水平都很高。这个朋友可能是排行第六所以叫老六，家就在花园山旁边，独门独户带院子的平房，他父亲是个老文化人，但对我们非常和蔼可亲。老六什么时候开始下棋我不知道，当我认识他时他已经是我们那一带有名的围棋高手了，围棋书上的很多"定式"他都背得下来，而且有时给我们讲一些"定式"的各种演变，如何抢得先手，等等。与别人下棋一般都是落子如飞，极少长时间思考。他的两个哥哥、两个姐姐包括他父亲后来都不是他的对手。因为他跟我年龄一样大，那段时间我跟他关系很好，要他陪我下棋他也乐意，但是要让我四子，这还是在我的下棋水平有一个较大的提高以后，就是这样我还是下不赢他，后来我就不好意思再找他下了。他对我们围棋水平的提高起了很大作用。后来他在我们那一带下棋有点名气了，有些周边的高手也慕名而来，别看老六平常那么腼腆，斯斯文文，跟那些年纪比他大好几岁的高手杀起棋来，毫不手软，断棋、打入、绞杀落子干净利落，掷地有声，杀得惊心动魄，旁边看的人心都是紧的，经常是倒吸一口凉气。他下这种棋偶尔也会思考一下，特别是盘面胜负很小，接近收官子时，他习惯默默地快速数一遍，官子收完，他就报出胜负结果，黑棋贴目后是多少，或白棋是多少。数完黑棋或白棋，一定就是他说的那个数了。那些高手对他无不称赞有加，这时候他就又回到那个本来的他，红着脸不好意思起来。他性格非常文静，像个大姑娘，总是一副腼腆的样子。他家书不少，除了下棋就是在家看书，从来没有看见他在外面玩别的。十年以后，听说他在恢复高考第一年以全省理科第一名的成绩考取北京大学数学系，现在旅居海外。

我家附近有个人据说是原省象棋队的，后来他学会了下围棋，居然也沉迷于围棋之中，而且围棋也达到段位水平。

"文革"中的武斗、夺权、揪"走资派"等等似乎统统与这些人无关，轰轰烈烈的大"革命"难得有小巷中的另一种围棋厮杀的轰轰烈烈场面。但这属于另一种"文斗"，一种属于中国文化范畴的特有现象，我们在不知不觉中还是听了毛主席"要文斗不要武斗"的话。说在很多青年学生中实际形成了围棋运动的态势好像也不为过。直到差不多1969年初，老三届的街坊都陆续下了农村，这股围棋热在城市才逐渐平静下来。当然，以后又有了聂卫平在下放时下围棋的一类故事。

我当了工人后，很快就去买了一副玻璃围棋，等挣的钱多一点时，又买了副瓷围棋，总算了结了一段多年的心愿。

1972年在"华工"当工人时，宿舍对门住了一个两地分居姓熊的老教师，是个棋迷，反正知识分子业余时间也很少看书，而且那些年晚上经常停电，不能看书。熊老师经常拉我说："小于，下一盘吧"，我也乐于给他解闷，于是点上蜡烛，在微弱的烛光下，黑白棋子分明。他下棋时经常喜欢用湖南话自言自语，很专心，常为落子错误后悔不迭。我们这一老一少相差三十来岁，但一起下棋却非常过瘾。说是一盘，最后没个两三盘是完不了的，反正没有电，别的什么事都不能做，只好在黑暗中那么认真、那么聚精会神地打发各自的时间，他可能是暂时忘记湖南的家人，我也是以此来排解无聊和痛苦的感觉。

另外，还有个年轻的孙老师也经常下棋，他是"文革"期间从中国科技大学毕业的，他棋艺比我稍高一点，但他动机不纯，老是把他的快乐建立在我的痛苦之上，赢棋以后那付得意扬扬的样子，手舞足蹈，像个小孩。让人又好气又好笑。尽管这样，我也忍气吞声寻找报仇的机会，当我赢了他的时候，就学他得意扬扬时的模样，说他气我的那些话，让快乐和痛苦掉换一下位置，不亦乐乎。他还告诉我：梁实秋下棋，君子无所争，下棋却是要争的，青筋暴露，抓耳挠腮，长吁短叹，念念有词，静静的欣赏对方的苦闷，弈虽小术，亦可以观人。看来他也是学梁实秋来欣赏我的苦闷。

1973 年我在北京电子管厂学手艺时，我的两个师傅和旁边科室车间的几个师傅都是棋迷，几乎每天中午都是在俩馒头一碗大白菜加一盘棋中渡过的，旁边还有不少人观战，开始我不敢上，看了几天后，一来手痒，二来想和师傅建立友谊，就和他们粘上了。

我庆幸自己在"文革"中学会了围棋。围棋中蕴藏那么多人生哲理，方与圆，生与死，大与小，动与静，坚与柔，先与后，厚与薄，得与失，攻与守，进与退，虚与实，轻与重等等，真可谓奥妙无穷，变化莫测，游神安思，见理见道，性格情操，活灵活现。别看小小棋子，盘面自有风云变幻，心中似有千军万马。方寸中见崇山峻岭，须臾间又如临深渊。蛟龙翻腾似有惊涛骇浪，静谧平和难掩重重杀机。其乐趣令人流连，其道理使人受益。

中国是围棋的发源地，两三千年的围棋史，围棋著作恢宏浩瀚，古人古谱古经古论，充满了哲学、意境、智慧和技巧，更有吴清源称雄日本棋坛三十年的辉煌，围棋无论如何也称得上是中华文明的瑰宝和国粹。

人生如棋局，身体、专长、能力、家庭、性格等等都是人生的眼位，人在成长中眼位做活了，人生的棋局才能得以有好的发展，人生的哲理似乎都包含在棋理之中，棋伴人生，棋如人生，棋警人生。少年学棋，中年行子，老年复盘，或许这就是人生。

中国古代人真是聪明，能发明围棋这么好玩的游戏，让我们在"文革"中能大把大把地打发时间，这一定让现在的年轻人觉得不可思议。

渡 江 悲 剧

　　在武汉，炎炎盛夏是游泳的好时节。从 1956 年开始，每到夏季，武汉都要组织横渡长江活动。我从小就住在离江边不远的地方，已记不清看过多少次规模壮观的渡江了。1966 年 7 月 16 日，毛主席畅游了长江，后来我们经常在武昌平湖门码头看停在那里的一艘小炮舰，据说就是这艘小炮舰陪毛主席游长江的。

　　然而，多少年来，每当看到在长江中游泳的人群，都会勾起一段刻骨铭心的往事——武汉渡江史上的一幕悲剧。

　　1967 年 7 月的武汉已载入史册。那时"文化大革命"已有一年多时间，武汉的派系斗争到了白热化程度。为纪念毛主席 1966 年 7 月 16 日畅游长江一周年，武汉地区组织了声势浩大的"七一六"渡江活动。到 8 月 1 日，又组织了规模更大的纪念中国人民解放军建军 40 周年渡江活动。

　　"文化大革命"中人们的"革命"热情已被煽动到极端的高度。武汉的酷暑与人们高涨的革命热情相比，显得微不足道。那时的武汉人不在乎天热，凉丝丝的江水对武汉人具有一种特殊的魅力。更何况人们心中燃烧的激情处于一种现在无法想象的亢奋状态。

　　据当时《湖北日报》记载："七月十六日早晨，红日升起，金波灿灿……八点多，在武昌江边的起渡点举行了隆重的开幕式……这次横渡长江的无产阶级革命派游泳健儿，有一万八千余人。他们是在比往年风大浪大而救生船又特别少的情况下渡过长江的"。同时该报还记载：

"江心流速平均每秒二点八至三米。西南风越刮越猛，大规模渡江时，风力增至五级至六级，江面波浪翻腾，浪花飞溅，发出喧啸声"。前来参加渡江的还有北京、上海、山东、广东、河南、湖南、福建、天津、南京、西安、昆明等地的代表。武汉沿江两岸有"数十万观众"。同时，《湖北日报》对当时救生条件略有记载："浩瀚的江面，只有屈指可数的几条救生船"，"一百多小将，用五个篮球作救生工具，毅然决然跃入长江"。从这些记载可以看出，当时渡江条件是很差的。

1967 年 8 月 1 日武昌桥头人山人海，红旗飘扬

"七一六"渡江几天以后，武汉发生了震惊中外的"七二〇"事件。

8 月 1 日早上，我和一群小伙伴再次来到武昌桥头，观看"八一"渡江。到那里时已是人山人海，红旗飘扬。

高音喇叭不断呼喊着口号："沿着毛主席指引的航道前进，前进，再前进"、"到中流击水，浪遏飞舟"、"向革命小将学习致敬"、"伟大的无产阶级'文化大革命'万岁"……

突然喇叭安静下来，前面传来嘹亮的军号声，有人说那是部队几十个司号员在吹。随着这嘹亮的军号声，几声枪响后，天空中出现几颗红色信号弹，和我们看的电影里面的信号弹一样，但这是真的，是我第一次看见真的信号弹。天上轰隆隆，直升飞机飞过来，在我们头上盘旋，还撒下传单。我和我的小伙伴们都激动起来了，渡江的队伍都动起来，来看渡江的人们也都激动起来了，一阵阵涌动。

高音喇叭又重新响了起来，男、女播音员的声音更高更快："渡江仪仗队下水啦，他们乘风破浪前进……接下来的是解放军方阵，向中国人民解放军学习、向中国人民解放军致敬……"

"浩浩荡荡的工人游泳大军过来啦！钢工总、工造总司、钢九一三、红武钢、八一七等工人革命造反组织的无数面红色战旗，把江水映得通红通红。正是这支红通通的无产阶级'文化大革命'主力军英勇地捍卫着毛主席的革命路线，向党内、军内一小撮走资本主义道路的当权派发动猛烈进攻，把武汉地区'文化大革命'从一个高潮推向另一个高潮！不获全胜，决不罢休！"

"武汉地区无产阶级文化大革命的急先锋钢二司、新华工、新湖大、新华农、三司革联、中学红联、红卫兵革联的小将们，他们发扬了'大风大浪也不可怕'的大无畏精神，他们在两个阶级、两条道路、两条路线的大搏斗中"；

"在浩浩荡荡的渡江大军中，有来自全国各地的无产阶级革命派，他们有的来自我国'文化大革命'的策源地北京，有的来自一月革命的圣地上海，北至黑龙江畔，南至滇池之滨，从东海，到天山，都有革命的战友到武汉来，在毛主席开辟的革命航道上并肩前进。他们有首都大中学红代会、哈尔滨哈军工、四川川大八二六、西安西军电、上海交大'反到底'、上海'复旦师'、河南'二七公社'等二十多个省市的九十多个单位三百多名战友"；

"来自五湖四海的战友们游到江心和武汉的战友们会师啦！他们互相鼓励，并肩前进，在毛主席开辟的革命航道上继续前进，誓把无产阶级'文化大革命'进行到底！"

我和几个小伙伴个子都不高，到处挤，到处窜，到处钻，一心想要挤到人群的前面去看，但是里三层外三层的围观人堤把我们挡住了。我们只有从武昌桥头堡内顺着楼梯爬到桥上，那里也站满了观看的人群。毕竟年代久远，印象中只记得江中岸边到处都是人，高音喇叭声此起彼伏，红旗飘扬，热闹非凡。

8月2日上午，我正和一群小伙伴玩耍，有人跑过来说："昨天渡江死了好多人！武昌桥头堡下放了好多尸体，江里还在打捞。"大家一听，赶紧朝江边跑去。等我们到桥头堡下面时，围观的人已经很多了，看见有人在往停着的卡车上抬尸体。等我走近一看，眼前的一幕令我终生难忘：只见江边台阶有一块平地上一个挨着一个地躺着几十具尸体，都是些大中学生。离岸一二十米江中有两只小木船，船上各有一人正拿着长长的竹竿不停地朝江底探试。没过一会儿，竹竿上的铁钩就钩起一个小男孩。岸上观看的人群中有人不停地大声喊："又一个，又一个"。这只船拖着小男孩的尸体还没靠岸，另一只船又钩起一个女生。小男孩被送上岸，他看起来年纪和我当时差不多，是那么瘦小可怜，原来机灵顽皮的四肢现在已经僵硬，静静地躺在另一具尸体旁。那个女生被放在地上，有人用预先准备好的白布把她从头到脚盖起来。不知她是谁家的女儿，她爸妈知道了会怎么样呢？看了约一个多小时，听旁边的人说，有个妇女被打捞上来时手里还抱着个孩子，还有人说昨天栏杆边就挤下去好几个。

岸上的卡车还在不停地运。我又看见打捞出几个人和一捆鞋。一年来，死人对我已经是不奇怪了，但是一下看到这么多死人，而且都是年轻人，还有些小孩，我想了许久，只能用"惊骇"两个字来说明当时的状态，尽管不完整。几十年后这里用"死人"两个字时我仍然能感觉得到心里的刺痛，这是对"生命"的无知、麻木、亵渎和摧毁。还有围观人群的惊呼声、惊叹声、惋惜声，以及莫名其妙的看热闹的呼喊声，至今仍萦绕于耳。

记不清是自己再也看不下去还是别的原因，我要一块去的小伙伴不看了回家去，他们不同意，仍然要看下去。无奈我只好一人悄悄离开，将我看到的告诉了家人。之后，我就去找昨天也参加渡江的一位亲戚，告诉他江边发生的事情。他告诉我，昨天他也差点没命了。当他下水时，后面准备下水的队伍拼命往前涌，他都是连滚带爬给挤下水的。下水后，人还没游起来，后面的人就压过来了，前面也都是人，根本不能游。挤到深水后，就被压到水下，他感到下面有人上面也有人，几次往上抬头都给压了下来。他只能拼命游潜泳，感觉哪里有空隙就往哪里游，好不容易才浮出水面吸口气。这时他看见自己周围全是人，在水中乱作一团，又赶紧朝人较少的地方游去，这才脱离危险，渡过了长江。他还告诉我，他是和武汉体育学院的队伍一起下水的。后来据说体院的学生死了不少。这个被我称为四叔的亲戚水性极好，一米八的个儿，结实且灵活，幸亏他拣了条命。离我家不远的一家有个男孩也是那天在长江死的。

多年以后，有个女同事跟我说起这事很有感慨，她说那一天她和她哥哥都在那里参加渡江，但是在不同的学校，她是在中学队伍中，她哥哥是大学队伍中。等到快下水时，他哥哥把她找到了，说大桥底下下水人太多，太乱了，所以硬是把她找到，脱离了中学的渡江队伍，一起到上游的平湖门码头下水，躲过了这一劫，否则天晓得会发生什么事。

这次到底死了多少人，可能永远也无法说清了。

据1967年8月2日《湖北日报》报道：此次渡江仪仗队2000人，紧跟仪仗队之后是5000多名三军指战员，接下来是18000多人组成的工人游泳大军，后面分别是大中学生和来自全国二十多个省市的代表。来自我省各专县的有1200多人。还有省直机关、事业单位以及农民代表共计5万军民。这次规模空前的渡江，历时5个多小时。

5万多人在救生条件极差、秩序极端混乱的情况下渡江，在今天是无法想象的。如果当时报道的参加人数和时间是准确的，按5万人5小时计算，则平均每分钟下水的达160多人。

1967年8月2日，《人民日报》在第一、二版分别刊登有关武汉

"七二○"事件的文章，第三版用大量篇幅报道了"武汉地区5万军民'八一'建军节横渡长江"的消息。而此时，已无法证实到底有多少充满火一样热情的年轻生命被无情的江水吞没了。

现在回忆起来，当时我也就13岁，但目睹的一切却在脑海里留下了永远抹不去的痕迹，以致几十年过去了还难以忘怀，而且有些场景还历历在目。

武昌桥头一次死去这么多人，围观的人也很多，我想当时家住司门口一带的人可能都记得。这段往事多少年来已无人提及。多年前当我发表了一篇文章之后，我收到了十几封来信，基本都是感谢我把这件事记录下来，还有人说当时武汉藏猪肉的冷库都用上了。不知是真是假。但每当我面对波涛滚滚的长江，总感到波涛声中有一个声音在诉说，作为一个亲眼目睹者，我想记录下这段悲惨的往事。是安慰自己还是告诉后人，或是纪念逝者？

武汉的夏天仍然炎热，当年参加渡江的如今都已是60岁以上的人了，他们是否还记得那悲惨的一幕呢……

毛 蛋

　　毛蛋不是什么蛋，他是我曾经非常要好的同学。因为他家里人就是这么叫他，所以我以后也偶尔叫他毛蛋了。毛蛋是我亲眼所见到的命运极为悲惨同学之一，连同他的家庭。他早已不在人世了，但即便是活着，又有什么用呢？那个活泼可爱、充满少年遐想的毛蛋实际早已离我们而去，剩下一副可怜的躯体也只能让人心痛。

　　我认识毛蛋是上初中的第一天，时间应该是1966年的9月初，我和他同桌。他的名字叫杨海轮。我和他的友谊实际上从这一天就开始了，因为他似乎不太喜欢第一次站在讲台上的老师，在底下嘀嘀咕咕说了些对老师评头品足的怪话，惹得我发笑，我就觉得他蛮好玩，而且他很快就和我们前面、后面的新同学搭上腔，让我觉得和他一起认识新同学比较容易。没过两天，我们就成了好朋友，我家离他家也很近，放学回家还能一起走一段路，自然就有兴趣到他家去玩，听见他母亲和他哥哥、姐姐都叫他毛蛋，再仔细看看这位同学，有些胖的圆脸、头发很短但头仍显稍大，五官中较为突出的小鼻子，个子偏矮但十分结实，还真像个大毛蛋。再说这个小名也很特别，叫起来很有味，所以很快我也就改口称他毛蛋了。他也没反对，倒是显得我们之间更亲密些。

　　初中一开始，都是在大学习、大辩论、大串连中渡过的。这时的大串连主要还只是在市内的学校之间串。

　　转眼到了九月下旬，到了农村秋收的季节，1966年的夏天出现了干旱，是个大旱年。学校文化革命委员会安排我们到农村去帮助秋收。

这对从没有到农村劳动过的同学来说是件十分高兴的事，离开家庭，不用上课，那么多同学住在一起，打打闹闹，充满了新鲜感。

我们乘船到了石咀，一路上唱着当时的革命流行歌曲，到了一个村子里，我们班男女生分别住在一个被隔开的大仓库中，地上铺些稻草，同学们把各自带的床单等行李一铺，就成了一个超级大通铺。我和毛蛋挨着睡。

我们劳动主要就是拔芝麻秆和摘棉花。拔芝麻没有什么技巧，抓着芝麻秆的下面用力拔就行，然后按农民的要求把各人拔的集中起来堆在一起。关于摘棉花的情景，当时反映我们这次劳动情况的报纸倒是有一段记载："看见贫下中农把落地的棉花一朵一朵地捡起来，教育红卫兵说，学习贫下中农为革命珍惜每一朵棉花的精神。捡的棉花质量高、收得净，做到朵朵棉花归仓……所以今年大灾迎来大丰收，实现思想革命化，斗倒了旱魔斗倒了天"。开始我们的劳动热情非常高，因为学习了贫下中农不怕苦、不怕累，一心为革命、一心为集体的共产主义精神。但随后我和毛蛋还有很多同学的手上都起了血泡，人也累得不行了，晚上请村里贫下中农给我们讲村史、家史的活动就没有太好的效果了。反正这次劳动没有我和毛蛋想象的那么好玩。不过，我和毛蛋晚上还是偷偷出去打了两次麻雀，晚上的麻雀的确像毛蛋说的那样，傍晚时全飞到树上，叽叽喳喳，到晚上用电筒一照，它也不跑，就这样，我照手电，他来打弹弓，也打了两只麻雀。我们白天看见的喜鹊、斑鸠之类的大鸟却没有发现。后来老师知道了，批评了我们，并不许晚上出去打麻雀、抓青蛙。一个星期过去了，除了劳动也没什么好玩的，新鲜感也渐渐消失，我们这些十二三岁的同学开始想家了。大家运气不错，没过几天，我们就接到通知，结束劳动，提前返校参加大串连。听说都能到北京去串连，见毛主席，我们当然更高兴了。

也就短短十来天的工夫，学校的革命气氛更浓了。红袖章、红旗、红标语，到处都是，大批判的课也不上了，正式开始停课闹革命。

同学们都准备去串连，大多数当然是到北京，去见毛主席。我因为病了一段时间，病好了以后，就去问毛蛋怎么办，他说他跟他哥哥已经到过北京，见过毛主席了，准备学习红军长征步行到韶山去，他要和他哥哥一起去长征。那时最革命的行动恐怕就是步行串连，或说长征。《人民日报》发表了《红卫兵不怕远征难》的社论，宣传大连海运学院15个革命学生，组成"长征红卫队"，以红军为榜样，跋山涉水，历时一个月，行程两千里，从大连步行到北京。他们边行军，边学习，边宣传，边做群众工作。从此很多大一点的学生开始步行到北京、韶山、延安、井冈山等革命圣地。我想我还是要到北京去，而且坐火车去。刚开始听说长征那要走半个月、一个月，几千里路，还要像红军万里长征那样，举着红旗，穿着草鞋，背着背包，我也想试试，但心里还是有点害怕，万一走不动，掉了队怎么办？但我很佩服毛蛋的决心。从那以后，我们各自去完成了自己的串连壮举。和毛蛋再见面时已是两三个月以后的事了。

大串连于1966年12月停止，我们在家闲着也没什么事，我和毛蛋又联系上了。在家待不住，也喜欢和毛蛋玩，他们家的人都很好，因此我就成了毛蛋家的常客。毛蛋家有两间小房，大的一间十平米左右，他妈和他姐姐住。小的一间除了放张大床供他和他哥哥睡以及两口木箱外，只剩下立脚的那么一点地方了，所以以后和毛蛋下棋、打牌、谈天都是在他和他哥哥睡的那张大床上，床很旧，动一下就咯吱咯吱响，那时候的人没现在这个条件，也没太多的讲究。做饭在门外的过道上，其他家也都在过道上做饭。

毛蛋的母亲是个非常好的人，说一口北方话，她个子矮小，满脸的皱纹，看得出来经过了很多磨难。她非常朴实善良，我每次见到她，都是满脸笑容，很亲切，还经常和我说些家常话，看得出她也喜欢我和她家毛蛋交往，时间长了，我也随毛蛋邻居称她为杨妈妈。毛蛋的父亲却在几千里以外的内蒙，一个十分偏远的铁路小道班工作，一年四季都是一个人守着一个小屋，给来往的火车搬道岔、打旗举灯，像《红灯记》的李玉和一样。跟毛蛋交往那么多年，我只见过一次他的父亲，他是个憨厚的北方人。

毛蛋有个哥哥，比我们大得多，是一所重点中学高三的学生，因为他加入红卫兵很早，所以是一个活跃分子，经常在外面参加"文革"中的一些活动。他见到我时，总是笑一笑，因为年龄相差大，也没有太多的话说。毛蛋很佩服他的哥哥，据毛蛋说，他随他哥哥一起十来个人步行到韶山，从长沙乘火车回到武汉。比我强多了。但毛蛋家最先出事的就是他哥哥。因为那时候美国侵略越南南方，报纸上几乎每天都刊登越南人民抗美救国的消息，特别是美国轰炸河内和海防以后，中国更是全力支持越南人民抗击美帝国主义的斗争，不管付出多大代价，都坚定不移地支持越南人民打到底。我们经常上街游行，高喊"打倒美帝"、"美帝国主义侵略者从越南滚出去"、"越南必胜、美帝必败"等口号，我们都认为美帝国主义侵略越南就是想侵略中国。后来，有很长一段时间没看到毛蛋的哥哥，等看到他时，本来很强壮的他消瘦得十分厉害，这时我才听说毛蛋的哥哥要到越南去打仗，偷越国境，跑到越南才被抓回国，他犯了偷越国境的严重错误。我以后见到毛蛋哥哥时，总是看见他一付沉默寡言的样子，毛蛋不知道为什么再也不对我提他哥哥了。过了一段时间毛蛋哥哥就下了农村，以后我再没见过他。

毛蛋有个姐姐也是那个时候出了事。毛蛋的姐姐是高一的学生，其实我当时认为毛蛋的姐姐还是长得蛮漂亮的，她有时还和我们一起打扑克什么的，有说有笑，是个很活泼的大姑娘。她好像从来不参加"文革"中的一些活动。后来感觉她和邻居一个大男孩比较好，过了半年左右时间，我才知道毛蛋的姐姐怀孕了。在那个年代，没有性的教育和知识，谁要谈性，那一定是流氓。未婚怀孕可是不得了的大事，更不可能有现在这样的医疗措施和条件。周围的人虽有些同情但也少不了有些议论，在社会无形巨大压力下，她只有在家躲着，肚子越来越大，等待生产期的到来。这些事并没有影响我和毛蛋来往，我还是经常到他家去玩。但我很同情毛蛋的姐姐，我想生孩子是女人迟早的事，也是女人自己的事，用不着其他人说三道四。毛蛋的母亲那时候虽整天愁眉苦脸，但我看见她对女儿照顾得十分周到。等小孩生出来以后，都是毛蛋的母亲帮着照顾大人和小孩。我觉得去他家有些不方便，所以也去得少了，但每次去都感觉那间小屋里充满了一种特殊的气味。直到过了大半年，毛蛋的姐姐和小孩的爸爸一起下了农村，以后又把小孩接到农村去为止。

毛蛋的母亲显得更加苍老了，以前经常挂在脸上的笑容也没有了。有一天，毛蛋很高兴地告诉我，他爸爸再过一两个月就要从内蒙回来了。我也为毛蛋感到高兴，万万想不到的是，没几天的时间，他妈收到电报，毛蛋的爸爸在内蒙因心脏病去世了。毛蛋以前几次告诉我，他们家是铁路职工家属，几年就有一次坐火车不要钱的待遇，他还到内蒙去过一次，那里很好玩。我想，这次毛蛋陪他母亲到内蒙去料理他父亲的后事，坐火车不会要钱，但再也不是好玩的地方了。他们家遭受这接二连三的倒霉事，真是够可怜的。

1970年初，毛蛋和其他同学一样，都下了农村。他每次从农村回汉后就来找我，而且平时经常用信件交流，他给我讲了很多在农村有趣的事。

大约在1973年，毛蛋被招工回汉，到汉口一家电池厂当工人，这真是件好事情。可谁又能想到这好事情中却藏着灾难呢？

毛蛋从农村回来当了工人后，更加懂事了。下了班就回家，在家看书，陪他母亲，星期天偶尔到几个同学那里走一下。很多从农村回来的同学都有同感，那就是觉得书读少了，想学点知识。毛蛋的这种感觉似乎更强烈些。谁都明白，那些写大块文章批判"读书做官论"、"学而优则仕"的笔杆子们，那些凭着批判别人起家，爬上去做了大官的革命派，他们的书读少了吗？当然，我的这些同学可能没想那么多，他们想学点知识的基本认识是他们的文化程度实际上是小学毕业生，连小小的大批判文章都写不清楚，比起那些高几届的初、高中生来，都有明显的差距。

一天，和毛蛋一同被招到电池厂的另一个同学找到我，说毛蛋得了精神病，我十分吃惊，不敢相信。据这个同学讲，最近一段时间，毛蛋和同车间的一个女工关系较好，毛蛋经常看这个女青工，两个人说话也多些。后来被车间主任发现了，在全车间开了两次批判会，点名批判毛蛋的资产阶级思想，说他谈情说爱，中毒太深，满脑子资产阶级思想，还要车间其他青工发言批判他。特别是第二次开会，还要那个女工也批判他。会后，毛蛋一人站在那里几个小时都不动，最后只在那里笑，说胡话，大家都说他神经了。

天下竟有这样的事？天下确有这样的事。而且是落在 20 岁的毛蛋头上。他可曾问过自己，为什么会是这样？

当我赶到毛蛋家时，毛蛋正在睡觉，毛蛋的母亲告诉我他睡了很长时间，叫不醒他。我说让他睡，不叫他了。杨妈妈说不行，你来了非得叫醒他，说着就走到毛蛋床前，叫道：毛蛋，毛蛋，你的好朋友看你来了，快醒醒。毛蛋终于醒过来，看见是我，边起床边说："睡着了，我不想睡，睡着了资产阶级的虫就爬到脑袋里去了，赶不走它，他们说我是资产阶级思想，就是睡觉睡的，我不想睡，睡着了资产阶级的虫又要来，你睡觉时资产阶级的虫来不来？"我本来就听不懂毛蛋在说什么胡话，正在可怜他，没想到他问我这么一句话，什么资产阶级的虫？什么睡觉时往脑袋里钻？我不明白，不知道如何回答是好，又不敢随便回答，只好答道："没有虫，没有虫往脑袋里钻。"毛蛋听我这么说，又自语道："我这里有，我这里有，我赶不走它，它为什么要往我头里钻呢？以前不知道有这种资产阶级的虫，我们家是无产阶级，我是无产阶级革命者，资产阶级的虫就来害我，我不知道是资产阶级的虫，专等我睡觉时来，白天把它打倒了，它晚上来，为什么会有资产阶级的虫？……"我对毛蛋说："我们到医院去好吗？""到医院去？到医院去干什么？我知道那虫子在脑袋里，但不是开刀就取得出来，要是开刀，就要把脑袋里的东西都拿出来……"我看他语无伦次，没完没了地说这些听不明白的话，就想安慰一下杨妈妈。可怜的老人拉着我的手，老泪纵横，口里不停地说，这怎么办啦，这怎么办啦。后来我陪毛蛋的母亲几次到电池厂找到当时的负责人，质问厂方为什么要那么整一个劳动人民家出身的老实人，厂方才不得不出面把毛蛋送到六角亭精神病院去治疗。

我多次想毛蛋说的那些糊涂话是什么意思，什么资产阶级的虫、和睡觉有什么关系，联想到他曾经喜欢一个女青年，曾经为这事被开了批斗会，我才渐渐想明白，一定是他晚上睡觉时经常想念那个女青年，在批斗会上他"突然""接受"了这是资产阶级思想在作怪的说法。当然，这只是我的猜想。

以后，毛蛋反反复复几进几出六角亭，病情最终没有好转，他还受过电击的治疗。在那个政治上疯狂的年代终于造就了一个真正的疯人。

后来我几次去看望毛蛋，我总是抱着他会好起来的希望，想象那个机灵、活泼的毛蛋会回到我们身边。但每次去后带给我的不仅是失望，甚至是恐惧。

两年后，有同学告诉我，毛蛋死了。我到了他家，他母亲又苍老了许多，流着泪对我说："造孽的毛蛋……"别的话我记不清了。我只是想，毛蛋造了什么孽呢？

"拐　子"

我到处玩，尽情地玩，但是我经常还是想起自己是个学生，是个初中生，我最开始看不起我的学校，但我毕竟是那个学校的学生，还有教室、课桌、老师，有那么多熟悉的和不是很熟悉的同学，学生应该去的地方是学校，小学时寒暑假在家玩够了也盼望开学，何况现在？玩的时间太长了。因此我也偶尔到学校去看看，但每次去看到的都是乱七八糟、满目疮痍的学校，看不见老师，零零散散的几个学生可能是跟我怀着一样的心情来的，有两个教室里还有几个戴着什么组织袖章的红卫兵在那里做着他们的事。尽管这样我还是隔一段时间就去学校看看。然而有一次去后就再也不想去了。

那次我在学校门口遇到四五个大一点的学生，在我进校门的时候拦住我。

"你是哪里的?"一个学生问我。

"我是这个学校的。"我答道。

"是哪个年级的?"

"初一一班的。"

"来干什么?"

"来看看。"

"看什么看？有什么好看的?"

"我是这个学校的，来看看学校。"

"参加什么组织没有?"另外一个学生问我。

我因为以前为"二八"声明吃过亏，所以我马上回答"没有参加什么组织。"

"没有参加组织来看什么看？快滚！"

我想我来看看学校，与他们什么组织毫不相干，我执意要往学校里面走。

"要你快滚还不滚"一个学生边说边朝我屁股踢了一脚。

我回过头仅仅是略带有愤怒的眼光看着那个踢我的学生，没有说话。

"你还不服气？"另一个学生上来又朝我脑袋给了一拳。

此时，我明白了，我必须"滚"，我没有想还手，好汉不吃眼前亏，明摆着打不过那些学生。这时另外一个学生把我拉着推出了校门。

我很伤心地离开了学校，其实说实话并不是因为刚才挨了他们几下，因为那个时候在外面被流氓来几下拳脚是很平常的事。我伤心的是没想到在我经常思念的学校门口，被几个比我年级大一点的学生打了。

那时不少学生虽然没参加"文革"的派别组织，但他们自成体系，形成一种团伙势力，这个带有一点小流氓气息的团伙头子我们称为"拐子"。这些团伙经常互相之间为点小事或是为某个长得漂亮的女生打架斗殴，打输的一方又找其他的团伙或"拐子"来帮忙，群架越打越大，最后不惜白刀子进，红刀子出，打死人也没人追究，因为各级"公、检、法"早就被砸乱了。打赢了的一方则可在自己的势力范围内称王称霸。

那年月谁又不怕挨打呢？走在路上，突然跑出一群十几岁的"小流氓"来，一阵拳打脚踢后你还没弄清怎么回事，这帮人早已跑得无影无踪了，白挨了打，自己倒霉。所以还是有帮子人好。

也有很多学生不是诚心想加入到某个团伙去打架，比如我，我肯定不愿意出去打群架，但那时你不认识几个在外面"玩"的人，容易受别人欺负，能够认识几个人或有点名气的"拐子"，甚至是能"号"得动很多人的人，有个保护伞，自己气壮腰直，别人会说他认识某某，这样就不会轻易欺负你了。但话又说回来，那时大家都穷，没有请客吃饭这一说，要联络感情，就靠平时多在一起玩，多接触。反正时间有的是，这样对我们来说，自然会沾一点坏习气。

我认识一个比我大几岁的街坊，他长得圆头圆脑，个子很大也很结实，性格很横，我们都知道他以前曾经因为打架被劳教过一段时间，出来后仍然很厉害。他在我们那一带有点名气，也是个"拐子"，他又认识更大的"拐子"，我们叫"玩得开"，意思就是认识很多人，一旦在哪里打起架来跟对方一报他的名字，就像《智取威虎山》里一样，报个山名，对方就知道原来是他手下的，可能就说"误会、误会，都是一起的"。我就有些佩服他，觉得他有本事，有"味"。特别是在学校挨了几下后，就更有意去接触这些人。经过一段时间也就混熟了，自认为就是加入到他那个团伙了。他与别的团伙打架很少，要打也是打大架，就是群架了，都是抄着家伙去打，打起来就是头破血流的事，所以他也不要我这样的小喽啰去。

有段时间这个"拐子"不知道哪里找来几件专门练习摔跤的衣服，好像是粗麻布做的，衣服上没有扣子，穿上身后就用一根粗带子捆在身上，跟电影里的蒙古摔跤手一样。他把我们十几个小喽啰叫到花园山上，找一块平坦草比较多的地方，形成一个摔跤场，教我们摔跤。我们都很高兴。

以前小孩子互相打架是常有的事，所以对摔跤并不陌生，几个最简单、常用的小动作也都比较熟悉。但是他教我们摔跤并不是简单的怎么打架，而是一种比较正规摔跤的模样。所以我们更感觉新奇好玩。

两个摔跤的对手穿上摔跤服系好带子后，首先要摆开架式，在场子上像模像样地绕一大圈，然后自己转一个360度，再弓着身体开始寻找下手接火的机会。接下来几次就是分别教我们怎么使各种各样的绊子、抱腿、前抱腰、后抱腰，怎么用胳膊夹着对方的脖子或者抓着摔跤服的什么位置来小背、大背，要求动作怎么样快、敏捷，怎么样用力等等，我非常认真的听他讲动作要领，看他怎么示范。每次教一二个技巧动作后就要我们分别去练习，每个动作我们都练习多次。当然，要穿摔跤服，那感觉就是不一样。我尽管年纪比较小，但天生敏捷，大我不多的小伙伴一般都摔不过我。

后来他又找翻砂工做了一副杠铃和两副哑铃，要我们压杠铃、举亚铃，锻炼肌肉和力气。我们的这个"拐子"在别人眼里无疑是个流氓，但是对我们来说，他无疑是个老师，在没有学上的时候，我还是从他那里学到了一些"武"的本领，而且经过一段时间锻炼，经常看着自己胳膊上的小块肌肉一点点鼓胀起来，慢慢地越来越硬，我的感觉真是好极了。

那段时间的确有些男孩走了斜路。特别是后来，有些孩子的父母亲都到农村或五七干校去了，长时间家里没大人。我认识的两个这样的男孩后来就出了事。本来不是太坏，由于长期没有大人管，跟社会上一些有流氓习气的人关系密切了，后来都抓起来判了很多年。

有一次，母亲从五七干校回来，担心我在外面学坏了，竟偷偷地跟着我，看我到哪里去，跟谁一起玩，后来这样的跟踪被我发现了，我很不高兴，说母亲怎么像个特务跟着我，全然不理解大人的担心。其实那时很多孩子的家长都为孩子操心着急，没有学上好歹还是个正常的孩子，如果跟流氓学坏了，问题就大了。

"拐子"一词武汉人现在偶尔还用，但是意思变了，在有点江湖义气的交往或比较随便的场合，称别人"拐子"，还是一种尊称，意思是"大哥"、"老兄"。社会进步了，连词的意思都跟着进步，跟着变好。

第三篇 复课的喧闹与悲凉

茫然的校园

1967 年 3 月左右，曾号召学校学生复课闹革命，但由于上海"一月风暴"后，正是各个单位造反派夺权夺得不亦乐乎的时候，派仗也还刚刚开始，根本不可能复课。到 11 月，武斗慢慢平息下来，号召革命大联合，说是"文化大革命"取得了决定性的胜利。重提"复课闹革命"。"复课闹革命"是当前学校斗争的大方向，是革命师生的主战场。复课不是复旧，照搬老套，单纯上课，而是要复毛泽东思想之课，复两个阶级、两条道路、两条路线斗争之课，复"文化大革命"之课。以革命批判领先，破旧立新，灭资兴无。不来复课的学生是无政府主义，来的是听毛主席的话。更重要的是"工人毛泽东思想宣传队"简称"工宣队"，加上以前的"军宣队"进驻各单位，结束了"文革"中最乱的一段时间，各个单位才稍稍平稳了一点。无论如何，复课对我们是一件好事。

复课时我们离开学校已经一年多了。学校的墙上到处都是大花脸，打倒或揪出什么人的、各派之间相互攻击的、坚决的、誓死的、保卫的、各种五花八门红色的、黑色的、白色的标语口号随处可见，门窗都是破烂不堪，大字报栏千疮百孔、东倒西歪，墙角到处是废弃大字报的破碎纸片，操场上杂草丛生，篮球架既无篮板更无篮筐，只剩下生了锈的铁架光溜溜地立在那里。教室里的课桌、椅子乱七八糟，布满了厚厚的灰尘，缺胳膊少腿的残废桌椅比比皆是。完全是一派疯狂后的凄凉景象。

学生们陆续返回了学校，为了能上课，学生们把校园简单地收拾了一下，算是有了勉强能复课的环境。因为各学校的情况可能差不多，所以提出提倡因陋就简，大家动手，解决教材和设备问题。桌椅不齐这么一点小困难，难道能难倒真正的革命者吗？舆论、口号都是这么说，也的确没有难倒我们这些复课闹革命的革命者，因为我们根本没有也不需要什么教材和教学设备。

能回到学校的教室坐着已经是谢天谢地，起码代表我还是个学生，不是游手好闲的二流子。再说，连我这样玩性十足的学生都觉得在家玩腻了，班上有那么多还不曾那么熟悉的同学，十四五岁，男男女女，比起家里来好玩多了。一年多没有上学，我和同学们又坐在了一个教室，大家心里都一样，充满了新鲜感，同学们的眼睛里充满了各种光芒，好奇的、羞涩的、野性的，等等。

我们都互相感觉很多同学们一年多没有见面发生了很大的变化，现在都长高了，长大了，再不是刚小学毕业时童稚的娃娃脸，而是一个个潜伏着活力、洋溢着青春的少男少女了。

在"工人阶级领导一切"的伟大号召下，工人阶级浩浩荡荡登上了上层建筑政治舞台。那时对工人阶级是一系列"最"的评价，立场最坚定、旗子最鲜明、对毛主席最热爱、对革命路线理解最深、两条路线斗争觉悟最高等等。"工人宣传队要在学校中长期留下去，参加学校中全部斗、批、改任务，并且永远领导学校。在农村，则应由工人阶级最可靠的同盟者——贫下中农管理学校。"

我们学校也进驻了"工宣队"。当时"工宣队"进驻学校，确实对稳定社会、稳定学校起了很大作用，尽管文化课很少，但我们还能每天集中到学校去，在班上调皮捣蛋总比在社会上惹是生非要好。但由于大环境没有根本的变化，加上"工宣队"队员缺乏管理学生的经验，又基本上都是文化水平很低的人，所以很多问题就集中到了学校，学校也无能为力。我们看别的班有些女"工宣队"师傅就很好，和同学们相处得不错。那时每个班的学生中都有几个"宝"，老师、"工宣队"最终拿他们也没办法。学校好像是每两三个班配一个"工宣队"队员，负责我们班的是一个姓"万"的男师傅。那时能参加"工宣队"的师傅都经过了工厂挑选，都是"苦大仇深"的或老工人。万师傅约四十多岁，人很厉害，但脸上有很多麻子，我们知道那是旧社会的苦日子留给他的，也知道不能讥笑长相有缺陷的人，否则是不道德的。但没有多长时间，"万麻子"还是在大多数男同学中悄悄叫开了，后来有些女生也在背后叫"万麻子"。

我们班的新班主住是刘滢秋老师，我们看她就是一个老太婆。带一付深度眼镜，那眼镜片真有玻璃杯底那么厚，取眼镜时眼睛凹陷的样子真有些怕人。还是从旧社会过来的小知识分子，自己在学校教师中都说不清楚，据说她经常在老师们中检查、交待自己的旧思想和贯彻"资产阶级教育路线"的所作所为。我们当时因不存在任何考试、升学的问题，特别是都经历了一年多社会大乱，经过了"文革"初期的洗礼，眼界大大开阔，所以没有谁服她管。这一个想管，这一群又不服管，也落了个"刘瞎子"的外号。调皮的学生背后从来就不会说刘老师，都是以"刘瞎子"代替。

学校对学生来说是管理单位，管理需要权威，需要管理对象的认同和服从。然而这些对我们却显得与造反的社会、革命的社会、无权威概念的社会那么不协调、不合拍。在经过了一年多大动荡的学生面前，在全社会仍然处于大动乱局面的情况下，学校表现出前所未有的无可奈何，直接参与学校管理的工宣队、老师都不可避免地出现尴尬、无奈、滑稽的事情。但希望通过复课闹革命的办法来稳定、扭转大动乱的初衷或多或少起到一些作用。

其实我们还是挺想上学的，老在家待着混时间也不是个事，总不能养一辈子鸽子，下一辈子棋，无所事事，闲得无聊。但心已经玩野了，坐在教室里还真有些不习惯。本来是"复课闹革命"，首先应是"复课",再来"闹革命"。"复课"就应该上点文化课,比如数学中的正负数之类,学点ABCD,可是我们大多数时间是在那里读报,写批判文章,写心得体会,也算是闹革命吧。

那时也能够学点文化,比如看姚文元评"反革命两面派"周扬的文章,就知道什么叫"打着红旗反红旗",就知道周扬原来是中宣部副部长、文化部部长,他怎样支持胡适、胡风,怎么赞扬"西方先进的科学和先进的文化思想",狂热地吹捧堂·吉诃德和美国资产阶级诗人惠特曼。知道《居里夫人》原来是一部反动影片,它通过居里夫人的一生,集中宣扬了资产阶级人道主义、和平主义、个人奋斗、成名成家、阶级调和的反动观点。周扬如何把我们的艺术变成"挂社会主义羊头,卖资本主义狗肉的修正主义艺术"。通过这些,就对胡适、胡风、居里夫人、堂·吉诃德、惠特曼等人有了初步印象吧,否则我们根本就不知道世界上还曾经有过这样一些人,通过批判的对象来了解对象是我们当时的一种被动学习方式,不论怎么颠倒黑白,起码知道有这么一个人总比完全不知道要好。

再比如看姚文元的文章,感觉他很会用词。读了他的文章就知道什么狐群狗党、煽风点火、猖狂进攻、毒牙毕露、见风转舵、狰狞面目、翻手为云、覆手为雨、巧妙伪装、政治投机、两面人特征、趾高气扬、贵族老爷、无耻走狗、偷天换日、跟着苏修的屁股后面亦步亦趋、冷嘲热讽、指手画脚、蚍蜉撼树、利令智昏、抛掉伪装、赤膊上阵、破口大骂、深恶痛绝、冠冕堂皇、黑心黑肺、披着红绿灯袍子、打着黑旗子、抓着印把子、借古讽今、崇洋非中、帝王将相、才子佳人、投降主义肮脏手法、丑恶笔墨、叛徒面目、虚伪透顶、厚颜无耻、窥测时机、鸡零狗碎这些词了。那篇批判周扬的文章,从头到尾,从里到外,从史到今,从封到资到修,把周扬骂得一钱不值、体无完肤、臭狗屎不如。我总记得这篇大作,因为它教给我们在写大批判的文章中怎么去用词。粉碎"四人帮"后我还想,姚文元他爹姚蓬子九泉之下一定大惊失色,怎么他养出这么一个"左"得出奇的宝贝儿子来。

其实，周扬也确实是冤枉，1958年文艺界反右斗争、反胡风反革命集团等运动中，周扬也算是紧跟形势，他是万万没想到"文革"中的姚文元比他还"左"，这种深刻的教训周扬在"文革"后总算是领悟过来了。潮起潮落，命运难测，被抛弃或被嘲弄，还是如磐石一般任凭风浪起，多少人深深地感受在特定时代人生修炼的不易。

后来，因为我很喜欢革命现代芭蕾舞剧《红色娘子军》的音乐，就买了一本剧本《红色娘子军》。在《红色娘子军》中我抄了很多认为很好的词句。如：遍体鳞伤、昂首挺胸、迸射着仇恨的烈火、砸碎这噬血的枷锁、打翻吃人的虎穴狼窝、倾诉着满腔愤恨、毅然决然、无比仇恨、狭路相逢、殊死搏斗、筋疲力尽、勇气倍增、寡不敌众、重落魔掌、一死相拼、撕心裂肺的鞭声……记得抄了好几页纸。只要写作文如忆苦思甜体会、学习心得或者批判文章时，我就翻开我从报纸和剧本中抄的这些词汇和句子，看哪些词句能不能学着用在作文中。或许是后来刘老师发现我会用几个词，居然几次点我起来在班上念自己的心得体会什么的。然后专门发两张纸，让心得体会写得好的同学抄好贴在教室后面的墙上。

同学们偶尔笑我："看不出来你还会丢几个词咧"、"你词还丢得蛮飞咧"。他们哪里知道我是现抄现卖？尽管我对报纸上什么文章的内容没有太大的兴趣，但是看见我认为的好词句还是喜欢的，也感到抄些好词句还有点好处。复课时我们没有课本，书店连字典、词典都没卖的。

不过那时经常是刘老师在讲台上认真读报读文章，底下交头接耳、说说笑笑，刘老师实在忍不住就暂停了读报，把我们训斥一通，底下也就稍安静了一点，她接着读报，慢慢的底下就又开始叽里咕噜热闹起来。万师傅在时课堂情况要好些。他经常站在教室后面，观察我们的一举一动，但经过几件事后，同学们也就不怕他了。

万师傅似乎很喜欢我们班上长得最漂亮的女生，他见了我们男生总

125

是板着面孔，谁要是不如他意就训人。但他只要一看到那个漂亮女生，脸上马上就是笑容满面，眼睛眯成了一条缝，态度和蔼可亲。时间长了，同学们也懂点这种事，就在底下议论。有一次，万师傅在班上走到那个女生座位旁，还没说几句话，班上就有男生开始干咳起来，其他同学心领神会，偷偷发笑，或是跟着干咳。要知道我们班喜欢这女生的男生怎么会长期容忍背后被称为"万麻子"那种笑眯眯的样子呢？接触漂亮女生的机会本来就少，眼睁睁地看着万师傅只要有机会就不放过，心里面的小醋坛子早就打翻了，"万麻子"的绰号就自然越叫越响了。

当然，同学们也有老老实实谁也不敢乱说乱动的时候。每次上课前都要拿着《毛主席语录》，人人站直了，非常虔诚地把红宝书放在胸口，随着三呼"敬祝毛主席万寿无疆！万寿无疆！万寿无疆！祝林副主席永远健康！永远健康！永远健康！"而把红宝书规规矩矩向头的右上角挥动三次。谁都知道这时候不能嬉皮笑脸、吵吵闹闹。我们对领袖怀着无比崇敬和虔诚的心情，都体现在"三忠于"、"四无限"中。我们这种头脑的凡人对伟人、圣人、神灵的一种精神上的追随，不论是敬仰是寄托还是规矩习惯，起码某种精神和心理状态是一致的，就像大家都会唱的一首歌歌词那样：爹亲娘亲不如毛主席亲。

我们人手一册的《毛主席语录》，也就是红宝书，这是我们天天读的主要内容。每天早上万寿无疆、身体健康的动作完了以后，我们按照老师的要求，翻开多少页第几段，然后同学们一起朗读起来，每天总要这样读好几段最高指示。据有研究者披露，当时国内外出版了用50多种文字印成的《毛主席语录》，总印数50余亿册。在当时，全世界30多亿人口里，男女老幼人均1.5册有余。

我们还学跳忠字舞，还边跳边唱：

> 敬爱的毛主席，我们心中的红太阳，敬爱的毛主席我们心中的红太阳。我们有多少知心的话儿要给您讲，我们有多少热情的歌儿要给您唱……

即使是最调皮捣蛋的男生，在跳忠字舞时也不敢太过分，最多有时有点嬉皮笑脸，不很严肃。忠字舞作为"文革"的一大奇观一直为人们记忆犹新，但据说忠字舞起源于唐、宋皇宫却是鲜为人知的。

我们的初中除了初一有近一个月在学校外，就没有初二、初三的概念了，搞不清楚是初几，反正都称复课闹革命。那时大、中、小学都经历了复课闹革命，全国的学生总共应有几千万，我想"复课"、"革命"的情况都差不多，关键是一个"闹"字，15 岁左右的学生，没有一本正经的课上，又不知道到底该怎样去"闹革命"，只有改成闹课堂了，这几千万学生产生了多少令他们难以忘怀的闹剧呀！反正我们算是上学了，管它闹什么，我们这些社会上的小混混接下来有的是闹的事。

不认爹的 D 同学

家庭出生不好的学生一般要老实些，不敢乱说乱动。可能是怕因为调皮，上纲上线到阶级问题、政治问题，一句话，是不是你那个资本家、地主或右派的爹教的？那谁受得了，哪怕心里也想痛快一下，但一想到自己的家庭出身，自然就害怕了。"黑五类子弟"（指地、富、反、坏、右）在"文革"初期心灵上的创伤是很深的，他们明白自己被打入另册，争取去当一个可以教育好的子女。我们班有几个资本家、地主、右派家庭出身的同学就非常老实，一般不会乱说乱动，只是在他们的眼睛中经常可以看到一种更加迷茫的神态。

我们班有个同学原来也是昙华林小学的，他姓 D。D 同学出身于一个资本家家庭，小学时我就感到他总是一个人，有点怪，跟其他同学不一样，下课他多是一个人面向走廊外面，看着别的同学玩、打闹或者自己在那里发呆，很少和其他一起同学玩。我们复课后，初中已经快毕业了，我才知道他是和我在一个班。他仍然是和小学时一样，独自一人，从不主动去和其他同学玩，总是保持一副沉思的样子。有一次在他坐下来时，后面的同学用脚钩了一下他的椅子，因为他个子比较大，还稍微有点胖，动作不灵活，所以让他坐到地下时动作就比较大了，桌子、椅子突然发出的响声引起全班同学的注意，然后就是哄堂大笑的恶作剧。D 同学也就是从地上爬起来，用手拍拍屁股上的灰，没有发脾气，他居然还能朝着后面的同学和大家笑一笑，这种笑脸在平时是看不到的，似乎只有这种恶作剧才使他能感到仍然还是在一个班集体中的存在。谁也不知道他整天在想什么，时间长了，有同学叫他"D 大苕"或叫"神经病"，他也知道同学们在想办法取笑他，任同学们怎样耍他，但就是始终保持了一种他那特有"苕"样，从未发过脾气，也没跟任何同学弄得不愉快。余同学对这些很不以为然，他告诉我其实小学时 D 同学在班上的成绩是蛮好的，他很聪明，就是性格比较孤僻。就这么过了一段时间，耍他的几个同学也觉得无味了，有的同学对他从同情到有些另眼相看。因为他家离我家很近，就住在三十三中学旁边的粮道大巷，我开始对他有点兴趣，想了解这么一个与众不同的同学。一天放学后，我故意与他一起往家走。路上只说了些小学时都认识的同学或小学的情况。

没几天，我与他熟起来，他可能也感到我对他没有任何恶意，就让我到他们家去玩。我也十分乐意，因为我在几次初步交往中感到他一点都不"苕"，也没有"神经病"。到他家去了几次以后我渐渐发现了一个秘密，就是他与他父亲的关系很奇怪。他父亲每天都在家，但是他们父子之间从未说过话。

他告诉我，他与他父亲已经划清了界限。划清界限是那时候非常一般的用语，就是与属于阶级敌人的人划清关系和立场，表示不是一样的，是分开的，因为如果你的亲戚朋友中间有"黑五类"的人，你没有划清界限，就说明你的立场有问题。所以亲戚朋友之间划清界限的人很多。但是我还没有见过儿子与父亲划清了界限的，实际上就是不认他这个爹了。的确，在他家几乎没有看见他与他不作声的父亲说话，记得唯一的一次是好像他父亲告诉他什么事说了一句话，说话的样子是低声下气的，好像是在求他儿子去做什么。D 同学却以沉默表示听见了，态度中包含着轻视和敌意。他父亲好像已习惯了这种无言的单方面的交流方式，脸上没有表现任何不快或不满的表情，但从他的眼神看，仍然流露出期待 D 同学有所表示的片刻等待，看 D 同学已经转过身去，他才收起了那种期待的眼神，继续做他的家务去了。他好像明白他给他的儿子带来了不好的东西，有一种负罪感，家庭地位比佣人还低。这一切对我来说充满了奇怪甚至是惊奇，划清了界限的儿子与父亲原来就是这样相处，简直是太不可思议了。D同学以这样的方式来对待他父亲，真是需要极大的勇气，我想象不出D同学是哪里来的这么大勇气的。开始时我还对这种家庭状况感到新奇，以后却感到非常压抑，不是滋味，我不知道他们整天在一起是怎么过日子的，是什么时候划清了界限的。我甚至开始同情、可怜他的父亲，那个头发已经花白的老头子，自己养的儿子却不认自己。我想一个家庭怎么会是这样，他父亲如果以前是个罪大恶极的人，那现在就不会还在家里，如果不是罪大恶极，那终归还是他父亲啊。我也没见过D同学的母亲，也不便问，怕引起什么事来，看样子他家肯定是没有他母亲这么一个人的。

D同学开始讲毛主席，周总理，意思是他们出身都不好，但他们都背叛了自己的家庭，成了革命伟人。他甚至还给我讲了周恩来与赫鲁晓夫的一段对话。意思是赫鲁晓夫见到周总理说，我们不一样，一个是出生在工人阶级家庭，一个是剥削阶级家庭。但周总理马上回答赫鲁晓夫，我们有一点是共同的，就是我们都背叛了自己的家庭。当时我听了觉得很新鲜，很有意思，他说是他哥哥讲给他听的。

再到后来，他又给我讲了马克思、列宁等革命导师的一些故事，似乎他看了不少这方面的书。他还讲他要一辈子革命的理想，最后居然给我背诵起《共产党宣言》来。别看他在学校一言不发，讲起这些来，他能够滔滔不绝，不停地讲下去，整段整段地背，使我大为惊讶，"一个幽灵，一个共产主义的幽灵，在欧洲徘徊"。说实话，这是我第一次听到关于《共产党宣言》的具体内容的句子，在我面前的哪是一个"苕"或"神经病"，他就像一个革命家一样，简直像《列宁在十月》、《列宁在一九一八》等电影中出现的那些革命家一样。

他还讲哲学、讲辩证法、讲唯心主义、讲马克思著作中提到的康德、黑格尔、笛卡尔，我听了简直是在云里雾里，我想他只比我大不了

2 岁，但却有这么多简直是渊博的知识，他说他哥哥看的很多书他都看了，看来他受他哥哥的影响很大，但他哥哥似乎比他要稍好一点。他说下一步准备看《资本论》。因出身不好，外面的一切他都没参加，也不关心，只是在家看书。

我去他家的时候见过几次他哥哥。他哥哥是高三学生，人很斯文，架副眼镜，一看便知是有点知识的人，每次看见他哥哥基本都是在看书，可能是年龄相差比较大的原因，他哥哥也不跟我讲话，见我去了只是微微一笑，继续看他的书。我觉得有些奇怪，因为那时候比我大的"逍遥派"也不少，但是在我眼里还没有怎么看见这么用心看书的人。有一次我问 D 同学，"你哥哥也不出去，就在家看书"？D 同学告诉我，他哥哥以前也参加过什么组织，有段时间也经常在外面"闹革命"，但是后来就感到没有什么意思了，就天天在家看书，还有几个他哥哥的同学，有时候在他家互相交流，讨论一些问题，那些问题我们都不懂。然后就跟他讲一些，也要他慢慢看一些书。

我想原来是这样，高三的学生的确比我们知道的事情多多了，看得出来他们的确成熟多了，大我们几岁就像是大人一样，我跟他们比感觉真是好不懂事的样子，只知道贪玩。他们在想些什么问题对我来说也是个谜，要不是"文革"开始，他们可能就去上大学了。最后一次见到他哥哥是在他哥哥准备下农村的时候，那次见到我也算是比较熟了，就对 D 同学和我说："你们也慢慢长大了，但是很多事你们现在还不懂，以后还是要多看看书。"那真是一个哥哥对弟弟说的心里话，没有丝毫教训的样子，发自内心的，说得那么诚恳。D 同学低着头没有吱声，我连忙点点头，表示听进去了。真的，那时我觉得有个这样的哥哥真是好，我好羡慕 D 同学。他哥哥下农村去了，以后我再也没有见过他。

D 同学显然是把我当作他的听众，唯一的一个听众，甚至是把我当成他的学生。我佩服他的学识，但不喜欢他对我手舞足蹈，还有点好为人师的样子，讲些我听不懂的哲学，我不需要他当我的老师，我想自己以后会知道这些的。更重要的是我受不了他家里的那种气氛，空气似乎是凝固的，生活异常沉闷，没有一点家庭的味道，连气都喘不过来，心里憋得慌。

我想这家伙长大以后要么真是个哲学家，要么真是个"神经病"。

但是后来我还是慢慢疏远了他。因为我发现他和一个比他大两岁的女孩好上了。这个女孩和他同住一个大院子里。女孩家里的父母亲也都到农村去了，她一个人在这里生活。女孩看样子也蛮好，比较漂亮，话也不多，见到我就带有一种害羞的微笑。他们的关系已经不是那种男同学追女同学的样子，因为我无意中在 D 同学家里碰见他们拥抱在一起。这是我第一次近距离看见年轻的男女拥抱，我很不好意思准备离开，但是他们发现了我，我就只能假装什么也没看见。D 同学好像是完全被她迷住了。再也不跟我讲什么哲学之类的大道理，而是讲这个女孩怎么对他好，女孩比他大两岁，他也很喜欢这个女孩等等。尽管他说的有些支支吾吾，但话里听得出来他有些略带神秘感。我不懂，但是能猜得出来是什么意思。这样我就不便再去 D 同学家了。

后来 D 同学和班上另一个喜欢沉默寡言的同学组合在一起下农村后，我就再也没有碰到他了。初中同学聚会时谈到他，有同学说知道他以后考上了大学，然后不知去向。

无论如何，那时的 D 同学给我带来一些新的想法，跟我比，说他知识渊博一点都不过，我比他差一大截，都是同学我感觉很惭愧，要改变自己了。还有就是那种奇怪的父与子的关系，那个划清了界限的关系。

没想到几年以后，断绝关系的事情在我家也发生了。"批林批孔"运动中，不少人说这是又一次"文化大革命"，我有个小姨又紧张起来，因为我母亲他们家的社会关系问题这些年一直被压得喘不过气来，我母亲、姨、舅舅他们都有单位，单位的档案里都记载他们的姨父是国民党的重要人物，所以关系隔得远也被认为是个大事。这个国民党的人物的女儿是我外婆的亲侄女，母亲他们的表姐，住在北京。尽管多年以来我们家也受到一些牵连，但也认了，因为关系摆在那里也是没有办法的事，一直到"文革"期间都还有来往。但是说又一次"文化大革命"要来了，我姨就坐不住开始害怕起来，想想我们这边还有这么一大家人，如果再因为这个关系问题又被挨整，而且随着运动的发展谁也说不清楚会出现什么事。1974 年我和母亲表姐的儿子沈宁等一起到庐山去玩，沈宁是那个大串连时把我鸽子带回北京的沈熙的哥哥。回来后不久，我姨终于下决心跟北京的表姐断绝关系，于是写了一封信给她，说明断绝关系以后不来往了。我不知道当时我姨写这封信时的复杂感情。沈宁在 2008 年前后出了几本书，其中一本是《刀口上的家族》。

我当时知道这事以后有点说不出是什么感觉，好像是悲哀的成分多一点，毕竟是表亲啊！但这是上一辈的事。如果说因社会关系我们家受到影响，除了舅舅和姨的大学分配，母亲在单位有些抬不起头等事外，还有就是我父亲。"文革"前，父亲两次说组织上要把他调到北京去工作，有一次父亲的箱子行李什么都准备好了，就等着走，还说我们以后可能都要到北京去，后来又拖了几天，最后还是没有去成，原因就是北京那边说是保密单位，母亲的社会关系复杂，不适合去。再就是父亲在单位被贴的大字报上也把这种社会关系当作一条罪状，这是我看见的事。

其实我后来想，你自己划清了界限，断绝了关系，但是没有得到社会的承认，你也是白下了决心去断绝关系，那种无形的印章在你身上并不是因为你想抹去就能抹去的。联想到 D 同学，还有那么多划清了界限、断绝了关系的家庭，那是一种断裂，一种时代的、家庭的、亲情的、精神的以至多方面的断裂。

大街上的喧闹

学生不上课，但旺盛的精力总是要找出路。除养鸽子、下围棋外，就是一些调皮学生追逐长得漂亮女生的事，而且很时髦，成为部分学生中的一种普遍现象，影响也比较大。

1966 年上初中时，已是情窦初开，到复课时，同学们变化都比较大，都成了一个个少男少女。其中另一个女生变得非常漂亮，真是女大十八变，尽管那时没有 18 岁，但变化还是十分明显。前面提到工宣队万师傅喜欢的漂亮女生就是指的她。

这么漂亮的女孩哪个男人见了会不感觉到一种美呢？尽管是最革命的年代，人的这种天生的审美意识或原始本能还是保留着，对我们来说，则是开始走向成熟男人性意识的自觉觉醒，尽管舆论把这类事绝对划为资产阶级思想，是坚决批判的，就像那个古老的老和尚和小和尚下山的故事一样，老和尚哄小和尚漂亮的女人是老虎，但小和尚就是感觉"老虎"是如此之美，舍不得离去。我们班的这些"小和尚"比以前的小和尚胆子大多了，也惹出一些事来。

我们班有个姓"哈"的同学，就简称为哈同学。哈同学是回族，他父亲以前在武昌做牛肉是很有名的。哈同学比我大两岁，很有性格，天生就具有一股磁力，吸引着周围的同学。他住在我上学的必经之路上，我也跟他接触过很长时间，从来没有发现他表现出有什么流氓的语言或行为，甚至还有些文质彬彬的样子。复课以后，我们早上约着一起上学时到他家去过几次，两间房，两张大床，他兄弟姐妹六个，他和他哥哥加两个弟弟挤一张床，他母亲和他的姐姐、妹妹在里边屋挤一张床。我还很好奇，心想，四个人挤在一起睡觉，不知道是什么感觉。他家里家具非常简单，桌子、五斗柜和木箱。他个子比较高，五官也很端正，甚至还有个酒窝，就是嘴巴比较大，所以他笑的时候经常是抿着嘴笑。他喜欢吹口琴，有段时间，哈同学天天把口琴带到学校来，趁工宣队师傅和老师不在就在班上吹"康定情歌"、"阿哥阿妹情谊长"等当时的"黄色歌曲"，我们都说他嘴巴是吹口琴吹大的。的确很奇怪，就他能吸引着那些调皮的男同学还包括我这样不调皮的。所以他身边经常聚集着一些男同学，这些同学就是喜欢跟他玩，围着他转。他说怎么样就是怎么样，很有威信。我们全班同学都知道，哈同学非常喜欢那个漂亮女生，好像是非要把她追到手不可。

我尽管也觉得那个女生的确非常漂亮，但那时的确是没有也不敢去多想什么，那么多男生的眼睛都盯着呢。因为哈同学要我跟他一起放学回家，所以我也参加了几次他们的活动。

放学后，经常就是以哈同学为首的六七个同学，可以说这是班上最调皮的一群人，跟在漂亮女生她们后面。哈同学他们一路有说有笑，打打闹闹，或是唱当时的"黄色歌曲"，如"在那遥远的地方"或者是唱"拉兹之歌"。

那时大街上的行人很少，当时中国是七亿人，比现在差不多少一半，也没有农民到城里来，再加上年纪大一些的学生都下农村去了，有单位的都到单位去了，偶尔一辆老式公共汽车或者是解放牌卡车开过，极少见到小包车（那时我们都把小轿车称为小包车）。我们走的这边街上也没有什么店铺，就一家粮油店、一家文体乐器商店和一家拍卖行还有杂货铺，基本都是居民住的房子。所以就是司门口、民主路这样武昌最繁华的大街上也是显得冷冷清清。在这样冷清的街上，一群半糙子"流里流气"的初中男学生勾肩搭背，走路像喝醉了酒似的，东倒西歪，嬉皮笑脸，扯着嗓门大喊大叫，那样子根本不是在唱歌而是在嚎歌，也算是给这冷清的大街带来一点特殊的热闹和气氛。那一刻，他们唱得是那样的投入，仿佛这个世界除了走前面的漂亮女生们外，再也没有别的什么了。说那是他们精神寄托的全部所在，是快乐情绪的激荡和爆发，是少年身心的幼稚表白，是青春活力的强烈宣泄，多少显得有一点夸张和褒奖，说是他们发出无知少年傻乎乎的呐喊可能更合适一些。那几个漂亮女生其实也知道这些男生在做什么，他们在想什么。她们偶尔报以莫名其妙的也是更灿烂的微笑来回应一下男生。

他们始终与漂亮女生们保持一点距离，目的就是让她们听见歌声，知道后面有同学在表达什么意思，或者博得她们羞怯的一笑。他们最多也是壮着胆子把谁朝漂亮女生跟前推一把，就这样一直到把漂亮女生护送到家。不过，一段时间后，我和这群同学的关系就稍微疏远了一些，原因是我不愿意陪他们天天去追那个女生。不是我正派，是我实在不敢，也不好意思每天去跟着女生屁股后面跑。

这种事武汉当时叫"ju qian"，就是读"局枪"的音，因为我从来没弄明白这些字是哪些汉字，所以不会写，只能标读音。也就是北京称"拍婆子"的意思一样，就是找女朋友的味道。后来还觉得奇怪，居然北京也有一样的现象。不同的是北京的"拍婆子"多是高干子弟，武汉多是一些平民子弟。那时武汉的小年轻人一般称漂亮为"解 jie"，形容脸蛋漂亮的女孩称"解枪"，称长得帅的男生为"解杆"。小流氓、小混混这样说，一般的男孩子都学着这么说，也就无所谓是什么流氓语言。实际上从 1967 年底开始，社会上已经开始出现了消失很多年的流氓现象。有人说其实这些语言很早以前就有，只不过是现在又冒出来了，而且还非常流行。这种语言流行了一段时间，后来随着中学生下农村，也就自然消失了。

一群十六七岁的小糙子毛头，身体正在发生一些变化，还是些青果子，根本没熟，哪里懂得什么"爱情"，只不过头脑随着身体发育到了这一步，实在没东西往里装，就这朦胧中的男女之事是他们最感兴趣的事情了。再就是脸皮厚一点的几个男生经常带着神秘兮兮或者得意扬扬的表情谈谈他们"跑马"的感受，还有同学说郭沫若在他的自传小说中写他小时候骑在树上舒服的感觉。再就是有看过或听人讲过《红楼梦》的同学谈贾宝玉初试云雨情的事，讲的人津津有味，听的人可能都在联系自己的实际想入非非了，最后就是大家一起哈哈傻笑一番。不过我很感谢他们，因为我自己最开始发生他们说的这些事时，还很紧张，不知道是什么东西，害怕是不是自己得了什么病，又不好意思去问什么人，一直闷在心里。听他们这么轻松地谈论这些事，才恍然大悟，原来他们都是这样的，是我们长大了的原因，那时的确没有办法从什么其他渠道去解决这些生理疑惑，就像一些女孩子怕跟男孩子坐近了就会怀孕一样，傻得可笑。

漂亮女生肯定不属于那时称之为"女流氓"的一类，她应该算是比较安分守己的女学生。这里顺便说一下，那时也有称之为"女流氓"的极少数女同学。无非是这些女生发型显得特别一点，把衣服或裤子做得紧身一点，能够显出一点身体线条的样子，和"拐子"接触多一点。这些女生也是工宣队们整治的对象，甚至开了批判会。但她们一般出身都比较好，也不怕，根本就不吃工宣队那一套，照样我行我素。我认识的一个女生就是这样，她说，我才不管那些，工宣队是管得宽。后来我想，其实这些女生还是有个性的，在那个时代爱美真不是一件容易的事，需要相当的勇气。

因为好几个有名气的"拐子"后来都看中了漂亮女生，就为了谁可以"局枪"的事，甚至还为她打过几次群架。其中那个我学他走八字步的"拐子"带着一群人其实也就是一帮调皮的学生，把哈同学打了。哈同学那天就在我们教室楼下，被打得很惨，最后只能抱着自己的头，让这群学生拳脚相加，所有跟哈同学要好的同学都不敢上去帮忙，因为明摆着那群人人多势众，几乎是杀气腾腾的样子，这个"拐子"还当着很多同学的面警告哈同学以后不准再打漂亮女生的主意。我们对哈同学表示同情，但是毫无办法。哈同学的确不是流氓，也打不过那些人，他也从此变了一个人，没有以前经常挂在脸上的微笑和那种一呼百应的自信了。我想，原来这里真是个流氓学校，看来一点不假。我还想不知道我以后会怎么样，想找个漂亮一点的就要去打架，而我肯定不敢为了女孩子这样去打群架。

以后又听说这个"拐子"又跟其他的"拐子"打群架。似乎打赢了的就能追到她，她好像已经是属于打赢了的那个"拐子"。其实也不是这样，因为漂亮女生的哥哥比较厉害。所以漂亮女生也不在乎这些人打来打去，知道有哥哥在保护她。

那时这样的事还有很多。

若干年以后看电视节目里的动物世界，才知道原来很多雄性动物都是通过血腥的搏斗战胜同性后才能得到它看中的异性的，可能原始人类也是这样，但是在我们还是初中生的时候，我们却能看到类似的情况。

以后才知道，这位漂亮女生其实在小学时成绩是非常拔尖的，我们这个年龄的学生没几个能写出她那样的一手好字。因为她漂亮惹事，所以刘老师不喜欢她，但刘老师对她写的字却也不得不发出赞叹声。那个时候我们很少写字，她的字居然能写得那么漂亮，根本不像一个女孩子写出来的。她如果不是长得漂亮惹事，可能以后会留下来上高中，因为她出身也是工人家庭。

哈同学现在已经不在了。他后来下农村，招工回城到武钢工作，后来当了一个分厂的干部，结婚成家。工作期间，班上原来那些"流打鬼"的一群朋友仍然跟他保持着很好的关系。前些年当我和他几次电话联系想去看他，他一直坚持说好等他身体稍微好一点再见面，他得了肾病，经常透析。不久突然接到其他同学的电话说他已经因病去世了，真是可惜。

忆 苦 思 甜

　　"忆苦思甜"是我们最主要的活动之一。复课期间，我们还接受了几次"忆苦思甜"教育，组织看收租院泥塑展览，知道那些大大小小各种各样的刘文彩、黄世仁、南霸天是怎样欺压贫苦农民的。泥塑不管是地主、贫苦农民还是水牢、收租院，都是栩栩如生，给了我们很真实的感觉和教育，让我们增加了不少对地主、对人吃人旧社会的仇恨，加深了对"天下乌鸦一般黑"的理解，提高了阶级觉悟。

　　我们还吃了几次"忆苦饭"。

　　有一次，我们全体学生按班集中在操场上开"忆苦思甜"大会，开会前我们唱《不忘阶级苦，牢记血泪仇》那首歌：

　　　　"天上布满星，月牙亮晶晶。生产队里开大会，诉苦把冤申。万恶的旧社会，穷人血泪仇。千头万绪，千头万绪涌上了我的心。流不尽的辛酸泪，挂在心。不忘那一年，北风刺骨凉。地主闯进我的家，狗腿子一大帮。说我们欠他的债，又说我们欠他的粮。地主逼债，地主逼债好像个活阎王……不忘阶级苦，牢记血泪仇，世世代代跟党走，永远跟党闹革命"。

　　这首歌我们每个人都会唱，个别地方歌词不记得不要紧，有个学生用喇叭领唱。这样的歌不能唱得威武雄壮，要带着深厚的无产阶级感情去唱，但毕竟同学们没有经历歌词内容的这些事，阶级感情虽然不能完全体现出来，但也有差不多五百多个声音加上喇叭领唱，发出低沉的歌声也能回荡在操场的上空。大多数同学能应付着唱下来就是了。

每次学校召开"忆苦思甜"大会，都要请一个苦大仇深的老工人或老贫雇农来讲解放前他们的悲惨故事。由于我们对解放前这些事情知道很多，而且讲的内容都是资本家或地主如何压迫打骂工人或贫、雇农，家里什么人怎么死了等事，所以学生们并没有表现出那种相应的悲愤情绪，往往是讲的人在台上痛说家史，有的回想起自己亲人惨死的情景，不禁声泪俱下，主持会场的人这时一定要带头并带有感情地高喊"打倒万恶的旧社会"，"为某某某报仇雪恨"等口号，学生们也就跟着喊，喊完了照样在下面交头接耳，工宣队或老师走到跟前就停一下。

我们想在毛主席的领导下，万恶的旧社会早就打倒了，压在劳动人民头上的三座大山早已搬掉了，我们怎么会再回到解放前去受二茬苦呢？这都是要我们受阶级教育，不忘阶级苦、牢记血泪仇。但是世界上还有三分之二的人民在受压迫、受剥削，还生活在水深火热之中，看来我们肩上的责任很重，因为我们还要为解救这处在水深火热的人民而奋斗。当然，要怎么去解救他们，那谁也不知道。

"忆苦饭"是用糠和野菜捏成团子。一人发一个，必须吃下去，我们只好一点点慢慢吃着，又苦又粗的"忆苦饭"的确很难咽下去，尝一口就皱眉头，要咽下去的确很艰难。趁工宣队和老师没看见时赶紧把剩下的"忆苦饭"塞到口袋里，嘴里再假装大口大口嚼的样子。"三年自然灾害"时，有些地方糠和野菜做的团子可是好东西。但我们这些学生却管不了这些。特别是有几个调皮一点的同学，家庭出身又好，不怕"工宣队"和老师说他们缺乏无产阶级感情。但是家庭出身不好的同学就不敢这样了，哪怕是咽得冒青筋也要吞到肚子里去。我看见多数同学都悄悄地把"忆苦饭"塞到口袋里，就找个"工宣队"和老师都不注意的机会也这样办了。

"忆苦思甜"大会在歌声《爹亲娘亲不如毛主席亲》中结束。"天大地大不如党的恩情大，爹亲娘亲不如毛主席亲，千好万好不如社会主义好，河深海深不如阶级友爱深，毛泽东思想是革命的宝，谁要是反对他谁就是我们的敌人。"

几百个学生一起唱，这些歌我们可能已经唱了上百次了，反正大家都一样，就是唱歌，平常没有人去仔细想自己的爹娘是不是不如毛主席亲，全国人民都这么唱，大概就是的吧。

阴 暗 角 落

　　我们好像下午都不去学校。一天，余同学约我下午去夏同学家听夏同学讲"隋唐演义"的故事，因为夏同学也是我们几个要好的同学之一，我很高兴地答应了。

　　夏同学刚上初中时就坐在我前面，所以很熟。我们一个班的同学很多都是在复课闹革命的时候才熟悉起来的。夏同学除了经常流鼻涕以外其他方面都还好，人表面上很老实，在班上不怎么说话，小眼睛经常是滴溜溜的到处看。班上有些调皮的同学叫他为"鼻涕虫"，加上他穿得很邋遢，瞧不起他，我没有这样的感觉。他跟我们一起玩时话比较多，口里经常带渣滓。我以前看了"三国演义"、"水浒传"、"岳飞传"的一些小人书，很多故事我知道一些，也知道有"隋唐演义"，但是不知道任何具体的故事

　　下午我顺路约了余同学，一起到夏同学家。他住在得胜桥的一条小巷子里，小巷子里面很脏，都是很旧很破的平房。进了夏同学家的大门，感觉比外面还破，而且是几家在那里居住，到处堆放一些破破烂烂的东西，我很少看见这样穷的家，但是不在意这些，只是觉得有些新奇。另外有个同学已经到了，在那里等我们。

　　夏同学的妈妈出来了，因为我知道夏同学的妈妈就是经常在附近用板车给人家拉煤送煤的，只是今天穿得干净一些，面带笑容增加了几分慈善的样子。夏同学的妈妈看见我们去了，显得很高兴。说我们都比她儿子强得多，家里情况都比她儿子好，有福气，到这里来玩真是亏待了

我们，等等。

夏同学把我们领到一个不高很窄的梯子旁，他先爬上去，然后我们也都爬上去进了一个小阁楼，小阁楼里非常昏暗，除了放着一张小床外，还放着一些杂物。夏同学说这是他的床，要我们就坐在床上，我们就都上了小床，挤坐在一起，我感觉非常好，蛮好玩。余同学催着他说今天不讲"三国"、"水浒"，废话少说，快快将瓦岗寨讲来。原来他们已经在这里讲了几次了，我是第一次来听。

夏同学揪了一把鼻涕，拿了块布擦了一下，两只手一搓就开讲了。"话说隋末，从来国家吉凶祸福，虽系天命，多因人事；既有定数，必有预兆。于此若能恐惧修省，便可转灾为祥。所谓妖由人兴，亦由人灭。若但心怀猜忌，欲遏乱萌，好行诛杀，因而奸佞乘机，设谋害人，此非但不足以弭灾，且适足以酿祸。"

夏同学开始就讲的有板有眼，完全不是我平常认识的样子，更不是其他同学取笑的鼻涕虫。他绘声绘色、不歇气、非常流畅使用书中和自己理解的语言，活脱脱就像茶馆里那些说书的。我印象极深，尽管不太明白他讲的意思，但是对吉凶祸福、妖由人兴、好行诛杀、奸佞乘机、设谋害人等语言的记忆尤其深刻。以至多年以后再去找来《隋唐演义》，按当年的记忆重温其含义，才明白当初夏同学也只不过是装腔作势罢了，那个时候他又能明白多少呢？不过，夏同学的记忆力的确相当惊人。

那天下午他讲完了秦琼卖马的故事，讲秦琼、单雄信两位英雄怎么相识，讲单雄信怎么讲义气。我感到夏同学讲的一切好像他都见过似的，我们三个听得如痴如醉，就像亲临其境一样。就是这次，我才知道以前过春节有些家里贴的门神画里有一个就是画的大名鼎鼎的英雄、唐朝的开国元勋、手执一对金装铜的秦琼。在夏同学眉飞色舞的故事中，渐渐时候不早了，我们等待第二天"且听下回分解"。

回家的路上，我问余同学，夏同学怎么这么会讲？余同学告诉我，夏同学看过几遍《隋唐演义》了,《三国演义》、《水浒传》、《岳飞传》他都能讲。这些书是他妈妈以前"破四旧"时捡垃圾收破烂捡回来的,后来被他又捡出来藏着,那几套书都藏在那个阁楼里,都被他翻烂了。我好像是恍然大悟,我养鸽子、下围棋的时间夏同学都在家躲着看这些东西。余同学还告诉我,他成份不好,他爸爸还在坐牢,所以他不敢在外面玩,但是他蛮讲义气。那些书他一般不借给别人,关系特别好的才借,怕被没收了,也怕因为这些书闯祸。

以后连续几天下午,我们都是在那个阁楼里渡过。夏同学后面讲了李元霸、宇文成都、程咬金、罗成等多个隋唐英雄的故事。特别是讲到李元霸学艺出师后,他师父对他说日后不要杀手里使用镏金镗的人,结果他杀了使用镏金镗的宇文成都,后来自己向天掷锤,被掉下来的锤子砸死的情节时,我是那样的信以为真,为这些神奇的故事和人物发出深深地惊叹。还有白马银枪的少年英雄罗成的故事,真是让我们惊诧不已,为这些一个个死去的英雄感到万分惋惜和心痛。那些性格倔强,忠义两全的好汉,尽管与《三国演义》、《水浒传》里的差不多,但是那些特殊的历史和故事还是精彩无比,令人不能忘怀。

以后还讲了《三国演义》,是从司马懿开始讲的,因为前面的我们还比较熟,就要他讲《三国演义》后面的故事。最精彩的是"上方谷司马受困五丈原诸葛禳星"一回。讲司马懿中计,抱司马师、司马昭大哭曰:"我父子三人皆死于此处矣!"正哭之间,忽然狂风大作,黑气漫空,一声霹雳响处,骤雨倾盆。满谷之火,尽皆浇灭。孔明叹曰:"谋事在人,成事在天。不可强也!"司马懿大难不死,后轮到孔明扶病出帐,仰观天文,谓姜维曰:"吾命在旦夕矣!"我自于帐中祈禳北斗。若七日内主灯不灭,吾寿可增一纪;如灯灭,吾必死矣。没想到第七日,魏延飞步入告曰:"魏兵至矣!"延脚步急,竟将主灯扑灭。孔明弃剑而叹曰!"死生有命,不可得而禳也!"一直讲到"死诸葛吓走生仲达"。

就这样几个同学又一起混了几个下午，夏同学凭着他说书的本领，把主要故事情节用他背得下来的和只记得意思，经过自己编造的混合语言，让我们如痴如醉，完全沉浸在动人心魄的故事之中。后来有个才跟我们粘上的同学知道了，也要来听故事，夏同学不愿意，说这个同学是《镜花缘》里说的，"老鼠装出斯文的样子，终失不了偷油的身份"。我不理解夏同学说的意思，说算了，他想听就让他来听，不会怎么样的。夏同学算是勉强同意了。没想到不久以后夏同学的话说对了。

几十年以后，我在工作中还被批评为"江湖义气重了一些"。没办法，那些小时候看到的听到的故事已经潜移默化到血液中去了。

"复课闹革命"期间，曾经在那个阴暗角落里，几个中学生在津津有味地讲古时候故事，没有心思关心"文革"的大事，却对那些分久必合、合久必分的天下大事入了迷。也总算是以特殊的方式补上了一些中国优秀古典文学的知识，那个味道可能比在课堂上听老师讲要好多了。因为事至如今我都记得那么清楚，那些栩栩如生的有鲜明个性的英雄人物，那些扣人心弦的经典故事。要是换在课堂上听讲，我可能什么都不记得了。其实我们当时没有感觉到，我们自己所处的这个时代如果要写个什么"文革"演义来，或许也是非常精彩的。

说 点 父 亲

那时父亲还在上班，严格说是在劳动，单位离家比较远，那时就是关山或者珞珈山也因交通不便显得很远。父亲一个星期回来一次，每次回来心情总是不好，我也知道是因为父亲是个小小的当权派，所以经常挨斗受批判。可能是他自己的事情比较多，就很少管我了。父亲是个15级的小干部。在地师级单位中虽然不是主要的当权派，但仍属于当权派之列，因为当时挨斗时就是作为"走资本主义道路的当权派"对待的。我在父亲单位看到打倒父亲的大标语、大字报，还把父亲的名字倒过来，打上大红叉，我很刺眼，我总是低着头从这些标语、大字报边走过。

记得刚开始揪走资派时，父亲在家也发过牢骚："跟共产党革命一辈子，现在成了什么走资派"，戴高帽子挨斗时，头低狠了，高帽子就掉下来，斗他的人就骂他不老实，为了高帽子不掉下来把头稍微直一点缩着头，斗的人还是骂他不老实，不低头认罪，反正总是免不了要被后面站着的人踢几下或挨几拳，在单位挨斗回来总是情绪异常低落。但终究胳膊扭不过大腿，还得忍受一切。尤其是1966年"文革"开始到1971年"九一三事件"前那几年是最难熬的。这里我并不是因为父亲有这一段经历，就想为他说几句好话，或者是打抱不平，而是一种为什么会是这样的疑问在脑海里装了几十年。这不是父亲一个人的事，而是几乎每个所谓"当权派"的共同遭遇。

有一次父亲回来后，问我学校复课闹革命的情况，问上了什么课没有。我回答说就是读报纸，写批判文章，没有怎么上文化课，连课本都没有。父亲严厉的训斥道："就知道玩，什么都不学，以后长大了怎么办？"我低着头，心想所有学生都是这样，又不是我一个人不学习，父亲一定是在单位受了气，回来把气撒在我身上。至于长大了的事好像是遥远又遥远，根本想象不出自己长大了的样子。我老老实实低着头站在他面前，不敢动，怕他气头上又给我几下。父亲训了我以后慢慢平静了一些，接着他又讲起了爷爷没有文化，怎么闯关东怎么吃苦的事，后来要父亲读书，讲他自己十五岁也就差不多是我这个年纪就在村子里小学当老师，不到一年就瞒着奶奶跑出来跟共产党走了的事。其实这些事我早就知道，父亲在箱子里有一份自传简历，这些事都写在上面，我偷偷看过好几次了。父亲接着又大声训斥起来："这么大了，还是懵懵懂懂的样子，一天天的混，能混到什么时候？这个社会就可以不要知识了？"我不说话，一直听着，心想父亲肯定是在单位受的气还不轻，看他生气的样子我随时准备挨他几下。还好，停了一下后父亲问我会不会背"老三篇"，我回答不会背。父亲要我一个星期把"老三篇"背下来，下星期他回来检查。我总算是可以松口气暂时溜之大吉了。

父亲对我从来就是十分严厉，这个我心里是清楚的，我一直很怕父亲。父亲小学时给我买的《春秋故事》、《战国故事》、《西汉故事》丛书，还有些其他的书如《对立统一规律一百例》等等，他都是要我读，然后过段时间就问些书中的问题，看我是不是看了。我知道这次父亲是真发脾气，非得去乖乖地背"老三篇"了。

老三篇是指毛主席的《为人民服务》、《纪念白求恩》、《愚公移山》三篇光辉著作。那时候全国人民都在按林副主席的指示，活学活用"老三篇"，努力改造思想，在灵魂深处闹革命。"老三篇"不但战士要学，干部也要学。要把"老三篇"作为座右铭来学。

我一段一段地读，一段一段地记，一段一段地背。那是我两年多时间里最认真读书学习的一个星期。

一个星期很快就过去了，父亲回来问我"老三篇"背得怎么样了，我说背了。接着我就把"老三篇"分别背了一遍。问题还是出在《愚公移山》上，如"现在的世界潮流，民主是主流，反民主的反动只是一股逆流。目前反动的逆流企图压倒民族独立和人民民主的主流，但反动的逆流终究不会变为主流"。这些段落背得总是有点疙疙瘩瘩，不是那么流利。总算是按父亲的要求做了，父亲只能要我再把《愚公移山》背熟。我答应了。父亲没有布置新的任务，那个时代，他除了要求学习毛主席的书以外，还能要求我去读什么呢？

几年以后，父亲却坚决反对我看文学、哲学、历史等文科方面的书了，他似乎坚信这个社会看这些书是要出问题的，对我的前途的影响不好，他坚信的是"学会数理化，走遍天下都不怕"。所以后来我就再也不在家里看文科方面的书了。父亲培养了我的一些兴趣，以后又坚决反对我的这些兴趣，给了我很大的压力。我后来想他还是个工农干部，认识问题免不了局限性，那时他只能这样去看涉及到我前途的问题，也有他的道理，何况逼着我学了一点数理化对个人成长来说也是好事和必要的。

上了几天课

学校要求各班排练节目，其实就是跳舞。小学我被选出来跳"东方红"，事隔好几年，这次我们班又要我和十来个男女生参加排练节目，点了名的同学必须参加，跳舞是政治课，是政治任务。

1968 年 10 月召开党的八届十二中全会。我们上街游行，热烈庆祝大会的召开和打倒以刘少奇为代表的"资产阶级司令部"及其在各地的"代理人"，"文化大革命"取得了决定性的胜利。1969 年 4 月召开了九大，我们连续几天上街游行，热烈庆祝九大的召开和林彪当上了毛主席的亲密战友和接班人。每次这样的游行，我们都是人手一面小红旗，在长长的游行队伍中间。人们手举着毛主席像，敲锣打鼓、红旗招展、标语满天、口号连绵不绝、起伏不断。

尽管 1969 年春，武汉"文革"处于"反复旧"运动时期，到处都有"反复旧"誓师大会、游行示威、各种大字报、传单，各级革委会中刚刚被解放不久的老同志又重新面临失去形式上的权力，造反派要把还没过足瘾的权力重新夺回来，略有好转的形势又开始乱了。

但我们终于还是上了一点文化课。复课中间我们终于有了作业本，我们已经两年没有摸这个熟悉而又生疏的东西了。

上课没有课本，也没有同学记笔记，根本没有什么笔记本。上课时，没有去踢前面女生的椅子，没有在下面交头接耳就不简单了。几个要好的男同学经常一起议论的是哪个女同学长得也蛮好看，哪个女同学是在外面"玩"的，认识哪个"拐子"，穿的是有些紧腿能显出屁股形状的裤子，我们叫"拷板裤"，哪个女同学是"独姑娘"，经常换好看的衣服，还有带颜色甚至是有点花的衣服，哪个同学的姐姐或者哥哥怎么样有名气，哪个同学家里出过什么事，等等。

说起来不怕我们的子孙后代笑话，初中3年多的时间，我总共用了几个作业本呢？印象中数学一门课用了总共一个作业本的一半，那个作业本的后半本还没来得及做我们就初中毕业了。加上语文、英语作业，可能最多也不超过现在学生一个星期的作业量。我们班没有一个戴近视眼镜的，就是十来个班也难得有极个别戴眼镜的学生，那一定还是天生的近视眼。

"文革"结束后，都说我们是被耽误的一代。还好，没有人说我们是残废的一代。可能是因为每个家庭都有我这样的人，有的还不止一个，说残废的一代就会伤害太多太多人的原因，所以要说婉转一点。

我们这一代有两个营养不良。一个是肚子，一个是脑袋。最需要营养的两个时期过了，小树已歪歪扭扭艰难地长大。就算是被耽误的一代，但耽误到什么程度，连我们自己都懒得去想，也不敢往深处想。我们的大脑逐渐生长成熟，但是没有伴随大脑生长的养分，脑细胞注定不会发达，缺乏知识的大脑，约等于或者说相似于脑残。多少同学不曾料到小学生的文化将伴随一生。

我们都是一个个活蹦乱跳的少年，精力旺盛，傻乎乎地过着一天又一天，甚至一年又一年，在平庸的生活中等待终于有一天醒来，把自己的爱好和兴趣强加在下一代人身上。

五 七 干 校

　　我曾三次到过三个不同的五七干校。高中时还有几次走"五七道路"的劳动。走"五七道路"在当时非常普遍，全国各地各行业都一样，有很多经历对我来说也算得上刻骨铭心了。

　　五七干校是由于毛主席1966年5月7日给林彪写了一封信，后来就有了五七指示、五七道路、五七干校。1968年全国性的夺权斗争到了尾声，各地各单位的权力机构"革命委员会"如雨后春笋般地建立起来了。这时报纸上刊登了灵魂深处的一场大革命——创办柳河五七干校的基本体会。毛主席对此批示：广大干部下放劳动，这对干部是一种重新学习的极好机会，除老弱病残者外都应这样做。在职干部也应分批下放劳动。《人民日报》发表了毛主席最新指示和报道了柳河经验后，五七干校就在全国遍地开花了。把各单位大量"靠边站"的人集中起来学习、劳动，改造世界观，进行"斗、批、改"。

　　我第一次到五七干校是1970年初，也正是我初中即将毕业时，送我母亲到沙洋五七干校。那时省直机关的干部都要到五七干校，但有的两口子都在机关，孩子怎么办，为了解决这个问题，又成立了五七战校，凡是我这种情况基本上都随父母上了五七战校，应该说这与真正意义上的上山下乡还是有区别的，按现在的说法这是打了一个知识青年到农村去的擦边球。

　　本来父母亲已商量好，要我随母亲到沙洋五七战校去，反正不去沙洋也是下农村，到五七干校要多长时间三年五年谁也说不准，去了还可

1970 年在羊楼洞茶厂劳动时，全班同学和老师及五七干校的同志合影照片
（后排右 5 为作者）

以陪母亲。我认识的一些孩子都准备去，我也没有什么别的选择，只有听从父母亲的安排。

这样父亲就领着我到学校找到刘老师和工宣队万师傅，说按照政策规定，准备要我到沙洋的打算。没想到他们对父亲说，学校接到通知，我们这一届初中毕业生有少数名额可以上高中，而且他们已经把我的名字报到学校了，问我们怎么办，上五七战校或留下来读高中都行。同时他们好像在反复说明能够留下来上高中是件很不容易的事。这是我们完全不知道的情况，在所有学生都要下农村的时候，上高中简直是想象不到的大好事。父亲问我的想法，我毫不犹豫地说我想留下来上高中。我虽不到五七战校，但我决定送母亲去，也想看看那个我差一点就去了的地方。

几辆大卡车停在省人民银行门口，送行的人们都在忙着往车上搬行李。母亲的行李很简单，一口旧箱子，一个大网兜，其他人的行李也都差不多，所以行李很快就放好了。送行的人和要到干校的人也没有太多的离别话要说，因为几乎所有的机关人员都要去，有些教师、医生、文艺工作者也都要到各自的五七干校，大家都一样，而且并没有要去一辈子或者下户口的说法，所以迟早是会回来的。

沙洋其实是个很有名的地方，主要是那里有沙洋监狱和沙洋农场，是专门关犯人和犯人劳动改造的地方。以前要说谁到沙洋去，一般都会认为是犯了法，被捉去坐牢或劳动改造。但这次办五七干校就不是把机关人员都弄去劳动改造的意思，而是按毛主席五七指示，把省直机关人员集中到干校去进行"文化大革命"。省直机关人员到了五七干校，也是按部队那种组织方式，编成了若干个团，一个战线就是一个团，每个战线是由几个工作职能性质接近的省直单位组成。银行算是财贸战线，是五团，另外还有工交战线、农业战线、文教战线等好多个战线。

卡车顺着老汉宜公路往沙洋进发。那时的路坑坑洼洼，需要大半天才能到达。等我们到达目的地时已接近黄昏了。我们下了车，大人忙着搬自己的物品，找自己的住房。我环顾四周，有一栋不大的砖瓦房，后来知道这是团部，其他就是几排芦席式的平房，房的墙上贴着"走五七道路"、"深入开展斗、批、改"，"认真搞好斗、批、改"等标语，那时"文革"进入到斗、批、改阶段，"斗、批、改"是怎么回事我当时不知道，但知道是毛主席的最高指示。我帮母亲把物品拿到安排她住的一间大芦席房里，只见里面放着一、二十张很简易的床。

这种芦席房的空间比较高，里面都是用小碗口粗的竹子搭起来的房架，开有两个窗子也是用竹子和芦席做的，十分简陋。因为这间屋全部住女同志，她们都在忙着给自己铺床、清理物品，我就出去了。我看见干校排列着七、八栋简易的芦席房和干打垒房，后面一排好像有个食堂，因为那里飘出一缕炊烟。团部门口有一口大水井，是把绳子和水桶用辘轳摇上来打水的那种，这是我第一次看见这么大的水井。周围都是旷野，树木很少，这里属于江汉平原，平整的土地向远方延伸着，很远的地方散布着不大的村落，偶尔看见几只乌鸦和喜鹊飞来，叫了几声又向远方飞去。有几个大人走过来走过去，我看不懂他们脸上的表情。一阵阵冷风没遮没挡地吹来，我感觉心里凉飕飕的。高音大喇叭里响起了号声，大人们都拿着饭碗向后面的食堂走去。晚饭后，大家都累了一天，我到另一排男同志住的地方睡到天亮。

第二天与几个去送大人的小孩一起返回了武昌，一路上好几个小时，谁也不想说话。这是我第一次踏进"五七"干校。作为贯彻毛主席五七指示，走五七道路，过军队生活，甚至作为一种"文革"中新的社会生活的模式探索，终因违背了人们社会生活规律，造成方方面面不可克服的困难，在一段喧哗之后而慢慢销声匿迹了。

后来从研究者的材料中看到，从1968年10月至1977年6月，历时8年，近2万名中央、省部级机关的干部，以及8万余名市县级机关的干部分批进入沙洋农场。这个昔日的劳改农场，一夜间成了全国规模最大的五七干校聚集地之一。全国人大、政协、八大民主党派、三高（最高人民法院、最高人民检察院、公安部）、统战部、外交部、第二机械工业部、中央民族大学、北京外国语大学、武汉大学等几乎倾巢至此。再后来，又看到更多回忆沙洋五七干校的文章。

第二次到五七干校是上高中后不久。毛主席在"五七"指示中说，学生也是这样，以学为主，兼学别样，即不但学文，也要学工、学农、学军，也要批判资产阶级。我们作为"文革"中第一批直接从初中升到高中的学生，没有下农村，更是要我们贯彻"五七指示"。学校安排我们走"五七道路"，时间一个月。我们全班（那时班称排，年级称连）都很高兴，乘火车往南，来到与湖南交界的埔圻县（现改为赤壁市）羊楼洞。

羊楼洞茶场是武汉市市直机关的一所"五七"干校。这所干校比沙洋干校的条件好多了，一排排整齐的小平房，每间房里放着六张上下铺的木床，可睡12个同学。我们的主要任务是采茶，每个人身上围个大布兜，和电影里的采茶姑娘一样，在山上一排排的茶树中采茶。先是采茶树的嫩叶，后来没嫩叶采了就摘一般茶叶了，据说老叶子采下来可以做茶砖，专供内蒙、西藏等吃牛羊肉的地方用。开始几天大家兴致很高，每天超额完成任务，二三个星期后，新鲜劲过去，就没那么好玩了。我们还上山砍竹子，在竹林里把一根根又粗又高的竹子砍下来扛在肩上走十几里地，而且是山路，女同学和个子小的男同学扛一根，个高的男同学和班干部扛两根，我算是个子高的还是班干部，理所当然扛两根，山里的小溪很多，清澈的流水比现在的矿泉水好喝多了，到了目的地可把我累死了，但我十分自豪。

尽管有纪律规定不能到镇上买东西吃，但我和几个要好的同学还是因为晚上肚子饿而偷偷跑到羊楼洞镇上吃上一碗味道很鲜的面条，后来被排长（就是班长）发现了挨了批评，我们暗地好笑，那么好吃的面，他们居然没尝过，还说我们不该吃，见他的鬼去吧。

1971年夏天放暑假，我们全班在学校搞建校劳动，也是在走五七道路的感召下进行的。那个暑假，我们班的同学把全校所有的教室全都用白灰粉刷了一遍，很多女生的手都被石灰水弄破了，我是劳动委员，每天早上除了布置任务外，就是表扬前一天干得好的，我知道那些女生的手要嫩一些，别说她们，就是我们男生的手也都烂了，所以在安排任务时有意把那些手烂得厉害的女生安排干些别的活，但大家劳动的积极性异常高涨，手上缠着纱布，表示轻伤不下火线的决心，表现她们不比男生差，特别是刷每个教室的屋顶时，站在脚手架上面，石灰水顺着刷子把往下流，连个别平时显得"娇气"的女生也不下来，我还能说什么呢？那时我们思想都很进步，甚至拿"用石灰水洗刷我们的心灵和头脑"来比喻我们的心是最红最纯洁的。经过我们的艰苦努力，几十间教室焕然一新，我们粉刷墙壁的技术也都出师了。教室刷完了，我们又到附近的工厂去拉电石灰，一车车的电石灰从学校大门一直铺到操场，我们为这条道起了个名称为"五七路"，以纪念我们全班整个暑假的辛勤劳动和走五七道路的决心。

　　第三次到五七干校是到华中工学院当了工人后不久。9月初，学院要组织一批教职员工到华工在咸宁办的五七干校去劳动，我积极报名，并做了吃苦的准备，我想也吃过一些苦了，再多点也不怕，何况外婆经常说苦其心志，劳其筋骨，饿其体肤不是坏事。我们来到向阳湖畔的华工五七干校，按系分班，我在机械制造一系当工人自然就和机一系的老师们分在一个班。我们安排了住处，睡上下铺，加一个学生用的小桌。我年轻睡在上铺，我的下铺是个很胖的老教师，看上去差不多是个60岁老头子，稀疏而花白的头发，脖子上用细绳子挂着一副眼镜。他姓陈，来的时候我看他连走路都很吃力，不仅走得慢，还带着"呼哧、呼哧"的声音。我想他怎么能够参加"双抢"呢？那可是很重的农活。我有点奇怪，问别的老师，才知道陈老师是机械制造专业的二级教授，以前还是个权威，曾在国外留过学。至于为什么派他来双抢却不知道，可能是要他来劳动进一步改造思想，也可能是他想表现积极，自己报名来的。我观察到陈老师也不跟任何人说话，好像旁若无人，只默默地做自己的事。其他老师也不理他，好像没这个人似的。我开始有点同情这位老教授。

　　我们接到通知，第二天一天都是插秧，要大家做好准备。我没什么好准备，不就是插秧吗？我插过好几次秧了，难不住我。陈老师出去了一会儿，拿着一包东西回来悄悄放进他的抽屉。晚上陈老师的鼾声给我们宁静的房间增添了不少生气，虽说不是那样的鼾声如雷，但连我这样睡着了就不容易醒的人都被阵阵有节奏的鼾声惊醒，就不知道其他老师怎么无可奈何了。第二天早上起床后，我看见陈老师把他那包东西打开，原来是一双崭新的球鞋，只见他穿上新球鞋，在地上试了一下，好像还满意。我觉得好奇怪，怎么要下水田了还穿新球鞋呢？吃过早饭后，我们按组排队向向阳湖湖边走去。稻田是围湖改造后开发的，那时称"围湖造田"。

　　到了田边，已经有人往水田里抛了一把把的秧苗。我们都是卷起裤子打着赤脚下到田里。只见陈老师犹豫了一下，没有脱掉那双新鞋，也没有卷裤子，吃力地蹲下来慢慢从田埂上滑到水田。我见了有些心痛，主要不是心疼他，而是那双新球鞋，一双崭新的球鞋顷刻间就埋到泥巴浆里去了。当然，我还是忍不住过去搀扶他，他才抬头对我示意好像是感谢的样子。我有意和陈老师排在一起，他是我们中间年纪最大的，我是年纪最小的，看他那样子肯定是需要帮助，我也不管有没有人说我，我想起码他不是敌人，不能说我是分不清什么界限。我想帮他一把。

高中时参加红卫兵、民兵的活动照片（右1为作者）

有人在田埂上对大家讲插秧的要求，无非是秧苗横排竖排的间距以及每人插几行合适。这些我是太熟悉了。一般一人插六行左右比较合适，插多了行数手顾不过来。我捡起一把秧苗插了起来，边插边往后退。我开始注意旁边的陈老师，见他弯腰很吃力，手脚显得很困难，分苗的动作也慢，他还在观察我怎么插。我小声对他说："你少插几行，我给你补上"。他面带感激又不好意思地回答："谢谢，我慢慢来"。他似乎完全不知道，插秧时谁要是比较慢，插到后来就给"包围"进去，显得很尴尬和狼狈。我把两腿稍稍挪开一些，这样手照顾的面就更宽。我要把陈老师那边带上二、三行，而且我自己也不能落后，我看了一下其他人插秧的速度，还好，保持和其他人基本上差不多就行了。插秧本来就是比较累的农活，关键是人要一直弯着腰，不停地把手上一把秧苗分成几棵几棵再插进水田的泥中，时间长了，就得直直腰。尽管陈老师只插三、四行，但他还是渐渐发出那"呼哧、呼哧"的声音，直腰的频率也多了起来，他可能想控制，但控制不住。后来我看他就是不插秧，在水田里蹲着往后退都很吃力的样子，干脆我就挪动范围更大一点，基本帮他插完算了。那时，人们劳动时的积极性非常高，唯恐说自己不卖力，偷懒，那可是政治问题，努力一些也是思想觉悟高的表现。我年轻，刚参加工作不久，更是拼命干。好在那两年我们劳动锻炼的机会特别多，什么农活都干过，加上身体还好，也能挺得住。但像陈老师这样的人就有点惨了。

后来陈老师见了我就是一副很感谢的样子，带着微笑主动跟我说几句话。我似乎是他唯一能说话的对象了。有天晚上就我们两个人的时候，他居然偷偷地给我讲他以前也是我这个年纪的时候在国外上学的事情，真有意思。我想可能是他看见我这个年龄时，想起来他自己年轻的时候。不过，国外对我来说实在是太遥远了，感觉那是另一个世界，就像在另一个星球一样。自己在国内都不能上学，到国外去是想都不敢想的事。

我顺便看到的一所五七干校却非常特殊，名气就更大了。在我们华工五七干校住地不远的一个山坡上，还有好多房子，那边似乎住了很多

高中时参加红卫兵、民兵的活动照片（后排左 3 为作者）

人，但不像是农民。有一天晚饭后，我问我们组长，一位很好的中年老师，那边山坡上是些什么人？他告诉我，那边是文化部的五七干校，全都是从北京文化部来的人。他还说，你要是想过去看看，随便看见几个老头子，可能从前都是全国大名鼎鼎的人物，说不定"三家村"的哪一个也在那里。我听他这么说，觉得有些好奇。一是北京文化部怎么也跑到这个地方来建五七干校。二是想看看那些大名鼎鼎的人物都是些什么样子，还有"三家村"那些全国都臭名远扬的权威。尽管劳动了一天很累，我想也就不到两里地，还是抱着想看看几个老头子的念头鼓起劲朝那个山坡走去。好不容易走到那边，却令我很失望，我根本没见到什么长着胡子或是老态龙钟的老头子，只看见几个穿着很一般，年纪稍老的人在洗衣服晾衣服，他们可能也是劳动一天收工了，大多数人都在自己的房间里休息。我也不能太冒昧上去问谁是"三家村"呀。他们也不可能随时在身上挂一个写着我是大名鼎鼎的某人的牌子供人参观。我遛了一圈，感觉比我们那个干校大多了。天渐渐暗下来，我有些扫兴地往回走，因为我没有看见什么有名的人。路上一群鸭子过来挡住了我的去路，我只能停下来让鸭子先过。我看见后面有个老头拿着树枝吆喝着赶这群鸭子，鸭子们倒是吃饱喝足了，在一片"嘎、嘎、嘎"的叫声中雄赳赳地向前跑着。

后来看到一本 1997 年出版的汇集萧乾、臧克家、张光年、楼适夷、韦君宜、陈早春、牛汉、涂光群、冰心等 30 余人的回忆文章而成的《向阳情结》，才知道当时这里并无"三家村"。但编者的代前言却使我很有些感慨。

"文革"中期，原文化部创办咸宁"五七"干校。六千余名文化界高级领导干部，著名作家、翻译家、艺术家、出版家及家属下放到鄂南向阳湖，经历了为期三年左右的劳动锻炼生活。当时，干校分为文化部机关、文联作协口、出版口、文物口、电影口五个大队。在特定的条件下，浩浩荡荡的文化大军，一下子汇集于咸宁的一隅，人数之多，密度之高，总览古今中外文化史都是罕见的。已作古的如文学家冯雪峰、沈从文、张天翼，剧作家孟超、陈白尘，翻译家金人、孙用、纳训，文学评论家侯金镜、冯牧，诗人郭小川、李季，画家邵宇、邹雅、刘继卣，出版家陈翰伯、金灿然、王子野，文博专家吴仲超、唐兰、龙潜等；仍健在的如冰心、楼适夷、韦君宜、周绍良、徐邦达、刘九庵、耿宝昌、金冲及、卢光照、许麟庐、李平凡、吴雪、王益、宋木文、范用、杨德炎等。他们在向阳湖劳动生息，辛勤耕耘，在中国当代文化史上留下了令人刻骨铭心的一页。

而且书中有陈白尘写的《忆鸭群》和陈早春写的《冯雪峰与我放鸭子》。陈白尘开篇写道："三年半干校生活中，是谁和我相处最久而又感情最深？如果朋友们不见怪，我要回答：是鸭子"。这使我回想当年看到的鸭群和那个拿着树枝赶鸭子的老头，但看见的是陈白尘还是陈早春或是命运最惨的冯雪峰我当然无从知晓。我当时看见的那些人肯定也是名人，但是我一个都不认识。

最近饶有兴趣地翻了一下当时的《长江日报》上关于走五七道路的文章，摘录两段让现代人看看，或许能更多地知道一些那时走五七道路的情况。

"菜场决定组织五七小分队，让卖菜的职工分期到郊区蔬菜生产队劳动锻炼，接受贫下中农再教育，不想去的思想就是两条路线的尖锐斗争的表现。是脱离生产劳动、脱离工农群众，缺乏劳动人民的思想感情。通过走五七道路，通过路线教育，全菜场出现了一个'卖菜学种菜'的热潮。认识到一个萝卜、一棵白菜都是贫下中农为革命种田的劳动结晶。"

"武昌某理发店有个五七理发服务小分队。这个小分队到某公社某生产队去理发，一进村，发现社员们都已下地生产了，是等着社员收工回来再给他们理发，还是主动服务到田头呢？小分队成员想着'完全'、'彻底'为人民服务的教导，他们决定到田头、到地里。贫下中农生产，他们一道生产，贫下中农休息，他们就宣传、演唱样板戏，抓紧时间为贫下中农理发。"

那时有这些经历的人很多，人们被要求暂时离开家庭走五七道路。命运安排我的几次亲身体验，也领略到一点社会变迁、动荡不安对人们生活的巨大影响的滋味。

送　　别

现在是农民进城，民工潮的涌动，是从农村到城市。那时是知青潮涌动，方向是从城市到农村。农村青年进城是想读书、挣钱，改变命运。知识青年到农村有的是带着激情，响应号召，有的是无奈，带着困惑和离家的伤感。

1970年春节后不久，我们这批1966年进初中的学生绝大多数就要下农村了。到农村去，接受贫下中农再教育。可是，我和班上另外几个同学被留下来继续上高中（占毕业生的20%），据说这是周总理对全国这一届初中毕业生提出进行试点的结果。我的大多数同学要走了，我们少数几个被学校留下来，多数要好的朋友都没有被挑选上，我知道其实他们都很想读书，而且比我要好些，也知道要走的同学是很羡慕我们的。但绝无开后门之说，学校的老师和"工宣队"师傅将名单一公布，任何学生和家长都没什么可说的。二班一个姓白的同学跟老师提出想上高中，老师回答说，你上辈以前是读过书的，这次要把机会让给那些上辈没有读过书的同学。一句话让这个同学目瞪口呆、面红耳赤、哑口无言。是的，这个白同学的父母亲也是老师，当然是读过书的人。不知道这个老师是如何想到这样回答的，上辈子读过书的下辈子就不能读书了？真是天下奇闻。也不能怨这个老师说得太绝，稀奇古怪的社会当然产生稀奇古怪的逻辑和语言。

"文革"后有一个"老三届"高中生和"老三届"初中生的说法，或统称"老三届"，也就是指比我们这一届初中生高一至六年的全部初中生和高中生。

半年前也就是1969年年中"老三届"们已基本全部都到农村接受再教育去了，我们在学校敲锣打鼓夹道欢送他们。因为一批批的大哥哥大姐姐都在我们前面下去了，所以轮到我们这一批时，都有扎根农村的心理准备，也不怎么害怕，也不知道害怕，学校的、街坊的、家里的哥哥姐姐差不多都走了，全国都一样。

多数同学要走了，到农村去，接受贫下中农再教育。可同学之间在三年中却产生了很深的感情，真是舍不得。再说这一去很可能就是"扎根农村，安家落户"，当"社会主义的新型农民"，让人真是不好想啊！我从小就是个不安分守己的孩子，在家坐不住，害怕一个人孤单、无所事事，总是到处找同学玩，就像一个精神空虚的乞丐，不断地去寻求同学友谊的施舍。各个同学和他们的家人也像仁慈的施主一样，用他们的真心、友谊和宽容接纳我，给予我精神上的极大满足。朋友就像上帝一样，牵着我的心魂。和他们一起，有说不完的话，有阳光般的笑容，有非常满足的心境。

我们学校的学生被安排到当时比较富裕的产棉区天门县张港公社。每个班的学生再分成若干小组，被分到不同的大队和小队。现代人很懂"男女搭配，干活不累"，其实那时我们都有这种意识，只是没有上升到现在这种心理分析的高度。分小组基本是自由组合，一般四至六人，男女生搭配。所以在分小组过程中就有许多故事，比如男生之间主要看能不能合得来，平时关系好的自然在一起。男生挑女生的条件很多，如长得怎么样，长得漂亮自然受欢迎，还有是否勤劳，会不会过日子，性格如何等等。有点挑自己未来女人的味道。女生挑男生则主要是看男生的身体如何，是否强壮，是否老实，谁也不愿和经常打架的学生在一起生活，当然性格、脾气、勤劳等都在考虑之列。要知道下去就住在一起，白天自己做饭，一起吃饭，一起劳动，晚上女生起夜的声音男生都能听得清清楚楚。这一下去，谁知道何年何月能返城呀，起码从心理上要为以后做长远打算。

那时候，男女生之间关系不像现在这么平常，也不像现在的学生成熟，还夹有很多神秘色彩。但时间要求很紧，短短一二十天所有准备工作都要就绪。涉及自己切身利害关系时，不要小看这些懵懵懂懂十五六岁不太懂事的孩子，关键时候也被逼着去考虑以后的问题。

男生之间的组合比较容易，几个平常合得来的同学很快就定下来了。男生找女生有点困难，女生找男生也不容易。但大家都是鼓起勇气，男女生之间用眼神、微笑、语言互相传递某种大家都明白的意思，效果还不错。看来找异性是种本能。

还有一件事就是下户口。同学们拿着家里的户口本，到街道派出所，排着队，把户口从窗口递进去，看着民警盖个章，自己马上就不是这个城市的人了。后来有同学说，当时下户口的时候，就像小时候交作业本一样简单，但是心情是很复杂的，不知道以后还能不能回来，好在大家都一样，想那么多也没有用。

这天下午，我和几个同学从司门口到江边去坐一下，看见民主路有个餐馆有酒卖，是大坛子装的散酒，我还从来没有偿过酒的味道，但才从家里的《学习文选》中学会背诵曹操的《短歌行》：对酒当歌，人生几何？譬如朝露，去日苦多。慨当以慷，忧思难忘。何以解忧？唯有杜康。我把《短歌行》说给同学听，并提议为了送行我们喝点酒。同学们说可以，但是他们说只喝一点点，我笑话他们没有用，主要是我不去农村，是为他们送行，应该多喝一点。于是我要了二两酒，没有吃任何菜，几个大碗就那么举起来为了友谊为了下农村顺利我们碰了一下，然后一干而尽。然而这只是暂时的痛快，要下去同学的心情并没有我这么浪漫，不久就要走"去日苦多"的路，这点酒解不了他们心中的忧。

我的几个最好的同学分成三个小组，邵同学和他的弟弟还有两个女生一个组，余同学和夏同学加两个女生一个组，毛蛋和另外两个男生加两个女生一个组，漂亮女生程同学她们三个最好的女生加两个男生一个组。程同学她们原来想跟前面说的三个组任何一个都可以，但是到最后公布各组名单和各组去的生产队时，不知道是学校还是老师或者工宣队对程同学她们在学校惹的事不满意，不同意她们的申请，没有和我这几个好同学分在一起，把我们班很老实的两个男生跟她们三个女生分在一个组，其中一个男生眼睛有些残疾。她们找到学校希望改过来，但是木已成舟，没有办法了。其实刘老师当天已经悄悄地给我们说了，是怕她们下去以后惹事影响这几个比较好的男同学。公布名单那天晚上程同学她们找到邵同学家，我们几个刚好也在，一方面解释不是她们变卦，是学校可能是要惩罚她们，坚决不同意。变化的原因她们还蒙在鼓里，我们也不好说。另一方面表示希望下去以后仍然能保持联系，那天晚上我们一起谈到很晚，大家都比较愉快，出邵同学家门的时候，外面已经没有车辆、行人，马路上静悄悄的，有一阵寒意。其实我这几个好同学他们一起下去的女生也都非常好，他们也满意，十八岁的姑娘一枝花，她们都是差不多十七岁左右，都是含苞欲放的年龄，这些女生大多数我们已经接触过好多次了。

　　离出发的日子越来越近，同学们开始准备行装，一般都是家里现有的一口旧木箱，一个大背包把垫的盖的捆在一起，外加一个现在已看不见的用棉绳编的大网兜，装上脸盆水瓶等杂物，背上一个每个学生都用的军用黄书包，大有"壮士一去兮不复返"的味道。

　　走的那一天，同学们在武昌平湖门船码头，乘船从长江经汉江赴天门。家人都来送行，父母在送别时千叮咛、万嘱咐，或是沉默无语，谁也没去注意那欢送的锣鼓声和鼓励上山下乡的横幅标语。有女同学开始流眼泪和小声哭，大人们脸色都十分难看，那种场面中无论如何也让人轻松不起来，想装都不行。

　　开始上船了，家长、来送行的同学们一起帮忙把行李搬到船上，回到岸边等候开船。时间这时候不知是太快还是太慢，上了船的四五百人全挤在向岸的一边，男生们一般无语，女生已是哭成一团。随着轮船三声鸣笛，船起锚了，慢慢离开了岸边，船上男生们不停的挥着手，忍不住的也开始不停地擦着眼睛，女生的哭声越来越大，我们在岸上看着渐渐远去的船，听着那渐渐远去的恸哭声，震撼着送行者，撕裂着家长的心。我顺着船去的方向，跟着跑，挥着手，船越来越小。我仍在不停地挥手，我看不清谁是我的朋友，谁是我们班的同学，我突然感到他们都是我熟悉的同学和好朋友，连同有些我平时不喜欢的。三十年过去了，这一幕却是如此清晰地留在我脑海中，永远抹不去。

长江水依旧要不紧不慢地翻滚着，后浪推着前浪向着远方，只不过显得安静一些，带着一些留念。我和同去送行的几个同学一直跑到大桥底下，目送轮船向汉江转过去再不见踪影。孤帆远影碧空尽、唯见长江天际流。

我没有回家，那时我母亲已经随省直机关下放到五七干校去了，父亲平时也不回来，外婆也管不了我太多。我跑到花园山上对着汉江方向呆呆地坐着，想着这么多天我和好友们整天在一起的快乐，想着他们离去的情景，想着他们将要用自己的汗水开辟新的生活，想着自己以后看不清楚的生活道路，忍不住也痛哭了一场。

夜幕渐渐降临，我仰望着天空，看着那逐渐显现出来的星星，直到很晚。我算是少年不识愁滋味，写了我平生第一首诗，倾吐出挤压在心中的疼痛。现在还记得几句："阵阵冷风吹进了我的心，串串泪水还在不停，随着夜幕渐渐降临，我欲加思念朋友的友情，天上的星星已成群星，可我为什么这么孤伶……"

江对岸又一次传来江汉关低沉的钟声，钟是永远不停地向前走着。

送走了同学，也好像同时送走了自己的一个年代。

从那以后，感觉自己懂事多了。

多年后，看那些反映知识青年上山下乡的电视剧，有些一样，但也有很多不一样，总的感觉，多了浪漫，少了沉重。

现在有观点认为，从某种意义上说，知识青年到农村去接受再教育，是红卫兵运动的一种继续，是"文化大革命"酿成的苦果。说知识青年下乡是红卫兵运动的一种继续，我觉得有点牵强，完全是两码事，怎么能说"继续"呢？如果当时社会、经济、教育秩序正常，这批人完全可以继续升学或到工厂做工，不必非到农村去不可，几年以后，知青大批返城进工厂也消化了就业的压力。只是在当时一切都不正常的情况下，知识青年就此一条路了。但"苦果"说倒是十分贴切，问题是一个国家多年酿成的苦果可不是仅凭我们一代人就能消化得了的。

我还看到一种说法，意思是中国农民几千年都在农村吃苦，知识青年到农村去有什么值得感叹？不就是去吃点苦吗，那也是应该的。我想说此话的可能是现在从农村出来的青年。从他的角度可能有点道理，换个角度就不一样了。这里姑且不谈千万知青的青春和国家发展的道理，仅就那么多城市知青到农村，违背了中国社会的一个基本道理，即使当时更多的农村青年被堵在农村出不来。也就是邓小平1978年说的，要研究如何使城镇吸纳更多劳动力的问题。现在搞上山下乡，这种办法不是长期办法，农民不欢迎……城市人下去实际形成同农民抢饭吃的局面。

第四篇 高中生的希望与无奈

新 的 希 望

1970 年春节以后，街坊所有比我年龄大的学生都上山下乡去了。以前热热闹闹小巷子突然安静了下来，再也没有街坊伙伴和同学来叫我去下棋、放鸽子、打弹弓、聊天说书了。

冷冷清清的学校，冷冷清清的小巷，冷冷清清的家庭，使我突然产生了一种强烈的失落感和孤独感。这是我以前从未有过从未体会过的一种令人压抑、痛苦、茫然的感觉，像块重石压在心头，我不知所措。面对周围所熟悉的一切，我却不断地感受着陌生；想起不久以前还是经常有说有笑，现在却只能是情不自禁地自言自语。我躺在床上再也听不到同伴叫喊我出去玩的声音，一个人呆呆地站在大门口看不见那些昔日打闹的身影。只有忧郁和苦闷像浪一样不断拍打冲击着我难以忍受的心灵。下棋、鸽子、同伴间的谈笑风生等幻觉一个接一个出现在我的眼前。在这种心态下，我被逼着面向自己，空空的脑袋不得不去考虑"怎么办？"我也有不能虚度自己一生的想法，开始思考要对得起自己、对得起下农村的朋友，我下决心要好好学习，多读些书，再不能和原来那样只知道玩了。

好好学习，多读些书，但怎么学，要读哪些书，我却不很清楚。对数理化我一点兴趣也没有，而且那时没有学生学什么数、理、化，更没有人学外语。我想起了邓同学，只有"文化大革命"是真正的革命吗？马列主义到底是怎么回事？共产主义到底是什么样子？等等一些问题使我认真并产生兴趣，我开始去思考这些问题，严格讲是开始学习想一些比较严肃、重大的问题。我想还是要到马克思、列宁的书中去找答案。还有鲁迅，他是文化革命的旗手、思想家。于是我到书店去买了几本马克思、列宁的小册子，找一些鲁迅的如《呐喊》等书，趁高中还没开学的那段时间，居然关在家里认真读起了马列和鲁迅，一直到高中开学。

从初中生中挑选出来百分之二十的人上高中，我们算是幸运儿。挑选的标准基本上是家庭出身较好，前几年没有在外调皮捣蛋，当然在"复课闹革命"阶段也比较听"工宣队"师傅和老师话的学生。至于学习成绩则不在考虑之中，因为我们在初中3年没上几天课，所谓的"复课闹革命"阶段也是在教室里瞎闹中渡过的，没有考试，也就没有学习成绩。很多想读书的同学因家庭出身社会关系等原因没有被选上，那时所谓"地、富、反、坏、右"家庭的孩子上高中想都不用想，知识分子家庭的学生也只能带着深深地遗憾和无奈到农村去，明摆着是个读书的材料也不行。因名额有限，仍有大部分工人、贫下中农出身的同学同样只能走上山下乡这条路。命运只能如此。

我们这些留下来的学生不在本校上高中，四十六中和武汉中学各留下大约50名同学共近百人，在武汉中学编成两个高中班，但那时不叫"班"，而是学部队称几连几排，现在的"班"那时称"排"，年级则称"连"。高中两个班我们称为"四连一排""四连二排"，我在四连二排。武汉中学是董必武等人在大革命时期创办的，留有陈潭秋、恽代英等大革命家的足迹。因为这是一所具有光荣革命传统的学校，所以颇受上面重视，各方面条件比我们原来的四十六中好多了，房子新一些，有篮球场，篮球架上还有篮筐，教室及课桌、椅也相对好些。当然条件都十分简陋，完全不能用现在的眼光看。

20世纪70年代初，"文化大革命"已有几个年头了，学校在新成立不久的"革命委员会"简称"革委会"的领导下也在搞"斗、批、改"，社会没有前几年那么乱，基本不搞"打、砸、抢"，"文革"的滚滚洪流虽过了"四海翻腾云水怒，五洲震荡风雷激"的阶段，但仍然在以排山倒海之势向前发展，谁也拦不住。我们并不是远离社会的高中，我们仍处于"文革"之中。所以很多和我想法一样的同学实际上都不可能实现多学点知识的愿望。

但无论如何毕竟是高中生啊，好几年当中才产生的一届高中生，怎么会没有新的希望呢？

几 次 劳 动

刚上高中，进行了一段革命传统教育，学习董必武开办学校时所提出的"朴、诚、勇、毅"的光荣传统之后，我们就被派到咸宁蒲圻（现赤壁市）羊楼洞茶场武汉市直机关的五七干校去劳动一个月。羊楼洞茶场是一个历史悠久的茶场，汉口开埠以后，羊楼洞茶场的"松峰茶"就驰名中外，享有盛誉。

我们的主要任务是采茶，想象中采茶是女人干的活，但对于我们还是充满了新鲜感。所以对我们来说还是轻松的，与很多其他劳动比，不脏不累。每人戴一顶草帽，背一个茶篓，按老茶工教我们的采刚长出来的小嫩叶尖。我们在一排排的茶树中间，手指尖在茶树的表面不停地跳跃，眼睛敏捷地搜索着，基本上是眼到手到。因为要表现积极，同学们都是尽自己的全力，生怕别人采了一篓自己只有半篓而被笑话。

其实除了这次羊楼洞的劳动外，我们在高中劳动的经历太多了，九峰山、张家湾（武昌南）、工厂、每年五一、八一前后临时下农村插秧割谷、建校劳动等，还外加一些临时任务。

有一次，一批老师要乘船到五七干校去，我们班去帮助老师们搬行李上船。那是一个春天的晚上，大堤口的一个码头上，我们班全体同学从装满行李的卡车上把一个个箱子和一包包用油布捆好的被子等物品卸下来，经过长长的阶梯搬到船上去。但是天不作美，突然下起了倾盆大雨，风雨交加，暴雨不停地下着，男生抢着搬比较重的东西，看见女生有些困难就马上上去接过来。没有任何雨具，暴雨淋得我们眼睛都睁不开，也没有办法说话，否则雨水就流到口里。每个同学都像从水里捞起来的。但大家凭着革命的热情和与天斗的豪情壮志，在同学们互相鼓励互相影响的情况下，谁也不甘落后。那个晚上的情况是动人的，我相信同学们至今都记得。按现在的眼光，我们那时是在做傻事，不可理解，但那个时代，我们却是表现出年轻人火热的心。

高中的劳动时间确实太多，每次劳动我们都是在"走光辉的五七道路"、"走与工农相结合道路"、"滚一身泥巴，炼一颗红心"等革命口号鼓舞下进行的。尽管是革命口号，但我们却是真心实意这么想的，我们都认为应该去劳动，不劳动就会变成修正主义，简单说就是变修。我们无数次学习毛主席教导："修正主义是一种资产阶级思想。修正主义者抹杀社会主义和资本主义的区别，抹杀无产阶级专政和资产阶级专政的区别……修正主义，或者右倾机会主义，是一种资产阶级思潮。"社会主义的苏联已经是修正主义的苏联了，赫鲁晓夫就是修正主义。刘少奇是修正主义，已经被打倒了。"文化大革命"就是"防修反修"的。我们虽然对这些理解不深，但绝对跟全国人民一样认为这是真理，就像 $1+1=2$ 那样不容怀疑，我们脑筋里的思想就跟脑筋里的血一样红。不劳动就会与那么多下农村的同学在思想上产生差距，劳动是天经地义的事。所以无论是学农插秧、割谷、挑草头还是挖泥挑土、锄草、拔芝麻、栽树、种菜，还是学工开机器、当搬运、在校办工厂制盐酸等，我们的劳动热情都十分高，都是尽自己最大的力气去干活，生怕别人说自己偷懒，而且什么都想干在前面，加上那时各种条件很差，要说起来也算吃了不少的苦。特别是我们都能自觉认识到，这个年龄正是世界观形成的时候，如果脱离劳动，就会失去劳动人民的本质，而这种变化是从量变开始的，量变之中包含着质变的因素，今天变一点明天变一点，积累到一定程度，就会发生质变。如认为少参加劳动是小事，不注意量变之中有质变，发展下去，思想感情就会发生变化，甚至会和平演变。

有一次念报纸学习，讲有个知青为革命养猪的故事。说是猪病了，为了救活猪，知青用自己的口对着猪的嘴进行人工呼吸，终于救活了这头猪。我们听了直想笑，万一那病猪咬他一口怎么办？猪那么大个嘴巴，对猪也能这样去口对猪嘴进行人工呼吸吗？但报纸上的白纸黑字容不得我们怀疑，更不容许去笑话这种革命精神，只能想象着那是一付什么模样呀！

高中不如初一

说起来是上高中，很好听，但我们上课的内容全部都是初中的基本知识。好像到高二时才上了一段化学课。整个中学就没有上过物理课。

我们班主任周老师教语文。印象较深的是后来学毛主席诗词《沁园春·长沙》、《忆秦娥·娄山关》、《卜算子·咏梅》等等，我记得当时周老师顺便讲陆游的《卜算子·咏梅》也不错。还有鲁迅的《论"费厄泼赖"应该缓行》等文章，在我们的心中，鲁迅是文化革命的旗手、主将，伟大的文学家、思想家和革命家。毛主席说鲁迅的骨头是最硬的，没有丝毫的奴颜和媚骨。他的文章是投枪，是匕首。鲁迅是我心中的偶像，用现在的语言来说，那时很多青年都是鲁迅的粉丝。各门功课也极少有课外作业，有点作业也在课堂上做完了，似懂非懂的东西有时候就找同学一抄了之。没有任何学习压力，也静不下心来学习。

记忆中的两年高中下来我好像没有做过什么家庭作业。加上初中三年，五年中没有做过什么作业。这叫什么读书？但那时就是这样"读书"，一点也不奇怪。当然，"父债子还"，我们这一代"读书"欠的债都让我们的下一代"连本带息"给还了。

各种政治学习也不少。都说我们这一批学生是"文革"中"教育革命"的试点，所以对我们十分注意"教育革命"方面的学习。要求我们抄了不少这方面的笔记。

这些笔记我至今都还留着。

如：1. "文化大革命"摧毁了资产阶级司令部在文化教育方面的

177

反革命专政，粉碎了他们长期推行的反动路线，夺回了被他们窃取的那一部分权力。2. 伟大领袖毛主席对教育革命发表了一系列重要指示，抓点，树样板。3. 在毛主席教育路线的指引下，全国各地工人、解放军毛泽东思想宣传队领导广大革命师生活学活用毛泽东思想，开展革命大批判，建立"三结合"的权力机构，清队、整党建党，斗批改的群众运动不断深入发展。4. 大学开始招生，出现了工农兵学员上大学，管大学，用毛泽东思想改造大学的新局面。5. 原有干部教师在"三大运动"中得到锻炼，接受教育，阶级觉悟不断提高。6. 无产阶级知识分子队伍正在成长。7. 全国各地广大群众沿着五七指示的道路创办各种类型的社会主义学校，积累了许多生动活泼的经验。8. 毛主席教育要革命的伟大思想已在全党各级领导和广大人民的心坎里生根……好形势来之不易，等等。

为了更好地学习，搞好教育革命，我们还记下如下任务：1. 实现无产阶级教育革命，必须有工人阶级领导。2. 坚持五七指示的道路。3. 要批判资产阶级，教育阵地过去被剥削阶级长期垄断，封资修的流毒年深日久，资产阶级的偏见和它的传统势力还很顽固，在各种学科领域里，形成了根深蒂固的旧体系，剥削阶级遗留下来的旧思想总是以新的形势表现出来，阻碍教育革命，鼓吹全民教育、天才教育、智育第一、洋奴哲学、知识私有、个人奋斗、读书做官、读书无用等。4. 教改的问题主要是教员问题。5. 工农兵学员是教育革命的生力军。6 改革教材。7. 高等院校调整。8. 会议就中小学问题做了研究，等等。

当时为了批判修正主义教育路线，我们还抄下毛主席从 1934 年到 1968 年关于教育的论述，约 40 条，供学习武装头脑。还抄了当时所谓的资产阶级代表人物在教育界的 12 条罪状：1. 鼓吹全民教育，抹杀教育的阶级性。2. 竭力推行专家治校，狂叫外行不能领导内行，疯狂反对党的领导。3 煽动学生脱离政治，脱离群众，脱离劳动，反对光辉的五七指示道路，破坏无产阶级教育培养革命接班人战略部署。4. 通过

《高教六十条》、《中教五十条》、《小教四十条》，使封资修黑货更加系统化，加紧推行修正主义教育路线。5. 歪曲党的知识分子政策，推行右的或形左实右的修正主义路线，破坏无产阶级教师队伍的建设。6. 竭力维护封资修的教育制度，疯狂反对教育改革。7. 实行关、卡、压的升学、考试、升留级的制度，排挤工农子弟入学。8. 教材内容，充满封资修黑货，腐蚀毒害青少年一代。9. 大肆推行旧的教学方法，竭力提倡满堂灌注入式，束缚学生手脚。10. 极力煽动极左思潮，大搞无政府主义，破坏"文化大革命"。11. 反对工人阶级领导。12. 鼓吹做教育革命的探索者。

摘录这些当时的笔记，无非是说明在这样的大环境中，学校无法管理，老师无法教学，学生无法安心学习。在这些方面我们写了多少心得体会和革命的大批判文章，恐怕现在谁也说不清了。

比较好的课桌我们也只享用了一年，随着新一年新生入学，学校的课桌椅子不够用了，不知道是谁的主意，我们高中两个班学延安时期办"抗日军政大学"办起了"抗大班"。"抗大班"学什么？学不要课桌、课椅上课，每个同学在家拿个小板凳来，高低大小都不一样，五花八门，但是肯定没有靠背椅，是不是不允许带靠背椅就不记得了。就坐在自己带来的小板凳上上课，没有装几本书的扁书包放在小板凳旁边的地上，看书写字则在双膝上，小板凳坐的时间长了也不舒服，老师可能是看我们这样上课，也不忍心布置什么作业了。我们也不知道以前延安时期"抗大"上课是否不要桌子，但就在这种所谓的"抗大"式的教室中我们断断续续上完了高中第二年。现在看有关延安抗大时期的电视剧电影，才知道真抗大是有桌子椅子的，哪怕是很简单，也是真正的桌子椅子。我们那时的所谓"抗大"看来比老祖宗革命的水平还高得多，看看延安"抗大"的教师、学员，看看他们上了哪些课，就知道那些突发奇想办"抗大班"的人是如何以自己的极端无知和病态狂想玷污了不朽的"抗日军政大学"。也幸亏那些突发奇想的是小人物，害的也就是两个班百把个高中学生，时间也就近一年，如果是大一点的人物，不知道会搞出什么莫名其妙的大事情出来。我们上课很少记笔记，也没什么作业，多是大眼瞪小眼听讲或心里盘算着下课做什么。

1971 年夏天，我大舅趁暑假回来看望生病的外婆，除尽心照顾外婆外，没什么事就问我的学习情况，老是盯着我的学习，使我十分难堪，可那个暑假我们还在参加劳动，问语文中的一些问题，不知道或答不全答不准，更是背不出来。问英语一些问题也一样，而且发音让大舅极不满意，还有什么这时态那时态问得我稀里糊涂，所以见了我就把"你还算是个高中生？"挂在口边说，还经常拿"初中生都不如"，"读的什么书哟"这些话了讥笑我，刺激我。我也只能硬着头皮听。

事实上大舅也没有冤枉我，我的确是高中生不如初一的学生。谁见过考大学时数学从正负数，物理从 $F=ma$，化学从元素符号开始复习的高中毕业生呢？我就是其中之一。我的确上过高中，在武汉中学，学制二年，不可思议的高中毕业生。

下农村同学带来的震撼

上高中几个月后，下农村的初中同学陆续回汉探家。

我的几个好朋友也陆续从农村回汉了，他们走后我一直很想念他们，尽管他们下去后经常有书信来往，但还是迫不及待地想知道他们在农村的生活情况。

我放学后就去找他们，听他们讲农村的见闻和印象比较深的一些小故事。

有的讲怎么吃苦受累，怎么偷鸡摸狗。打狗学会了扒皮，把狗皮埋得深深的，吃下的狗骨头扔到水塘或者远处。当然这些都是发生在夜深人静的时候。

有的讲农村的鸡窝都放在房外面，晚上偷鸡时要把手掌五指张开，伸到鸡的腹部平端出来，这样能保证鸡不叫。后来丢鸡的多了，农民就把鸡窝转移到屋里去，让这些偷鸡的经验没来得及推广就不中用了。偷鸭子则是一把抓住鸭的脖子，保证一声"嘎"的叫声都出不来。

以后有次同学聚会唱歌，有个同学酒后点了《莫斯科郊外的晚上》，却唱起经过改编的知青歌曲《偷鸡谣》：深夜村子里四处静悄悄，只有蚊子在嗡嗡叫……偷偷溜到队长的鸡窝旁，队长睡觉鼾声呼呼响，鸡婆莫要叫，快快进书包。亲爱的队长你要多原谅，知青的肚皮实在饿得慌，我想吃鸡肉，我想喝鸡汤，年轻人需要营养。从没有拿过别人一颗糖，捡到钱包都要交校长，如今做了贼，心里好悲伤，怎么去见爹和娘……大笑之余感到真是太绝了。

有的讲晚上到瓜田里偷瓜，漆黑一团，伸手不见五指，因瓜田有蛇，就把衣服袖口和裤脚扎紧，但不是顺藤摸瓜，那样怕摸到蛇，而是把袖口和裤腿扎紧，身子躺下在瓜田打滚，据说一滚一个瓜，很容易等等。类似这样的事情后来在很多文学影视中都得到比较充分地反映。

初中同学中那个漂亮女生讲队里的干部怎样主动"关心"她们的故事。还讲有一次她们没菜吃时，晚上怎样去偷那些长得又高又大又绿又肥的青菜，回来炒着吃却感到不对劲，很苦很涩。第二天假装不经意去问当地人那是种的什么菜时，回答让她们哭笑不得，原来那地里种的是烟叶。

我们才分开几个月，他们却有了如此多的精彩故事，而且下去时都是一个个老老实实的学生，现在讲起这些事来居然滔滔不绝、大言不惭、甚至是得意扬扬的样子，让我哭笑不得。

那些去汉北河挑堤的男生说起来吃的苦更多，每天不停的挑，很多地方是淤泥，挑的精疲力竭腿发软，实在累的不行了就经常去光顾厕所，只有这样才能熬到收工。其实他们不是在偷懒，是每天的体力支出已经到了极限，据他们说那种大馒头一次可以吃十个。

不光是男生，就是这些以前看上去秀气的女生也都做起这等偷偷摸摸的事来。讲的人不仅没有丝毫惭愧感，还都是重复他们鬼鬼祟祟的动作，十分得意。都还是十六七岁的孩子，又是长身体，又要干体力活，谁不想解点馋呢？尽管他们都说粮食不够吃，没有油，更没什么肉，几个月半年他们回来却都长得又白又胖了，无一例外。但他们都说那不是胖，是肿，到底是胖是肿现在也说不清了。他们着急的是分的半年的口粮两三个月就吃完了，以后怎么办？自己的口粮吃完了，开始想到其他生产队的同学那里去蹭一下，后来知道大家都一样困难，没有办法就只有找生产队去要了，实际是透支以后的口粮。天门是产棉区，当时在湖北农村是个好地方。他们讲怎样算工分，谁9分，谁8分，还有6、7分的，女生拿的工分自然少一点。一天下来可挣多少钱，好的4角左右，差的只有 2 角左右。他们担心这样算下来弄不好辛辛苦苦一年后还要给队里交钱。不想这样的担心后来竟成为事实，很多同学还要找父母亲要钱交给生产队。

他们从广阔天地回来，在城市长大没有农村生活经历的我感到非常新鲜和有趣，跟着他们的语言和动作，想象着他们所叙述的那么有趣的细节。我感到他们在广阔天地比我的进步大多了。

他们下去是接受贫下中农再教育的，但他们普遍得出的一个结论使我十分惊讶。他们通过观察发现农村有的地主、富农其实都很勤劳和有办法。我问是不是地主、富农受管制必须好好劳动的原因，他们却说开始也有这种想法，后来时间长了，观察细了也就改变了看法。当然，这些话公开说是绝对不行的，那毫无疑问属于反革命言论，不仅要受到批判，搞不好会引起更大的麻烦。当时很注意抓对再教育工作的长期性和艰巨性认识不足，抓"阶级斗争熄灭论"在再教育工作中的反映。一个同学讲我不信，后来几个同学讲，我想他们一定有他们的道理。

多年以后从网上看到：在毛泽东的一份履历上，父亲一栏写着，毛顺生，原有祖田 15 亩，半栋房屋，两块柴山，但负债很多，经勤苦努力，于 1915 年买叔父 7 亩。这张表格由毛泽民代为填写，成为毛泽东家划定成分的重要凭据。以前我们都知道毛主席的成分是富农，原来这个富农也是靠"勤苦努力"得来的。

主动要求到最艰苦的地方去的一个小组，开始下去时还每天晚上在煤油灯下一起学习毛主席《青年运动的方向》，背诵"中国的知识青年们和学生青年们，一定要到工农群众中去，把占全国人口百分之九十的工农大众，动员起来，组织起来。没有工农这个主力军，单靠知识青年和学生青年这支军队，要达到反帝反封建的胜利，是做不到的。所以全国知识青年和学生青年一定要和广大的工农群众结合在一块，和他们变成一体，才能形成一支强有力的军队。这是一支几万万人的军队啊！""看一个青年是不是革命的，拿什么做标准呢？拿什么去辨别他呢？只有一个标准，这就是看他愿意不愿意、并且实行不实行和广大的工农群众结合在一块。愿意并且实行和工农结合的，是革命的，否则就是不革命的，或者是反革命的。他今天把自己结合于工农群众，他今天是革命的；但是如果他明天不去结合了，或者反过来压迫老百姓，那就是不革命的，或者是反革命的了。"他们想按照毛主席的教导去组织农民，想和贫下中农结合在一块。但是时间长了，除了在脑袋里留下一些毛主席语录外，其他就跟所有的知识青年一样了，不同的是以后"修地球"的劳动更加艰苦一些。再后来就是抄普希金的诗——假如生活欺骗了你。

大半年过去了，下农村的同学们基本都回来过，我注意到不管是女生还是男生，都没有下去时男女生之间的一些神秘和羞怯感，尽管吃住都在一个屋，没有听说哪个男生和哪个女生关系特别好的事。男生自顾不暇，没有精力去照顾女生了，女生也没有去给男生洗衣服。什么男生照顾女生，女生帮助男生洗衣服做饭的少男少女浪漫想象，在艰苦的生活现实面前变得无影无踪了。

几十年以后同学们聚会，分手时少男少女，再见时满脸沧桑，一个小组的男生向女生深深地赔礼道歉，哽咽着说："那个时候没有照顾好你们"，眼里含有泪水，听的女生回以泪水："我们也没有帮你们做什么"，我在旁边听得真切，思绪万千……心想他们在农村分开的时候都还不到18岁，还不是大男大女，没有责任和义务去彼此照顾和帮助对方，是那同住一间屋、同吃一个锅的刻骨铭心的经历，让他们现在才有机会袒露出埋藏在心底几十年的一种特殊情感和深深的痛。我知道，那时候其实他们都一样，长期的体力劳动使他们受到非一般的"锻炼"，前途的迷茫使每个同学在心灵深处又饱受折磨，他们的心不在那里，他们的心在武汉，在他们生长的城市。有些同学是下农村8年以后才回到武汉，有些同学是再也没有回到家的意义上的武汉了。

多年以后，我在网上看了《被亵渎的青春——"文革"中女知青惨遭蹂躏录》，还买了一本《女知青回忆录》。另外还看到一点更加真实的东西。但愿这些都能留下来。

上了高中，心系在广阔天地"战斗"的同学，经常与他们厮混一起，有时候也带有一种新奇感，想象自己也应该到广阔天地去作为一番。我与好几个初中同学所建立起来的关系到现在都仍然保持着联系。

因为与老同学接触较多，其中也有令人关注的女生，高中部分同学中渐渐传出我在谈朋友的传说，我真是莫名其妙。原因可能是初中那几个好朋友一起下去的女生还有程同学她们回来以后，我和彭同学有时去她们家玩，听她们讲一些事，这些女生又和我们其他同学以及高中的同学都有联系，所以我们有些活动别的同学就听说了。再说那时这个年纪的男、女同学在模模糊糊的感觉中保持一些联系也是再正常不过的事，初中同学因为下农村关系就稍微密切一点，也随便一些。

高中那时男女生之间很少讲话，偶尔多看几眼女生都会引起同学们的议论，男女生接触多一点就被认为是谈朋友，所以一般男女生之间来往都比较拘束，循规蹈矩，多说几句话就可能脸红。根本不敢大胆更不会放肆，偷偷看一眼就已经是有问题了，都会脸红，要是看错了人，遇到一个在这种事上也执极端态度的女生，可能也就因为几句话就被指着脊梁骨说你是"有歪心事"、"臭不要脸"、"媚气"，那就倒了大霉。"资产阶级思想的毒害"、"社会上不良思想的影响"在我们头脑里警钟长鸣，好像我们这批高中生应该是更纯洁、更革命、更高尚的人。其实到高中快毕业时，社会活动接连不断，男女生接触机会越来越多，又不务正业，十七八岁，男女生之间产生一点好感很自然。这些事都隐藏在内心深处，或说还处于"潜意识""萌动"阶段。但毕竟处于青春期的我们都不可能违反成长的规律，朦胧的感觉会逐渐清晰起来，舆论的压迫终究扼杀不了鲜活青春气息的涌动。

以下是吴业庆同学多年以后留下的一些描述当时怎么想家、回家情况的文字，给我看了以后我觉得写得太好了，特收录于此。

当年，户籍警把注销了我的名字的户口本递给我的时候，我像接过老师批改了的作业本一样轻松，一扭头就把户籍警眼中疼惜的目光丢在了脑后。过了几年，同样也是为了那个户口本，多少次我流着泪从梦中惊醒。

有一次是回家。走下火车，脚刚刚踏上站台，一个声音从心底涌了上来："江城啊，你抛弃的女儿回来了。"当我跟着人群貌似平静地向出站口走去时，心中的潮水却翻江倒海。小如我等，人同此心，心同此理。

故乡在一个人的心灵中，就像鱼儿之于海洋，绿叶之于森林，那是一种深深的渴望和眷念。

才情纵横、豪放飘逸的李白留下了多少让后人仰酸脖子的精美诗篇，最最脍炙人口的却是那首白描直述的中华思乡第一曲"夜静思"："床前明月光，疑是地上霜。举头望明月，低头思故乡。"

当年崔颢站在黄鹤楼上，发出千古绝叹："日暮乡关何处是，烟波江上使人愁。"崔颢的故乡在开封，他彼时身在武昌，面对长江放眼江天，鸟瞰对岸的汉阳和江中的鹦鹉洲，所以他的目光一定是从烟霭缭绕的江面上一直向北、向北、再向北。

隔着悠远广袤的时空，我自北向南，对着当年崔颢题诗李白搁笔的方向，对着我生于斯长于斯的地方，怅怅地眺望。希望在这迷蒙的天际里找到什么呢？良久，心里滚动着的还是那句：日暮乡关何处是？

天边，一钩弯月。真想，把我律动的心托付给它，请它把游子的思念收藏。真想，今夜的清辉牵着我的故土入梦来！

那时候多想回武汉呀，好像人生只有一个目标：回武汉。

那时候都一样，很多下去的同学都想回来，甚至其他地方招工都放弃了，就是只有一个目标：回武汉。

当时我们都会唱南京知青之歌："啊，未来的道路多么艰难，曲折又漫长，生活的脚印深浅在偏僻的异乡"现在人是体会不到那时候十几岁的我们是如何思念家乡的。

三队是离我们二队最近的一个小队，那里有六个知青。那年春节，男同学都去修铁路了，他们要在工地上过一个革命化的春节。我们两个队的女生约着一起回武汉过年。真的不记得那时候是怎么联系的，又没有电话又没有手机，更没有网络，我们约好第二天早上她们先来我们队，走三里路去街上，再走八里路到汉川的铁二河，只有铁二河才有回武汉的车。这个晚上我们激动得睡不着，很早就爬起来梳洗，再躺在床上等三队的同学过来。听见村里的狗叫了，赶紧去迎接她们。那天的月亮非常好，清辉洒在地上像白天一样明亮。只是那种明亮是像洒了一层水似的，有点朦胧，不太真实。我们像是梦游一样往村口走，村里的一群狗正围着三队的几个女同学拼命的叫，她们害怕极了，不敢动一下。我们也有些害怕，故意弯下腰把狗吓得散开了。哪知等我们一会合，狗就重新聚拢来对着我们大叫。现在连我们也进不了村了。我说我们弯着腰走，狗怕我们捡石头扔它们就会吓跑。就这样我们弯着腰蹲着往前挪，一步一步，开始还有效，到后来却不灵了，我们一动它们就叫，一只狗叫一群狗就跟着叫。人狗就这样僵持着，我们匍匐着几乎在往前爬。三队的女同学还拿着行李，那种惨状任何时候想起来头皮都发麻。幸亏这时候五爷来了，他一走过来一大群狗就四散开了。五爷心痛地看着我们说：现在还早得很，还是半夜呀。你们走到铁二河也没车，再睡一会等天快要亮了再走吧。我们几个人回到五爷家里，一张床五个人，怎么睡？后来我们五个人整整齐齐横着和衣躺在床上，头朝墙脚脚弯着。大家谁也没睡着，就这样等着，等着天快点发亮……

吴庆业同学后来招工在应城县当了工人，最终还是没有回到武汉。

与当兵擦肩而过

那时参军是所有中学生最大的心愿，比现在上重点大学还吃香。1971 年招兵开始了，我与父母亲讲了很想当兵的想法，反正在学校也不怎么上课，父亲是托了部队的熟人，给我弄了一个指标。我因体检时比别的兵要多几个项目有些奇怪，后来知道我将去的是海军北海舰队，自然十分高兴，也很得意，所有体检全部合格。我与招兵的部队干部混熟后，打听到是去潜艇部队，他要我做好准备，过些天就要走了。那种神秘、光荣、自豪的感觉笼罩着我，我反复想着潜艇部队开着潜水艇在海下面航行的样子，那可比当个陆军神气多了！因为来带兵的到我们学校来了几次，而且找了我，所以同学们最后都知道我要去当兵了，投来羡慕的眼光。我也沉浸在得意扬扬、飘飘然之中，全然不知命运多舛。

没想到过了两天，带兵的干部拿着我应征入伍的喜报上我家时，却出现了变故。原来我不在家，父亲也出差在外地，是母亲接待了那位带兵的，带兵的先说过两天就要把我带走了，说接触了我几次，看我还不错，要家里人放心等等意思以后，就把喜报放在桌子上，问母亲对部队还有什么要求。母亲说没有什么要求，只是因为我小时候得过肝炎，希望部队能照顾一下我的身体。带兵的惊讶地问我小时得肝炎的情况，母亲又瞎编乱讲了一气，把我妹妹、弟弟小时候得肝炎的事安在我身上讲了一遍。带兵的一听又从桌子上收回了喜报，说我们部队对身体要求很严，得过肝炎的不适合当这种兵。带兵的终于又拿着没送出去的喜报走了。等我回家知道情况后，真是懵了，埋怨、恼恨齐上心头，把母亲埋怨了一顿，父亲托人的面子，我检查身体一关关都顺利过了，同学学校也都知道了，好不容易等到这一天，却让她把这打着灯笼都难找的好事给吹了。母亲无言以对，只说喜报都放在桌子上了，怎么会想到又拿走了呢，她好像也无所谓，去不了算了，也不管我心情怎么样。

我的确小时候没有得过肝炎，是1961年左右，因为没有什么吃的，很多小孩营养不良，我们家就跟很多人一样买伊拉克蜜枣吃，结果很多小孩都得了肝炎，我妹妹、弟弟也没有躲过。所以那时候要说谁得过肝炎根本就是一件很普通的事。后来又说肝炎不是吃伊拉克蜜枣的原因，就是营养不良引起的。

因为父亲也不在家，我还是自己去找那个带兵的，好不容易才找到他，向他说明我根本就没得过肝炎的实情，是母亲想要部队照顾我才瞎编了那些话，但任我怎么解释怎么磨都已无可挽回，改变不了这种结局，空出一个指标来多少人想去呀。他说他也没有办法，指标已经给别人了。过几天父亲回来知道情况后，他也一筹莫展，只是劝我以后好好做别的事也行。

当兵这天大的好事就这样让母亲给搅黄了，弄得我好长一段时间霉头霉脑，闹了笑话在同学面前抬不起头来，那时将做什么事搞得有点动静却没有办成叫"闹得水响"，多少同学会背后笑我"闹得水响"哟，简直倒霉透了。不过我心里也憋着一股气，不要我当兵也没什么了不起，以后好好干别的事也行。我隐约感到，人生的道路要靠自己的力量去走，才不会受命运的捉弄。年少时多经历点曲折和磨难不是坏事。看来脸皮和体魄心志一样也需要锻炼，天无绝人之路，没有过不去的坎，厚脸皮甚至死脸皮是应对不测的好办法。"面包会有的"，"前途是光明的，道路是曲折的"，彭鄂直等好朋友们的安慰让我心情稍微好些。那次我们学校走了两个低我们一年级的同学，都是我幼儿园就认识的，家里也是一般的干部。加上以前我们班走的两个同学，四连一排也有一

189

个，那两年共有 5 个同学幸运地走上当兵这条路，其中有两个是女生。所谓"开后门"就是从这时候开始，还是从北京传过来的。部队和地方许多干部子女都走了当兵这条路，老百姓也无可奈何。

巴黎公社与国际歌

林彪在《人民战争胜利万岁》中提出，现在是"世界资本主义和帝国主义走向灭亡，社会主义和共产主义走向胜利的时代"、"中国是世界革命的根据地"。资本主义在全世界就要完蛋了、垮台了吗？那几年，我们接受的所有信息都是清一色的，没有任何杂音。我们当时面临的是所谓亚洲十几亿人民在造反，非洲在沸腾，拉丁美洲也闹起来了，美国人民燃起了革命运动的熊熊烈火，北美、欧洲和大洋洲人民的革命斗争在蓬勃发展的大好形势。我们深信，很多年以前的革命在欧洲，后来是俄国的十月革命，现在我们中国是世界革命的根据地、大本营和中心，领导着世界革命，作为这个时代的革命青年，理想自然是要把红旗插遍全球，解放世界上还有三分之二受苦受难的各国人民，打倒帝国主义这个垂死的资本主义。

不管怎样，我们仍然相信世界革命形势是大好。报纸上每天都有很多这方面的报道，特别是越南人民抗美救国的战况消息，报纸几乎每天都有。还有一本流行很广的书《南方来信》，是以美国占领下的越南南方人民寄给越南北方的信的形式，大量记载了很多美国兵在越南南方糟蹋妇女的事，是当时公开出版的涉及到性方面最多最具体的可能也是唯一的一本书。

1970年5月20日，毛主席为了支持印度支那人民和全世界人民反对美帝侵略斗争，发表了《全世界人民团结起来，打败美国侵略者及其一切走狗！》的庄严声明。我们又参加了声势浩大的游行活动。学校的队伍跟着浩浩荡荡游行大军从胭脂路走到武昌桥头堡下面，一路红旗招展，歌声嘹亮，口号声连绵不断，表示坚决支持、拥护毛主席的五二〇声明。多年以后看到一篇文章，觉得很有意思，特转录：

> 1971 年 7 月 9 日，美国总统尼克松的国家安全事务助理基辛格飞抵中国，被安排住在钓鱼台国宾馆 5 号楼。接待工作虽然十分周到，但也发生了一些麻烦。一天下午，基辛格的助手拿着一叠新华社英文新闻稿找到接待组联系人员，指着封面上"全世界人民团结起来，打败美帝国主义及其一切走狗"的毛主席语录，质问这是怎么回事？是不是"别有用心"。此事后来向毛主席做了汇报，毛主席哈哈一笑说："告诉他们，那是放空炮，他们不是也整天在喊要消灭共产主义吗？这算是空对空吧。"1972 年 2 月 21 日中午，尼克松访华。毛泽东主席破例在尼克松一行到达的当天下午，于中南海会见了尼克松。谈话中，美国人又提起"放空炮"的笑话，毛主席说："大概我这种人放空炮的时候多，无非是全世界人民团结起来，打倒帝国主义、修正主义、各国反动派，建设社会主义这一套。"尼克松笑着指指自己说："就是打倒像我这样的人。"毛主席说："你可能不在打倒之列，可能他（指基辛格）也不在打倒之列，都打倒了，我们就没有朋友了嘛。"

看了这篇文章，想起五二〇声明全国游行时的情景，我想当时全国可能没任何人能想到伟人的幽默和大政治家的智慧。

我们的黑板报上抄写着诗歌：

> 滔滔东海，莽莽昆仑
> 你们可曾见到——
> 在二十世纪七十年代，
> 社会主义祖国，
> 迈着雄伟的步伐奋勇前进！
> 东海扬波，昆仑呼应——

看见了啊，看见了

今天的祖国，

是伟大、强盛、革命的象征！

看，朋友、同志、战友兴高采烈啊！

听，豺狼虎豹、牛鬼蛇神在哀鸣！

好像美帝苏修都在一天天垮下去，他们的政治、经济、社会危机日益严重，西方世界能源紧张，经济混乱，货币体系濒于瓦解，面临着失业增加，大学毕业就是失业，通货膨胀，物价飞涨，石油危机，美苏争夺中东石油，以"谁占有石油，谁就能控制世界"的企图争霸世界，而我国大庆的石油还能出口换外汇。我们则一天天好起来，整个世界都处在动乱之中，世界很不安宁，到处在乱，到处在变，我们则在动乱中前进。把我们的狂热理解为全世界都在狂热，似乎全世界都在进行一场更大的革命运动。其实很多人也隐隐约约知道可能不完全是那么回事，也知道有些口号是在唱高调，但必须服从，容不得丝毫怀疑。

我们在整天高喊革命的口号和无休止的内乱的环境，看不见什么与我们自己关系更密切、更实在的事。虽然不少年轻人尚存追求真理的心，尚存满腔热血和激情，也只能是拔剑四顾心茫然，何况那么多知青还在农村"修地球"。理想与现实反差太大了，告诉我们的是眼前一片光明，我们也相信，甚至发自内心跟着这样认为。但内心却也有迷惘，难道一辈子就在空洞的口号中度过？路在哪里，前途在哪里？我们说是高中生，比下农村的同学好多了，屁股决定头脑，高中生屁股坐的位子是暂时的，以后屁股在什么地方根本不知道，所以我们的头脑的想法多是不定和矛盾的。

1970年9月，"文化大革命"中的大红人，天才的大理论家陈伯达垮台。我们政治学习中开始批判陈伯达，毛主席在《我的一点意见》中说陈伯达"唯恐天下不乱，大有炸平庐山，停止地球转动之势。"大概是庐山上发生很大的事，所以说他有炸平庐山，停止地球转动之势，说明了事情的严重性，我们认为毛主席的语言幽默。陈伯达在"文革"中红得发紫，是当时的中央政治局常委，中央"文革"领导小组组长，排名第四，在毛泽东、林彪、周恩来的后面。陈伯达突然倒台，给我们很大震撼。我们不懂政治，那是两条路线斗争的事，但是我们党的大理论家突然成了反革命、政治骗子，在全国人民心中不可能没有反应，所不同地只有比较成熟和幼稚之分。我们当然属于幼稚之列。以后开展了"批陈整风"运动。毛主席告诫全国人民"不要上号称懂马克思而实际上根本不懂马克思那样一些人的当"。

看来我们都上当了，全国人民都上了当。的确是"横看成岭侧成峰"、"不识庐山真面目"。我当时在日记里写道："事情的发生，确实使任何人都感到极大的惊讶。这种人们想不到的事情却又发生在今天。为何？事实证明，没有真正奋斗目标的投机商、两面派、修正主义分子、利己主义分子，被个人名利、地位熏得晕头转向的人是不能完成千百万人民所期望的事业，而且还会葬送千百万人民几十年的伟大斗争。他确实比任何人都叫得响，显示自己已经是最好的好人了，但却干着卑鄙龌龊的事。"那时我们已开始学着思考政治方面的事情，起码还在问"为何"？尽管十分幼稚可笑，还在相信"真正奋斗目标"、"千百万人民所期望的事业"，但那个时代和环境本身就是造就我们这样一些"半吊子"。根本想象不到当时庐山上所发生的一切。更没有想到"最好的好人，但却干着卑鄙龌龊的事"只是冰山一角，更卑鄙龌龊的大戏还在后面。

1971年3月18日是巴黎公社一百周年纪念日，我们前几天得到通知，要搞纪念活动。班上宣传委员准备出一期纪念巴黎公社一百周年的黑板报，要我写篇纪念文章。我其实什么也不懂，连巴黎公社是什么都不知道，但是在好奇心掺和着虚荣心的驱使下，我答应试试。时间很紧，就个把礼拜的时间了。毛主席著作里没有关于巴黎公社的文章，就不能去毛主席那里找答案了。还好，当时我有一本《马、恩、列、斯

语录》，我赶紧首先在《马、恩、列、斯语录》中间找到革命导师关于
巴黎公社的论述，然后再根据那些论述线索找到一点马克思、列宁关于
巴黎公社的著作，经过认真阅读，并且还专门到司门口武昌区委围墙上
长长的玻璃橱窗宣传栏看关于巴黎公社的介绍，才大致清楚了巴黎公社
是怎么回事以及马、列的观点。马克思说："工人的巴黎及其公社将永
远作为新社会的光辉先驱受人敬仰。它的英烈们已永远铭记在工人阶级
的伟大心坎里。"

　　尽管也看到马克思关于巴黎公社那样的"真正的民主制"的论述，
但经过认真思考，我想还是应该围绕无产阶级专政这个中心去写。于是
以我的理解和模仿那些大块文章的写法，写了一篇题为《巴黎公社的
原则是永存的》的文章按期交给宣传委员，文章比较长，是我当时写
得最长的一篇文章。从巴黎公社、十月革命到推翻"三座大山"解放
全中国，建立无产阶级专政，再到"文化大革命"巩固无产阶级专政，
洋洋洒洒也有 2 千字左右。文章中间几处引用马克思、列宁的语录，因
为那是最权威的观点，非要不可的。宣传委员拿去看也不懂，也不敢马
上登出来。我们已经接到通知，18 日晚上全校师生集合收听中央人民
广播电台为纪念巴黎公社一百周年发表的两报一刊社论。我和同学们提
前坐在操场聊天，心里却在打鼓，我的文章到底写得怎么样？尽管我认
为应该是可以的，但是没有大的把握。广播的时间终于到了，两报一刊
社论的标题是《无产阶级专政胜利万岁》，没想到社论第一个小标题就
是"巴黎公社的原则是永存的"，这是马克思的一句话，也是我文章的
标题。而且我在文章中引用的几处马列的话也被社论引用了，我好高
兴。宣传委员听了一半社论就马上要专门负责抄黑板报的康同学把我的
纪念文章抄到教室的黑板上去，格子事先早就打好了，内容整整一大黑
板。后来写作文，我又加了一些内容，把一本新作文本写得只剩两张空
白纸了。班主任老师在班上笑我写这么长的作文，我仍有些得意。当
然，我不会不知天高地厚，不会无知到拿自己的习作去与大名鼎鼎两报

一刊社论相比较的地步,我只谈学习对巴黎公社原则的理解或感想。至于与当时国内、国际形势的联系以及如何在无产阶级专政下继续革命等问题,就远非我作为那个时代的所谓高中生所力所能及的了。

1971年发生了震惊中外的"九一三"事件,我们基本上也和所有中国人一样,在震惊、迷惑、难以置信等多种非常复杂的感受中,感觉再次上了大当,比起前面说上陈伯达的当,那真是小巫见大巫,这是弥天大谎。人们渐渐开始思索,开始怀疑我们所面临的一切,当然都是在心里。这个变化在当时是太大了,尽管我们当时只有十七八岁,也经历了五年"文化大革命"的洗礼,但林彪事件对所有具备思考能力的中国人来说,其冲击力之大是后来人无法体会的。我们无形中经历了中国的一次极大的变化。"批陈"变成"批林",政治学习大批判仍然以新的方式在发展。各种报纸每天刊载大量的大批判文章,那些我们似懂非懂的语言意思在我们的口里或批判文章里一样都是振振有词,铿锵有力,不批倒批臭绝不罢休。我们很多时间也用在这方面。

1971年11月,毛主席号召唱《国际歌》,我们学习列宁纪念欧仁·鲍狄埃的文章。知道《国际歌》是一个多世纪以前,由法国工人诗人欧仁·鲍狄埃创作的,他出身于贫穷家庭,参加了巴黎公社的伟大斗争,在五月的流血失败之后的第二天,《国际歌》就诞生了,《国际歌》是气势磅礴,雄伟庄严的壮丽诗篇,是无产阶级的战歌。巴黎公社英烈们是宁死不屈、威武高大的英雄。巴黎公社的英雄儿女创建和保卫世界上第一个无产阶级政权,以大无畏的革命献身精神,同凡尔赛匪徒展开英勇顽强的搏斗,流尽最后一滴血。《国际歌》是永垂不朽的纪念碑。它反映了全世界被压迫人民的革命觉醒,表现了无产阶级为解放全人类而团结战斗的无穷力量和坚强决心。它深沉有力,饱含了"奴隶们"的满腔仇恨,告诉人民"从来就没有什么救世主,也不靠神仙皇帝",无情地鞭笞吃尽我们血肉的"毒蛇猛兽",向全世界庄严宣告"我们要做天下的主人"。每当我们唱起国际歌,就感到我们正在一个通往无限光明的大道上行进，感到新世界曙光就在我们眼前。"国际悲歌歌一曲，狂飙为我从天落"，我们唱着《国际歌》，心想埋葬帝、修、反的日子已经不远了。我们热血沸腾盼望无产阶级在革命中失去锁链而获得世界的一天早日到来。

无论从具备的基本知识还是思想成熟程度，我们这样年龄的学生要在马列的书中有较大收获是不可能的，连一知半解都谈不上，只能从字面上看到一些对我来说是新奇的词句，去理解那些深奥的道理，但以我们弱小的思想力度想去挖掘那些深刻的理论也只是在说时代的笑话。我还是在"无产阶级对资产阶级的阶级斗争"、"实现共产主义"等大道理上获得了新的理解。哪怕对"资本"、"生产关系"等很多名词一窍不通，也不能减少我读下去的兴趣。起码我在这些文章中感到革命导师的一种博大和气势，完全不是我平时在报纸上看到的那些横扯皮、骂街似的、装腔作势的风格。尽管马列也讲阶级斗争、无产阶级专政、社会主义，但马列是理性的、科学的、讲人道的。而当时自我标榜的一些所谓马列却无处不表现出为我所用、虚伪、没有人性的一面。那以后在我的头脑里逐渐对马列产生了一种朦胧的认识，即我看到的马列文章与现实不是一回事。

这段时间随着年龄的增长我似乎站在人生一个新的起点上，社会给我们什么样的土壤、空气，百分之九十九的年轻人只能去接受其中的特殊养分，没有多少可选择的空间，无形中去完成人生某种轨迹的必然。但在一个浑浊的社会里，能够活得稍微明白一些，对自己一辈子来到这个世界多少是个安慰，尽管实际生命过程中，明白与不明白差别有时并不大。

干　部　子　弟

　　彭同学是我的初中同学，复课期间和我同桌，关系本来就好。后来又一起上高中，我们几个关系好的初中同学就我和他两个人上高中，所以关系就更好了。彭同学的父亲是老红军，"文革"前是个高级干部，只是在"文革"开始时用手枪结束了自己的生命。但原因我却不知道，也不敢冒昧打听。彭同学平时只说他父亲和韩先楚上将、某省长等知名人物是老战友，而且是一起出来参加革命的。他母亲的级别也比较高。彭同学在这样一个家庭，哥哥姐姐等都有自己的朋友，且那时都下了农村，他母亲也到五七干校去了。他家以前住蛇山下面一幢十分漂亮小洋楼，后来因为只他一人在武汉，就留了一个大房间给他。因此彭同学既有一些干部子女的外在表现，如军衣军帽、回力牌球鞋、北京布鞋、自行车、散漫不羁的性格、连书包也是挂在胸前等，又有失去父亲后的一种内心深处的悲凉，自信与自卑共存，孤独与无奈相伴。使我和他相处甚好的关系中也对他寄予了一种深深的同情。但我了解彭同学，他起码是一个思想积极向上、追求进步的青年。

　　当时，彭同学曾专门对我谈到他对干部子女的看法。他说，现在干部子女好的不多，问题就在他们充满了盲目的自信。由于小时候家庭教育较好，所以一旦他们长大了懂事以后，大多数就会醒悟过来，而不会继续盲目下去。他说大多数工农子女确实是纯洁的，但工农却没有那么多的知识和能力去教育子女，只是靠自身的品德去影响子女，工农子女也正是在这种潜移默化的影响中成长起来，但多数成年后却容易走下坡路，容易放任自流，少数有本事的坚持下来就会比干部子女强多了。我听后觉得他讲得很有道理，没想到他的认识会这么清醒。再说我所交的朋友中有干部子女，但更多的是工人、农民、知识分子的子女，这种状况可能是我本身就生活在一个大杂烩家庭和不是生活在机关大院宿舍环境的原故，对所有的人都能产生亲近感，只要我觉得够朋友。对成群结队的干部子女却有一种较复杂的感情，一方面容易与他们相处，有点共同语言；另一方面也感到他们的优越感有时表现得太过了一点。当然，有段时间，我也羡慕过，因为他们确实一个个都很神气。

有一次彭同学和他的一个朋友约我去离我家很近的实验中学去玩。实验中学是当时全省最好的中学，也曾经是很多好学生的目标。我两个舅舅都毕业于这里，考到大学，所以我很熟悉。学校也是空空荡荡，几乎没有什么人，只看见操场上一群大一点的学生在那里打篮球，我们远处一看就知道那是一群干部子弟。球场边停着七、八辆当时最时髦的锰钢自行车，每辆自行车上放着将校服军大衣和军服。他们正在那里热火朝天地打球。

我们几个人不由走过去。走到球场边，看见他们都是穿得比较好的球衣，清一色的回力牌球鞋，彭同学的朋友指着场上的打球者说，这是×××的儿子，那是×××的儿子，他们叫什么。其实我原来知道这几个名字，他们都是省长、中南局书记的公子，名声很大。这些人要是在北京可能也不是太出众，但是在湖北这都是最大的干部了，他们父亲的名字这时候已经是在全省各个地方都是被打着叉的打倒对象。我们在离球场不远的地方坐下来，继续看他们打球。

我们边看他们打球，边小声议论。彭同学的朋友继续讲他是在什么场合下知道他们的，无非是和其他干部子弟一起玩，然后通过这些干部子弟认识了他们，虽然他们的父亲都是地方干部，但是和武汉军区的子弟也很熟。然后谈他们的将校服大衣是纯毛马裤呢料子，双排扣。扣子是中间有八一字样的五角星，五角星旁边是麦穗等等。从他话里听得出除了羡慕还是羡慕。

我默默地坐在那里，没有说什么，一是我很多事不知道，二是彭同学在一起，他虽然是高干子弟，但他父亲自杀了，说什么怕引起他的想法。但是要说我一点羡慕都没有那是假的，毕竟人家都是大官的子弟，那些什么将校服什么大衣我连摸也没摸过。

很明显，是他们父辈的共同命运把他们连在一起，物以类聚、人以群分，他们好像一根绳子上的蚂蚱，有共同的出身、教养、语言、情感，就是某种特殊的力量把这些人聚集在一起的。尽管他们的父亲们都在挨整挨批，但这算不了什么，大家都一样，只不过现在被整被斗，以后怎么样谁都不知道。起码那些自行车、回力球鞋、全套的运动衣也让我觉得他们是高人一等的。但是我在羡慕的同时没有忘记我父亲多次对我的告诫，不要学那些八旗子弟的样子，他们都是些只知道吃喝玩乐，游手好闲的纨绔子弟。

彭同学若无其事地和他那个朋友在说什么某老红军、某厅长的一些事。他们说的这些人我也不认识，所以也没有太多的兴趣。我在想外婆告诉我的"穷三代、富三代、不穷不富又三代"那句话。我盘算着，爷爷闯关东回到老家还是个中农，父亲出来当了个小官，我知道比不起有钱人家，但是比很多家庭要好一点点，也是不穷不富。因为不知道父亲的爷爷是富是穷，还是不穷不富，所以到了我这一代，我想按照"穷三代、富三代、不穷不富又三代"的说法，我以后可能要么是不穷不富的第三代，要么就是开始穷的新一代了。就是从母亲这边算，富三代已经结束了，反正好像与富三代是没有指望了。我心里不禁暗暗产生一种无可奈何和对自己以后命运担忧的感觉。

那时在我的脑海里好像突然跳出"贵族"两个字，尽管我对什么是"贵族"也不是很清楚，但我就是突然觉得他们好像更像这两个字。我又想，"走资派"、"走资派的子弟"、"高干子弟"、"贵族"好像也扯不到一起呀？再说他们比我也大不了几岁，我自己也糊涂了，干脆也懒得去想那么多，反正跟其他年轻人比起来他们更像。站起来拍拍屁股上的灰，提议回家算了。

被扭曲的灵魂

我后来发现，"被扭曲"几个字在反映"文革"时期的各类书籍和影视作品中出现的频率是如此之高。看来凡是谈那个时期，都会不约而同地想起这几个字。

特定时代使我那时也十分信奉斗争的哲学。我在笔记中记下我那时的真实想法：人在世间的生活就是斗争，为了更好地生活就必须进行卓越的斗争。所以一个人活着就应该树立正确的幸福观。与天奋斗，其乐无穷，与地奋斗，其乐无穷，与人奋斗，其乐无穷。要进行斗争，与大自然斗，与剥削阶级即我们的敌人斗，这样人民的生活才是有趣的，特别是勤劳、勇敢、智慧的劳动人民，他们在为本身的幸福斗争的同时，也在为后代，为子子孙孙而斗争。这是当时的真实想法，可笑吗？到现在我还留着。

我们受的是斗争的教育，把一切都归结为斗争的结果，那时称为用阶级斗争的观点和方法观察一切，分析一切，在斗争的坐标中寻找答案。不明白除了斗争外还有很多很美好的词汇，除了斗争外还有很多别的东西。当然，生产力发展的水平和经济社会生活的单调也似乎为这种斗争哲学找到一种内在的注释。还好，在宣传"头上长角，身上长刺"的斗争榜样时，我们绝大多数都没有膨胀到想当那种怪物的程度。

"文革"造成很大的内伤就是造就了一些被严重扭曲的灵魂，具有这种灵魂的人形成了一种特殊的性格，我想称之为"文革性格"比较合适。那些鬼迷心窍的狂热灵魂，就像一个个大大小小的幽灵，想方设法再去试图扭曲其他人的灵魂。

我不可能遇到大人物，但知道几个小兵小卒，那时称为"小爬虫"，看他们的灵魂在那种特定的环境中，是怎样扭曲的、是怎样形成"文革"性格的。

左某是我初中同班同学。初三时我们无事可做，喜欢几个谈得来的、要好的同学经常一起玩，我们班无论是男生还是女生都是这样，所以也就形成了若干个小的团体。但同学之间还是相处得十分融洽，没有你争我斗的事，也有少数同学与几个小团体关系都还可以。左某这个同学开始谁也没注意，因为他太一般了，在他身上找不出别人喜欢交往的任何原因。可是有段时间，他却对我们这个七八个人的小团体产生了兴趣。下课时他凑过来，放学后他要跟着我们一起走，尽管他家与我们走的路是反方向。开始我们并不想理他，我们这群人中曾有人提议把左某赶开，不要他老跟着我们，说是他和我们在一起是掉了我们几个人的底子。但他持之以恒地缠了一段时间，我就产生了一种恻隐之心，感觉左某没人玩，这样跟着我们也有些可怜。再说此人虽没有任何吸引别人的地方，但人还老实，话也不多，也不碍事，多个人热闹一些。我对他们说，算了，让他和我们一起玩，也不影响我们什么事。这群同学还听我的话，算是给我点面子，慢慢就对左某客气多了，起码不对他说些难听的话。但我们内心都瞧不起他是改变不了的，因为在他身上确实找不到我们觉得有点意思的东西。就这么经常在一起混吧，也相安无事。他喜欢凑过来听我们说这说那。比如夏同学肚子里尽是"三国演义"、"隋唐演义"、"七侠五义"，信口就能来一段。余同学在练气功，经常吹他气功方面的牛，还吹他父亲怎么在剑桥大学读书，经常能发表一些比我们成熟的见解。还有毛蛋是个活跃分子，喜欢开玩笑，讲笑话。彭同学他父亲"文革"开始时用手枪自杀了，他也很有性格。邵同学家里以前是民主路上有名的眼镜店，他会拉二胡、家里还有曼陀铃，我们经常去他家玩曼陀铃。反正我们这帮人不管是谁都还有点自己的特色都能够吹点什么牛，具有一点那时的所谓知识性、趣味性，也是一种人以群分、臭味相投吧。所以这左某人大概觉得我们几个人还真蛮有意思，就越来越粘着我们了。说他是个跟屁虫也不为过。

后来学校又要选红卫兵，意思是想从学生中选出班干部来协助工宣队、老师管理班上的事。这时选红卫兵就不是二三年以前那么回事了，经过了那么多风风雨雨，我们对这些事已经不怎么在意了，老师说要选我们就选吧。我们几个家庭出生符合条件的根本就不愿当，逍遥惯了，也不想去冒那个尖。但我们的人要有一个上去，今后好照顾、包涵我们的道理还是懂得，最后我提出把左某抬上去，他也很听我们的话，会对我们有利些。这个提议得到其他几个同学的赞同。为了实现我们的计划，我还对哈同学说了我们要抬左某上的想法，要他们也帮忙选左某，这个同学开始很奇怪怎么要选姓左的，但看在我们关系还好的份上，也就答应了。班上正式选红卫兵，结果左某在我们的起哄声中当然选上了。后来我想，那时不知道有上高中的事，不把左某推上红卫兵的位置，怎么会轮到他读高中呢？开始当上红卫兵的左某仍然常和我们一起玩，还把工宣队、老师要他做什么事告诉我们，他非常清楚，说不会说，写不会写、甚至玩也不会玩，肚子里的货比我们少得多（我们本来就少得可怜）的他，没有我们的"抬桩"他当不了红卫兵。

等把下农村的同学们送走了，我们少数同学留下来读高中。那时都时兴部队的班、排、连的做法，高中一个班50来个同学称排。可谓时势造英雄，左某一跃成了排长。不过这都无所谓，上高中、当排长是他的运气。可对左排长来说，这是做梦都想不到的事。当了排长的左某，一下变得趾高气扬起来，这可以理解，既然当了官，说话要让别人听，要指挥得动人家，要显得高人一等，就要有官的样子，要有官的威风，要有官的威信，这都是十分正常的事。不过我有时还真想不通，"文革"中对所有的"走资派"斗得那么厉害，戴高帽、架飞机、拳打脚踢，那些当官的受尽了人身侮辱，人们怎么对当官还有那么大的吸引力，看来人对权力的欲望是十分强大的，值得人们百折不挠地去追求。但在很短时间内，为了达到自己的某种目的，翻脸不认人的行为却是我无论如何也不接受甚至从内心鄙视的。

其实，那时我也当了个小官。可能是因为我在同学们眼中是个能吃苦耐劳、甘愿做牛做马愿意出苦力的料，也还敢说敢做，后来就稀里糊涂地当上了班上的劳动委员，我也莫名其妙地成为班干部，按年龄我在班上是倒数第二，既然大家要把这样的苦差事推到我身上我也没办法，无所谓。只是劳动的事太多，按照学校的劳动安排，我经常要具体布置完成任务的分工、工具、时间进度等等有关事情，就像现在的包工头一样。我以自己多一些的操心着急和处处所谓的以身作则，换来以后那么多次劳动都没有出现任何差错的成绩，而且保证了所有同学们的安全。班干部另外还有学习委员、体育委员、宣传委员。

当了排长后，左某就突然在短时间内满脑子灌进了所谓的无产阶级思想，加上高中实际上也是社会活动多，文化课少，所以给左排长提供了练口才的机会。从一个特别无知的人摇身一变，就成了响当当、硬邦邦无产阶级革命事业的接班人的样子。开始，他对我说，你不要和彭同学一起玩，他的小资产阶级思想严重，我们要多批评、教育。我以为左排长只是要显示自己进步，说几句进步的话，也没认真对待，更没有按他说的去做。

没想到在一次班干部会上，左排长居然一本正经地批评起我来，说什么彭同学思想落后，资产阶级思想严重，说我没有跟他划清界限，还同流合污，等等。

我当然无法忍受这种指责，一下子就站起来将全部的愤怒都集中在手上，拍着桌子指着左排长大声斥责道，你是个什么东西我还不知道？彭同学落后你为什么当初跟着跑都还嫌跑得慢？你有什么资格说彭同学思想落后？你还以为你现在当个排长就不得了了？

估计左排长也想不到我反应会如此激烈，而且揭了他的老底，再说我说的句句是事实，他只能是哑口无言，脸皮还红了起来，眼睛呆呆地看着我。他现在明白了，要继续跟我吵下去，我还会继续揭他的丑，所以他是绝对不敢再说什么的。还有其他两个女生班干部见我这样，也没想到，但见此情景当然是赶紧起身上来拉着我，劝我算了。那次班会只能是不欢而散。

那时班上50多人实际上也分了派。占主导地位的当然是每天跟着报纸喊口号的"左派"，其对立面则是我们这几个顽固不化明确不买账的落后分子。虽然左排长还经常说有些人是资产阶级思想，我们可以不理，只要不指名道姓就行。我想那时如果上面真有个按政治思想划分阶级的做法，像以前打右派那样，那我们几个肯定完了，那顶"资产阶级分子"的帽子肯定是要戴在我们头上的。不过还好，没有这样。中间派人数最多，我想他们一方面看不惯那几个所谓的"左派"，同时也不敢像我们几个对很多做法、说法表现出明显不恭的样子，我们毕竟是有很多"资产阶级思想"的"落后分子"，经常处于被批判、批评的挨打被动地位。我很理解他们，只要在暗地我们能在细小的事情上与中间同学保持某种好感或心照不宣就够了。

"文革"对当官的可谓是进行了沉重的打击，但事实证明这种打击反而更加加大了人们对权力、官位的欲望和追求。那时《红旗》杂志评论员在分析全国夺权的形势后认为："我们必须清醒地认识到，自己从被压制到当权，这是一个重大的变化"。"从被压制到当权"，其实我想分析得很深刻。

我相信人在特殊情况下，要想出人头地、要想往上爬只有一条路，就要比别人更革命，思想、语言、行动都要更特别一些。如同传教士、神甫一般。你左，我比你更左，你纯粹，我比你更纯粹。马克思批判波拿巴时在序文中指出：我则是说明法国阶级斗争怎样造成了一种条件和局势，使得一个平庸而可笑的人物有可能扮演英雄的角色。

马克思说的是一个人。而我们周围这样的人到处都有。

有个"文革"初期就被打倒的人曾经把有些人讲话装腔作势、拖泥带水、哗众取宠比作懒婆娘的裹脚布又臭又长：这个问题是个大问题，不是小问题，是个老问题，不是新问题，是个经常性的问题，不是一时的问题……在高中时那些未来的小政治家就是这个样子，真是维妙维肖。的确是一种病态，接近于疯狂，新时期的世纪病，斗争狂的样子。

还有一件事也很有意思，我们全班去看"革命样板戏"电影《龙江颂》。《龙江颂》对我们来讲远没有《智取威虎山》、《红灯记》、《沙家浜》那么熟悉，但我还是非常用心地看。当看到第八场"闸上风云"众演员随龙江大队党支部书记江水英在闸上，江水英唱道："抬起头，挺胸膛，高瞻远瞩向前方。莫教巴掌把眼挡，四海风云胸中装……要看世界上，多少奴隶未解放，多少穷人遭饥荒，多少姐妹受迫害，多少兄弟扛起枪。埋葬帝修反，人类得解放。让革命的红旗插遍四方，插遍四方，高高飘扬"时，江水英有一个正面造型动作。坐在我旁边的是一个按道理讲与我关系还不错的同学，而且看电影时我也没有同他讲什么话，倒是他这时主动在我耳边讲了几句主角江水英什么我也没听清楚，而且也没在意。

没想到第二天学校教室里挂了几张大字报，其中一张就是这个同学批判我资产阶级思想的文章，标题是什么"揭露××的丑恶灵魂"。大字报上说什么昨天在看《龙江颂》时，我对他讲江水英长得很漂亮。我一看，我的天啦，我什么时候给他说过这类话呀?！江水英是剧中的英雄人物，是高大丰满的英雄形象，是无产阶级革命路线的代表，我要是说了江水英漂亮之类的话，那不是丑化英雄，对英雄人物的污蔑吗？再上纲上线就更完了，那是对无产阶级革命文艺路线的态度问题呀！而且说老实话，我从心里并没有怎么觉得江水英长得多漂亮啊！居然能这么无中生有的编起我的话来，而且全班同学，还有那么多女生也看了这张大字报，已经有同学在笑话我了，我还有个脸，那不就真是丑恶灵魂吗？多丑啊！我想，写这张大字报的同学可能是为了在同学们面前显示自己的高尚灵魂，他平时太没机会了，临近毕业就不顾一切地跳出来拿我开刀，想出一个非常革命的、高尚的风头，来改变自己在同学中间的形象，也可能是受到某些同学的唆使，想把我打趴下。因为我再找不出其他的理由了。

我那时在"文革"中也算得到了锻炼，这种事见得多了，我决定不动声色、沉着应战。再说我那时写点小文章在班上本来就不差。我思考了一下，马上找来毛笔、墨和纸，这些东西到处都有，也不管别人上什么课，我已经忍耐不住了，要尽快地把事情的真相说出来，洗刷自己的不白之冤，就当着全班同学的面，老师也没管上课写大字报，用了不到一节课的工夫，我写了一张标题为"贼喊捉贼"的大字报，下了课就把它挂到批判我的大字报旁边。我在大字报中把昨天看电影时的实际情况说清后，指出正是他什么时候在我耳边议论江水英，并且也把他贼喊捉贼的丑恶灵魂揭露得体无完肤，用江水英在前几场的唱词"风浪要征服，暗礁需提防"来提醒同学们要注意我们身边的黄国忠（暗藏在龙江大队的坏人形象）。

结果我在班上大胜，大多数同学在偷偷地发笑，几个小极左分子无话可说，连看我的勇气都没有了。没想到对我突然的污蔑，倒给了我一个坚决反击的好机会，我一时间甚至还得意扬扬起来，好痛快。有跟我关系好的同学大声对我说，你的灵魂怎么这么丑恶呢？我知道他是在指桑骂槐，我也大声回答到，是啊，你才知道什么叫丑恶灵魂吧?！我们那时也就十七八岁，高温的政治大环境把我们烤得似乎都熟透了。一个个都被疯狗咬了似的，再到处去咬别人。

以后我也经常想到为什么那时候怎么人的思想都变成那种政治神经质了呢？后来才知道，不光是我们这个年龄的学生，就是经过了战争年代在大风大浪中度过来的那些人又怎样呢？也不乏少数在你揭发我，我批判他，他又革你的命，你是妖魔，他是魔鬼，我是鬼怪，那些放横枪的、窝里斗的、想往上爬的、甚至是为了保全家庭或自身性命的结果又能如何？最后我、你、他、我们、你们、他们又统统是妖魔鬼怪，一个不少地都成了"文革"的牺牲品。后来更是知道，被扭曲的灵魂并不是在"文革"中产生的，"反右"时期，很多人的灵魂就被扭曲了，希望能在假话、违心的话中躲避自己的灾难或达到各种各样的目的，但他们错了，躲过了反右，却躲不过"文革"，他们都尝到了苦果，甚至赔上了性命，这样有名有姓的人物能开出一大串来。知道了这些，才明白当初为什么到处都有这样的人，人们的灵魂在强大的外力作用下就这么被扭曲得不成形状了。就连那些经过战争年代，见过大世面和风风雨雨的不少大人物都是这样，何况一些社会上的小人物。

以后看到丰子恺先生说到"渐"字，意思是在不知不觉之中，天真烂漫的孩子渐渐变成野心勃勃的青年；慷慨豪侠的青年渐渐变成冷酷的成人。人性在不正常的情况下所表现的不正常不也是一种正常吗？丰子恺先生一定看到不少这样的人才说出这样的话来。

不 务 正 业

学生的正业是学习，既然我们没有什么学习任务，就有时间去不务正业了，而且不务正业的事还不少。

那时不知道是在哪里找到一本无头无尾破破烂烂的《红楼梦》，因为社会对《红楼梦》还是当做禁书看待，也怕家里人看见说我看这些不三不四的东西，就经常躺在被子上偷偷的看，有大人进来我就赶紧把书往被子里一塞，假装睡觉的样子。就这样把那本破《红楼梦》看得不能再看了。

学校或年级有什么大型文艺活功时，我们还排演一些节目，如革命现代京剧《沙家浜》、《红灯记》、《智取威虎山》等片段和一些其他节目。学演革命样板戏，学做革命人。那时没什么歌唱，嘴巴闲不住的人都唱革命样板戏里面的京剧，《沙家浜》里的"智斗"、"十八棵青松"，男生喜欢唱郭建光、胡传魁、刁德一，女生喜欢唱阿庆嫂。《红灯记》里男生喜欢唱李玉和，女生喜欢唱李铁梅。《智取威虎山》里杨子荣与土匪说黑话的一段和打虎上山。这些角色每个学校、每个年级甚至每个班都有，只是演的水平不一罢了。我们班有个男同学为了唱好京剧，经常早早来到学校在个僻静处学着吊嗓子，啊……啊……的大声练唱。我们都在背后笑他那么认真。不过，他的确也唱得是那么回事。我们还知道京剧里有什么"西皮"、"二黄"等唱腔，还有什么"西皮摇板"、"西皮流水"、"二黄三眼"、"二黄摇板"等。唱腔都是有板有眼，比现在唱流行歌曲普及多了当然也热闹多了。我唱京剧不行，所以从来没有演过什么角色。但是跟着别的同学去玩也花了不少时间。以后才知道，原来京剧的产生与湖北古老的地方戏有十分深厚的渊源关系。

我们学工，到附近的机床厂学习开机床，跟着师傅学一个礼拜，我们就能独立开机床了，我开的是据说已经很老的 C620 型号机床，一般的活都能做下来，稍微复杂一点或者精度要求高一点的师傅就指点一下，后来针对不同的活上不同的刀具也逐渐熟悉起来，师傅很轻松，偶尔过来看一下就做他们自己的事去了。

我们还按报纸上宣传的那样，走五七道路学习针灸。那时全国有股针灸热，扎针能麻醉和治很多病，好像是因为针灸麻醉成功在全国掀起一股针灸热潮。有的知识青年用针灸给贫下中农治好了多少年都没治好的病，还有的用针灸给猪治病也治好了，这些都给我们很大的鼓舞，我们也想学会这门技术，以便今后下农村也能当赤脚医生，为贫下中农服务。

记得我们班有个女同学的父亲是附近一个部队的师级干部，她带我们去那个部队的卫生院找到医生教我们怎么样针灸。我们买来几副银针和酒精棉球，照着书上标明人体的穴位，咬着牙在自己手上和腿上的穴位扎，准不准不知道，八九不离十就行，还找那种胀痛的感觉，什么合谷、足三里等穴位我们在自己身上都反复扎过。男同学自告奋勇伸出手臂或者腿部，让医生给我们讲解什么穴位，怎么找穴位和怎么扎针，被扎针的人有什么感觉，等等。开始我们都有点害怕，那么长的针扎下去，还不时捻动几下，找到发胀的感觉，但是同学们并没有太大的热情。后来班干部组织学习《实践论》最高指示"你要有知识，你就得参加变革现实的实践。你要知道梨子的滋味，你就得变革梨子，亲口吃一吃"。要知道胀不胀、麻不麻，怎么胀，怎么麻，针感强不强，你就要自己扎一扎。后来同学们都说学会了扎针灸以后下农村还可以为贫下中农看病，为贫下中农服务，就是自己病了还可以为自己治病。就这样，很多同学去买了一套针，找点酒精或者碘酒，大家都互相扎了起来。

开始我对家里要买缝纫机没有什么兴趣，似乎与我并无关系。买缝纫机要排一通宵队，而且是很冷的天气，我排了一整夜，父亲大约花了一百五六十元才把一台上海产的"蝴蝶牌"缝纫机买回来，缝纫机架好后，摆在家里很好看。母亲开始学着用它为我和弟妹补衣服。那时我们穿戴是非常艰苦的，记得几年中我就没穿过两件新衣，唯一有印象的是因为我个子长高了，买了一件卫生衣，现在已没有这种衣服，让毛衣、羊绒衫代替了。其他衣服基本上是接父亲的。以前还是新老大、旧老二、破老三，到初三、高一时，我这个老大从上到下，从里到外基本上都是穿的破旧衣服。要说年龄到了 17 岁，也知道要有点面子，也希望穿好一点，但家里不给买，说没钱，旧衣服还可以穿，父亲又拿他1965 年搞"四清"看到山区的农民家几个人一条裤子，十七八岁的女孩子没衣服出不了门的事来教训我，我也没法。那时穿旧一些也无所谓，但是笑破不笑补，大家都是这样，彼此彼此，谁也不笑话谁，还能落一个艰苦朴素的美称。

衣服太旧肯定就容易破，破了就要补起来。我嫌母亲补得不好，于是开始自己学着踩缝纫机。我用报纸当布，练习了很多次，就开始自己补衣服了。经过一段时间，我已经能够眼明手快，手脚配合得十分好，补了一件又一件，我十分满意。记得裤子后面打补丁，两块大补丁布上缝纫机走的线像体育场的跑道，一圈一圈，该直的直，该有弧形的有弧形，之间的间隔也很均匀，还有裤腿中间，补丁也是这样。衣服领子破了，就把领子拆开翻过来，衣领就和新的差不多了。袖口破了，由于父亲的衣服稍大，我就把破的剪掉，然后里面垫块布再扎起来。我甚至把整条旧裤子全部拆开，翻过来再缝起来，这样起码有点半新的样子，颜色也好看一点。就这样，我所有的破旧衣服都"焕然一新"了，笑破不笑补嘛，何况我这全是自己用缝纫机补的，还很有些特色。到了高二时，母亲买回一段 3 寸布票一尺削价的类似卡叽布、华达布的蓝色布料，准备给我做一套外衣，我没让母亲拿到缝纫店去做，拿到外面裁剪好一套军干服式（四个兜）后，自己在缝纫机上做了两天，口袋、袖子、衣领很难做，做得不满意就拆了再做，反复好几次。裤子因为有翻新的基础，所以简单多了。就这样一套军干服式在我全身心的投入下终于完成了。穿在身上尽管没有裁缝师傅做得那么好，但我自己相当满意，毕竟是我自己的手艺。当然，免不了在同学们面前吹嘘一番，没想到被班干部说我在宣传穿戴，是资产阶级思想要批判，气得我又把他大骂了一顿。以后，我还给要好的同学补过很多衣服，当然家里人的衣服也多由我来补了。我不仅学会了踩缝纫机，还是修理缝纫机的好手，一般的问题我都能很快找到问题所在，并很快就能解决。

高中期间我还学会了理发。那时在理发店理发要一毛五到两毛，用这样的钱可以吃一顿很好的早餐，本来是母亲为了节约和卫生，分别买了一把双箭牌的理发推子和剪子，给我和弟弟理发，结果经常是理成"狗啃头"，遭到别人的嘲笑，我很不满意。但是有了工具，就自己学着理发，慢慢我理发的手艺越来越高，找我理发的越来越多，而且我这里不用等，随叫随到，十五分钟左右就可以理完，没有不满意的。后来同学、家人甚至父亲都是我来理发。反正我们有的是时间。

班上的班干部家里是菜农，有天他突发奇想，说我们还要时刻坚持学工、学农，这样才能不脱离工农，保持劳动人民的本色，反修防修等，说了那么多大道理，就是要我们去种菜。大道理在前面也就没有同学反对，甚至觉得也蛮好玩。我们班在离学校不远处找了一块比篮球场稍大一些的空地，捡去一些石头，拔去荒草，找几把锄头把这块地翻了一遍，经过整理后，买了一些白菜种播在地里，附近有个小水塘，以后每天各个小组轮流去锄草、浇水。我们看着小白菜秧长出来，慢慢长大，开始大家有点兴趣，时间长了后谁也不想管了。我对这些白菜没有太多兴趣，高中剩下的时间已经不多，以后何去何从都是问题。

我们这一届高中生就要毕业了，除了留下来当老师、上大学、到财贸战线的外，剩下要到郊区或农场下农村的同学已经不多了。我再也没有初中毕业时的好运气，被划在表现不好的一类，准备到农村去。

小学时我们听毛主席的话，好好学习，天天向上，老师也是这样教育我们。初中复课时的一段日子，老师和"工宣队"只是想办法让我们老实一点，不要闹事。高中两年我的记忆里从来没有老师讲过要我们要好好学习的道理，更没有逼我们去做作业的事。起码我自己已经好几年没有真正感受"教室"这个再普通不过的含义了，"教室"对我们来讲是多么值得珍惜的地方，没有也不知道去感受"教室"对一个中学生应有的学习生活的所有乐趣，没有真正去认真学一点基础知识，哪怕是稍微苦一点，当然这不是在埋怨老师，老师在那个时候也是没有办法。学生生活所有的记忆都与刻苦学习毫无关系，尽是些乱七八糟的事记得却是清楚。不知道这意味着什么。我想我都是这样，那些下农村的同学对"教室"的感悟可能就更多了。

第五篇 年轻人的追求与成长

收　音　机

那时很多青年人对科技的爱好几乎全部集中在"无线电"上。

"文革"前家里买了一台电子管收音机，这种用照明电线的称交流电收音机，收音机里有几个电子管就叫几灯，新收音机有四个电子管就称四灯的收音机，那是很普通型的，一个喇叭。可收中央一台、中央二台、省台和市台，而且中央二台收听效果不好，杂音很大。每天下午4时，是"小喇叭"节目，伴着音乐，传来一个小女孩清脆欢快的声音："哒嘀嗒，哒嘀嗒，小喇叭开始广播啦"！很多小学生都收听这个节目。特别是有段时间那个叫孙敬修的老爷爷讲《西游记》的故事，只要说到孙悟空和猪八戒，从孙敬修老爷爷的声音中就能感觉到活灵活现的孙悟空和猪八戒，让我们听得入迷。我曾经好多次对这个电子管收音机发生兴趣，它怎么能发出那么好听的声音呢？趁家里没人时，我就用家里扎针灸用的又细又长的针从收音机背后的窟窿里往里捅，手被电麻了几次也不管，过几天忘了被电麻的滋味后，又想试一下。当然还是以再一次被麻而告终。几次这样的结果终于让我明白那里面是不能瞎动的。

"文革"开始时已经有晶体管卖了，那么小的晶体管代替了电子管，很有意思。开始晶体管很贵，二极管一元多一个，三极管得三元多，只能看人家装晶体管收音机。过了一段时间，晶体管降价了，一个二极管只要2角钱左右就能买到。我学着别人怎么挑二极管，用万用表的正负极分别在二极管两端测量电阻值就行了，那时不少二极管的质量

217

有问题。我开始用二极管代替矿石调节，好多了，不用调，接上就能出声音。"文革"中每天晚上睡觉时都是音乐节目，那时唱得最多的是毛主席诗词歌，毛主席语录歌和歌唱毛主席和伟大祖国的歌，以前还有音乐舞蹈史诗《东方红》和《长征组歌——红军不怕远征难》。后来革命现代京剧《沙家浜》、《红灯记》、《智取威虎山》也听，再到后来，革命现代芭蕾舞剧《白毛女》和《红色娘子军》出来了，这是我当时最喜欢的乐曲。那时就这些东西，没有别的，所以大家都会。

"文革"中父亲靠边站后到研究所下属工厂劳动，当时这个研究所是我国最先研制计算机的科研单位之一，好多知识分子都是搞计算机的，没有科研任务，搞个线路板，装个几管收音机很容易，父亲请人帮忙买来一些电子元器件，装了一个有四个三极管的半导体收音机，只有一本书的一半大小，拿在手里到处走都可以收听广播，这在当时还是比较稀奇的东西，那时一个六管的熊猫牌晶体管收音机商店里要卖 160 块左右，一般人家是买不起的。过了一段时间后，社会上很多年轻人在家闲着没事，都学着装半导体收音机，四管、五管、六管和能收短波的收音机慢慢多了起来。

1971 年九一三事件后，形势稍微稳定了一段时间，父亲请单位的人又装了一个 10 管半导体收音机，比原来那个 4 管的大一点，父亲用新的，那个旧的就归我使用了。

计算机是门新技术，父亲单位的那些知识分子在理论和技术上都是有一手的人，这对父亲有很大影响，父亲看我在家闲着没正经事，要我学点无线电技术，今后靠技术吃饭，不要看什么小说，更不要搞政治，说了好多次。本来我只想听收音机，没想到要装，对别人能装收音机也很佩服，我也知道什么"信号"、"放大"等术语，就是感觉自己好像还是装不起来。但经不住父亲劝说，我终于下手了。我借来电烙铁，仔仔细细把那个 4 管收音机看了几遍，看好电阻、电容器、二极管、三极管等等的位置，就三下五除二，把一个好端端的收音机来个五马分尸，收音机顷刻间变成了一堆乱七八糟的零散元件。我以为只要把这些拆下来的各种型号的电阻、电容、二极管、三极管等再按原来的样子重新装上去就行了，经过认真仔细复原工作，终于把所有拆下来的元件都按图装在原来的电路板上。我信心十足地装上电池，打开开关，我复原的收音机里除了咕咕的几声外，什么也没有，我又经过仔细检查反复扳弄，收音机还是只能发出咕咕的声。我实在找不出毛病出在哪里，下决心又全部重新拆掉。这次我借来万用表，特别注意三极管三个极的辨别，经过更仔细地复原工作，那收音机给我的回答仍然只会发出咕咕声。就这么折腾了几天，没有任何效果，我彻底地失望了，眼巴巴地看着那个碰一下才会咕一下的死机子无可奈何，生气也没用，太笨了，这么简单的事我都做不了，就别想那些更复杂的事了。父亲知道了，把我训了一顿，我无话可说，就是再也不想去弄那个伤脑筋的收音机了。我那时连欧姆定律都不知道，后来还把那些电阻、电容器砸开，想知道里面是些什么东西，除了看到一点粉末和一点液体外，我仍然是一无所知。坏了的二极管我也砸开过，别人告诉我里面那一点金属是锗，我只知道金属的金银铜铁等等，这个锗是什么东西也不知道。

　　参加工作后，学徒工资 3 年从 18 元涨到 24 元，钱不多，除了吃饭零用外还能每月存一点，我买了台电唱机，把家里那个四灯交流电收音机改了一下，就能接电唱机了。那时交流电收音机因音质较好还比较俏，"红灯牌"、"熊猫牌"不好买，结婚的家庭能买到就相当不错了，而且得一百多元，我买不起，因陋就简能听听唱机也不错。想想电影中 40 年代，外国或上海有钱人家都有收音机和留声机，我在 70 年代也能享受这些东西，比起当时很多连这都没有的人我还算好的。也有些青年人开始装音响，那声音自然好多了，我不会，也不奢望太多，知足者常乐。我买来全套的《白毛女》和《红色娘子军》舞剧塑料唱片，后来好像还有外国交响乐名曲。但接着批判无标题音乐，批得很厉害，外国音乐又没了。

70 年代末，收录机多了起来，特别是走私进来的收录机，日本的、韩国的，一下子社会上收录机风靡一时，把半导体和交流电收音机远远抛在身后。两三年后黑白电视机、彩色电视机，大屏幕的相继出来，尽管开始凭票，但很快就普及了。

现在没有人会留恋矿石收音机、半导体收音机等，只是回想当年的生活，还真少不了它。多少小孩、青年人为它痴迷，废寝忘食，谁又知道那些东西带走了他们多少新奇的梦呢？

票及"三大件"

20世纪70年代初，尽管"文革"的风暴仍在席卷全国，但人们骨子里对物质的追求不但没有放弃，而且逐渐形成一种追求和时髦。被政治运动弄得疲惫不堪的人们在经济条件许可的情况下仍然没有忘记寻找一点物质上的享受。手表、缝纫机、自行车就是那个时代人们追求的"三大件"，现在人们说起来好笑，不可思议，但那时即便是这三样东西，也不是每个家庭都能买得起的，只有中等收入以上的家庭经过好几年的积蓄才能考虑。那些中等收入以上的家庭想买就能买到吗？也不是，我们家在几年内是如何把这三样宝贝买回来的，大致能反映出当时的情况。在商店里许多轻工产品脱销断档的情况下，从手表、缝纫机、自行车这三大件作为当时的特殊商品，看这些物品是怎样去满足人们那斗不掉的私心，去刺激人们那克服不了的物欲，是如何去腐蚀当时人们的革命意志和革命热情。

在我们家我父亲算是一个月能拿一百多一点薪水的干部，母亲也有五十多元，除了养我们一家五口和一起过日子的外婆外，每逢过年过节也要给山东老家的奶奶、姑姑、伯伯寄点钱。即使这样我家也还算经济条件过得去的。在上小学时，我们经常要填表，其中有个栏目是家庭成员平均生活费，而且填好后同学们还喜欢互相传看。我一般都填25元，我们一个班有60名学生，平均生活费能上20元的就几个，大多数在10元至15元之间，还有一部分在10元以下，因而我时常被同学称之为"有钱的"。这一点在我印象里非常深，我知道一般同学家生活条件都比我困难，我在满足的同时多少也有点优越感。不过那时的大米是 1 角 3 分 7 厘一斤，猪肉大约 7、8 角钱一斤。人们的生活十分简单，就是吃饭，菜多是萝卜、白菜加咸菜，很少吃肉，更没有其他消费了。"文革"开始后也没听说过加工资的事，那时除农民外很少人生产，全国都在忙"革命"，国家也没有钱和心思加工资，所以到 70 年代人们的生活水平仍然和 60 年代差不多，没有大的天灾已经是非常庆幸了。

那时虽说票多，什么粮票、油票、布票、煤票、柴票、副食品票、肉票、豆制品票等，但当时还没有表票。彭德怀在 1957 年 7 月 14 日给毛主席的信中说："棉布平均每人还只十八尺，可缝一套单衣和两条裤衩。"实际上过了十几年情况仍旧如此。布票每人每年还是这些，粮食一般居民、干部是每月 27 斤，学生 35 斤，那时肉食少，肚子里没油水，因为营养不良得肝炎的很多，靠咸菜、白菜萝卜和大米饭充饥。农村人就更差了。像油、煤、柴、肉、豆制品等都是定量供应，能够维持生活的基本需要。粮票还分地方粮票和全国粮票，地方粮票只能在本地用，全国粮票可以在全国通用。人们私下买卖地方粮票是一毛钱一斤，全国粮票却是两毛钱一斤。每次外婆要我买什么，都要拿出一摞各种不同的票，戴着老花镜，找出要用的那种票，再剪下一小张来，并嘱咐我不要在外面玩丢了。我知道票和钱都是很重要的，每次都分外小心，尽管十分贪玩，买了多少年的东西，也从未丢失过这些票和钱。

那年快要过春节了，家里需要买点猪的板油炼成猪油来弥补油票定量的不足。但是板油也很难买到，通常是深更半夜去排队。那天晚上我大约 2 点起来，到粮道街菜场去排队买板油。我到菜场的时候已经有好多人在那里，大家都是捡块砖放在前面的砖后面，表示自己已经是来排队了，我前面大约有十几块砖，也就是我排在十几名。天气很冷，有些人跟前后排队的打个招呼就回去睡觉，我想也是，还有几个小时，在那里冷得哆哆嗦嗦的还不如回去睡一下再来，反正离家很近。

当我回去睡了一觉，5 点钟睡觉正香，但是想到猪油买回来我又可以用它再加点酱油拌饭吃，好香好香，精神就来了。起来以后赶紧到菜场时，看见人已经很多了。我发现我放的那块砖不见了，后来才在很后面找到，那已经是第30多名了。我当然是怒气冲天，边自言自语说气话边把我那块砖拿过来放在原来的位置。这时候一个和我差不多大小但长得比我壮的小伙计就不干了，上来就说我是插队，我和他论理，说我2点就来了排在前面的，他怎么都不行，我是无论如何都要放在前面，吵到后来，两个人就动手动脚打了起来，我一来小时候打架不少，从来不会示弱，而且后来学过几招，再说我是在理，本来就是一肚子气，可谓理直气壮，所以毫不畏惧，狭路相逢勇者胜。那家伙也是为了能买上板油，前面少一个人他就多一点希望，所以也是异常勇敢。一直到有大人劝架，并且说的确看见我是2点就来了的，也可能是那家伙看跟我再打下去他占不了什么便宜，才算是解了围。架打完了就耐心等吧，好不容易等到把板油和排骨、五花肉等等拿出来，一看才那么一点，卖肉的一边搬肉一边吆喝："就这么多啊，后面的不要排队了，排也是白排"。终于眼睁睁的看着那一块块板油被最前面的人买走，我多么希望他们少买一点，要不我一晚上就白辛苦了，还跟别人打了一架，到我前面三四个人就没有了，我和没有买到的人只有怏怏的散去，看见那个打架的小伙计好像在幸灾乐祸的样子，我只能是无可奈何，也没有心思再去跟他接上火了。有意思的是若干年以后，在工作中竟然和他相遇，第一时间我们都认出了对方，不约而同都愣了一下，马上两个人的脸上同时露出了笑容，相逢一笑泯恩仇，心里都明白那个时代，为了买猪油不惜拳脚相加只是个笑话。

当天晚上，我早早就又到菜场，找到一块大石头，放在了前三名，下定决心一定要把猪油买到，又经过一个不眠之夜，终于把2斤白花花的板油三步并作两步提回家去。

"三大件"中父亲先买了一块上海产的"上海"牌手表。记得大约是1970年国庆节前，听说商店要投放少量的国产手表，所谓国产手表就只有上海产的了。那时偶尔也听说过瑞士的"英纳格"、"梅花"手表，但价格都在 300 元以上，一般家庭是不敢问津的。上海表好像是 110 元，但平时商店根本就没有货。

要买表就得到商店去排队。好像在武昌司门口解放路上有一个表店，父亲很早就去排队，总算是买到一块上海手表了，什么上海表是 17 钻的也是那时知道的。父亲原来戴的是一块苏联产的表，是 50 年代参观一个苏联产品展览会时买的，已经比较旧了，新上海表自然要好得多。那块旧苏联表在我 1972 年当了工人后，我又戴了 4 年，最后是在 1976 年毛主席逝世我们到汉口参加追悼大会时由于人多拥挤不小心弄丢了。尽管 1976 年上海手表已比较多了，但也得一百多元钱，那可是我 3 个月的工资呀。1972 年、1973 年下农村的知识青年被大批召回城里来当工人，对上海手表的需求更多，一般年轻人都希望能戴一块上海表，掌握时间是一方面，更多的则是年轻人的一种装饰或当了工人有经济来源的象征。过了几年后，武汉手表厂推出 50 元一块的手表，样式和上海表差不多，非常受欢迎，开始要"开后门"才能买到，后来市场上多起来，上海表才慢慢不那么俏了。到 80 年代初，走私手表蜂拥而进，人们才知道原来手表的式样、牌子有这么多，而且如此便宜。不论怎么说，70 年代初人们对手表的追求甚至有些人是渴望，总还能从一个侧面反映出社会的生产状况和人们对生活的一种态度。即使在那么革命的年代，人们仍对物质保持着向往，这真是不以人的意志为转移。

"三大件"中的第二件是缝纫机。买缝纫机要票，票是由商业局发的，当然，基本是发到有关系的人手上了。后来家里买了缝纫机，有些事在前面已经说了。

"三大件"中男孩子最想的自然是自行车了。那时自行车很少，有本书专门讲述 60 年代中南海里那些中央领导子女们的生活，其中也专门有很长一段讲自行车，说谁的父母亲从国外回来，买了自行车，其他孩子怎么羡慕的事。想一想中南海的孩子们对自行车都是这样，就别说我们这些平民百姓了。天津产的飞鸽牌、上海产的永久牌、凤凰牌都是男孩子梦寐以求的。70年代初，上海自行车一厂、二厂都分别推出了新式的永久、凤凰自行车，很多干部子女都有，一个个骑着那些新车好不威风。当然，这几款新自行车一般也买不到。后来就有了自行车票。但这些自行车票是要有门路的人才弄得到，大大小小的"走资本主义道路当权派"这时日子要稍好一些，挨了那么多斗，受了那么多冤，花钱买点紧俏物品也不算大事。但我们家买了手表、缝纫机后，也确实没什么钱了，我想也是白想。等我工作了一年多后，父亲才找人弄了一张凤凰28型的自行车票，了却了我的一个心愿。十年后，当彩电、冰箱、空调"新三件"取代手表、缝纫机、自行车时，中国已成为自行车的王国了。

到了今天，人们买汽车买房子的热情比我们那时买自行车的热情还高。时代有追求，老百姓有追求，有追求的具体内容和方式，我们这一代人在那个年代里的追求是寒酸了一些，但时代只赋予我们这些，而且还有更多的同龄人什么也没享受过。他们对那个时代的回忆，恐怕多是吃过几次好饭，穿过几件新衣，以及怎么羡慕别人家里有个自己想要却要不到的东西。

战斗的 1973 年

看了我在 1974 年开始的日记，1974 年的《元旦献词》中说，战斗的 1973 年过去了。我仔细一想就按这个说法来个战斗的 1973 年也好，因为那个年代题不对文的事也多，很多事都是不可理解的。

1973 年我已经当了工人，但即使是工人，也开始了几年的无数次的政治学习。有时是白天，有时是晚上，有时是白天加晚上。有时是青年工人，有时是团支部，有时是老师加工人。所以有很多机会与一些知识分子一起学习，说是政治学习，其实大部分时间都是聊天，我们叫扯野棉花。跟他们一起学习，就轮不上我说话了。每次我都是竖起耳朵听，听这些个个都是满腹学问的人是怎样去议论一个个敏感话题、事件，怎样去发泄心中的不满情绪，也蛮有意思。经过 1973 年到 1975 年三年多的学习，应该说我在潜移默化中受到的教益、收获颇多，同时对于认识那个时期的知识分子，了解他们对一些大事的所思所想，明白无误地感受当时中国实际存在着对主流舆论的抗拒力量以及这些人对国家命运的强烈担忧。那个年代他们的思想就表现得非常敏锐，改革开放以后他们中间好几个人又凭着那样的敏锐和知识，继续走在时代的前列。

1973 年元旦以后，开会学习两报一刊联合发表的《新年献词》。

八月下旬党的十大召开了，我们学习周总理作的报告，批判林彪。我感觉知识分子还是敏感些，对哪些人进主席团谈得很多，特别是前不久中央解放了一批同志，这批老同志被打倒了好几年，据说都是犯了错误的大"走资派"，现在解放了，加上这次邓小平能进大会主席团，后来又当选为中央委员，大多数人很高兴，都在议论，核心问题是"文革"这么多年了，资产阶级路线代表的二号人物能够出来，说明大的风向有变化。但是对王洪文一下就当了党的副主席都感到惊讶和不解，王洪文从上海的一个造反派头头一跃成为党的三把手，又让这些人觉得大惑不解。自然也有人对邓小平重新出山心里不高兴，对王洪文的升迁却感到欢欣鼓舞。

讨论了多天的张铁生终于成了敢于斗争的英雄，大学他是上定了。有人说张铁生的信是给刚刚焕发出来的教学、读书热情泼冷水，好不容易产生的一点热情全浇了下去。现在提倡"反潮流"精神，"反潮流"是马克思主义的一个原则。

连续几天学习讨论。1971 年九一三事件以后报纸上说林彪都是用刘少奇一类政治骗子代替，很长时间就没有直接点林彪的名，当然每个人都知道是怎么回事。后来就不用把林彪说成是刘少奇一类政治骗子了，公开批判林彪的儿子林立果搞的《"五七一"工程纪要》，会上都是批判林彪，但是私下对《"五七一"工程纪要》极端恶毒的内容和语言感到震惊，所有人第一次看都是心脏跳动加快，就当时全国老百姓的认识水平和思想状况来说，不是一般的惊世骇俗，大家甚至不明白怎么把如此重大的深层次内幕的东西公开摆在全国人民面前，包括如"上山下乡等于变相劳改"这样极具煽动性的说法。

另外，大家对"批林整风"的重点突然从批极左转到批判林彪的反革命修正主义路线的极右实质非常不理解。

A 老师说：看来"批林整风"运动的大方向是一百八十度大转弯了，周总理明确提出要批判极左思潮，而且就在两个月前《人民日报》还发表了一整版批判极左思潮和无政府主义的文章。现在就只准批林彪的极右，不准批林彪的极左。A 老师发言没有说想不通的意思，但是我从他的口气中间感觉他就是想不通，但是也无可奈何。

B 老师说：左右都不分了，以后只能以更"左"的路线来批林彪的极右了。B老师边说边特别把两只手平举起来，还不停地晃动着，似乎是在问大家能不能分清左右，我觉得他的样子蛮好笑，但是他说的以更"左"的路线来批林彪的极右，这个问题的确值得深思。

C老师说，周总理以后可能有麻烦。C老师好像不是在发言，而像在那里沉思以后的自言自语，他声音不大，我听得真切，旁边有几个老师也听见了，看着他，想听他继续说下去，但是C老师却不说了。

以后的事态发展完全印证了他们的话。我觉得知识分子不比其他人，不是那么好欺骗的，他们有情绪，不满意，但他们会用幽默用开玩笑用说反话来表达他们的内心和对现实进行批评。

连续几天听关于批孔报告，现在是批孔的高潮，大树秦始皇。有一次晚上政治学习学《红旗》上驳"焚书坑儒"一文。这篇文章说："'焚书坑儒'就其性质来说，在当时是一个反篡权复辟的'厚今薄古'的进步措施。""儒家是维护没落的奴隶主贵族的反动学派，法家是代表新兴的地主阶级利益的进步学派。""彻底批判尊儒反法思潮，是思想领域内一场具有重大意义的斗争……将有助于我们进一步认识和更好地进行现实的阶级斗争和路线斗争，有助于我们识别那些搞资本主义复辟的阴谋家、野心家是怎样利用古代反动派向无产阶级进攻的。"

文章读完以后，老师们也就开锣了。

D老师说：林彪说秦始皇"焚书坑儒"，那就毫无疑问应该赞扬秦始皇"焚书坑儒"，应该赞扬秦始皇的丰功伟绩，凡是敌人反对的我们就要拥护嘛。D老师说话轻轻松松，引用的语录也对，但是就是感觉他说话有一种奇怪的味道在里面。

E老师说：秦始皇焚得不够，坑得不够，还不彻底，留有祸根嘛。好像才坑了几百个儒，太少了，以后要坑就多坑一些，最好斩草除根。E老师说得要紧不慢的，应该是还有点咬牙切齿的样子，但听得出他们是在说反话，发牢骚。

F老师说：工人、农民肯定写不了这样的文章，那些大批判组摇笔杆子的应该都是儒吧，哪个没有喝几瓶墨水，有一天坑儒坑到他们头上，看他们还怎么写。F 老师说得气粗一些，明显感到他话里有一股不服气的情绪。

A 老师说：林彪死了这么长时间，老百姓也没有像林彪那样去尊孔，难怪有人说批林批孔是醉翁之意不在酒，还是要搞掉一批人，为的还是权力。

C 老师说：现在是不是有人还想当新兴的地主阶级利益的进步学派的代表啊？按道理以后新兴的资产阶级比新兴的地主阶级更进步，再怎么先进的地主阶级还是地主阶级，地主阶级有什么资格去批判资产阶级呢？把封建主义的东西拿来批判资本主义是什么？是倒退。这样的情况在欧洲以前有过。感觉 C 老师就是比别的老师考虑问题更深一些，别看这些老师都是学理工科的，说起这些来，他们很多人都有自己的一套。他们说的尽管有些话里的意思我感觉听不明白，但是我很认真地听，我很想知道他们如何看待当前的形势，想知道他们在想什么，也更喜欢他们用那些特殊的语言、方式来表达一部分他们的真实观点。有些话尽管说得转弯抹角，但是从他们说话的各种表情和手势、眼神甚至腔调里，我基本都能理解他们所表达的背后或者是更深一层的意思。

组织生活会是安排学习批判林彪和批判孔子的文章，但完全是在谈天中过去了。

10 月下旬，我们开会传达国务院科教组在北京召开理工科院校教育革命座谈会精神。要求大家学习搞好学校批林整风和教育革命的经验，研究了按照"五·七"指示和"七·二一"指示组织教学工作，进一步搞好开门办学，使教育同三大革命运动相结合，使学校同社会建立广泛和密切的联系等问题。要防止教育战线出现种种"复辟"、"回潮"现象，要警惕老的在新形势下复辟，要警惕修正主义。要抓林彪路线的极右实质，要巩固和发展"无产阶级文化大革命"成果，在教育战线上进行阶级斗争和路线斗争教育。

有一次开批判大会，会上有人带头喊什么口号，大多数人都举手握着拳头跟着喊，但是我却明白无误的看见有的老师手是抬起来了，但是没有握拳头是在抠鼻子，还有的是在揉眼睛，有的干脆就不举手，手在下面动了一下，但是最终没有举起来。我心里好笑，这些小动作反映出他们的内心想法。会后，我叫到那个抠鼻子的老师，笑着学着给做了一个他当时的抠鼻子动作，他哈哈大笑，我们心照不宣。

晚上看《康有为论文选》，我不明白有些人为什么把一些有价值的东西当作垃圾烂货扔掉，这些有价值的东西多么难以产生，很多都是基于民族文化，大众之心的。还是昨天的话，完全肯定、否定注定是错误的。

后来看了一些批判文章，好像是言之凿凿，不容怀疑。我对照自己的思想，知道有些确实属于批判之列，看着那些大道理冠冕堂皇、言之凿凿的文字，我也有些怀疑是不是自己真是错了，我想自己还年轻，有些想法也不一定肯定就是对的，社会上的事太复杂，也有可能是自己错了。其实那时我也的确多次反思自己、怀疑自己，我错了吗？但现在我的确还认识不到错在哪里，等到我认识自己是真的错了时，再改观点，现在不会改。我没有那种对问题的思考坚信不疑，真正坚如磐石、顽固不化的花岗岩脑袋，我是在怀疑，《马克思传》里告诉我怀疑起码是不错的。当然我还是反复问自己，万一以后事实证明是错的呢？我也很苦恼，有很多想法是不能随便说的，不谨慎随便说了可能会引来大祸。当时真是想找一个比我大比我有见识的知心朋友好好敞开心扉谈一下，把我的疑问和苦闷吐出来，憋在心里的确很难受。遗憾的是没有一个朋友能从思想上启发、帮助自己，我只能独自去继续领略那种苦闷的滋味。

可以完全不上班了，上街看大字报，看的人很多，主要是批判林彪反革命路线的层层代理人，批否定"文化大革命"、批镇压造反派的资产阶级反动路线，内容多是反映前期"一打三反"和清查"五一六"的情况。

　　有天上午政治学习，但老师们后来为 57 元的工资扯了半天，有的意思是 57 元太少，养不起老人和小孩，有的意思是 57 元够多了，在农村有的地方拿 10 分工分才 2、3 角钱。总的感觉大多数老师对现实有看法。下午劳动，本来我每天都是劳动，无所谓，在劳动中听那些知识分子讲俏皮话更有意思。

　　题不对文的文当然一定是文不对题了，这要看是题在先还是文在先。1973 年本来开始形势还好的，后来主题变了，就又开始乱起来。我是没有战斗，最多就是在内心里跟自己斗。但有人在战斗，战斗得很激烈，只是老百姓不太清楚。所以这篇小文的标题看来也没什么大错。

良 师 益 友

G老师对我的影响是很大的。

我同G老师在一个寝室住了两年多时间，工作上我属他管，但不是直接管，他是组长，副组长直接管我。他对我的影响很大，这不是主要的，主要的是我在那个特殊环境里起码是比较全面的了解到一个比较特殊的知识分子方方面面。

他和我到华工工作的时间差不多，我是青年工人，他是老师，但是被分在一个寝室。我们住的那个楼本来是大学生的男生宿舍，只是后来陆续调来的男老师和招工来的男青工没有地方住，所以都安排在这里住，反正学生也不多，有空房间，所以就是教职工和学生的宿舍。

他是北京大学物理系毕业的，已经毕业很多年了，后来知道是1962年毕业的，因为在学校时就是学生干部，大概因为成绩也不错，所以毕业时被分配到某国防研究所，为了解决两地分居问题，他后来调到一个被服厂干了几年，因为是北大物理系毕业的，又被当时华工的领导作为专业人员调到学校。他刚来的时候每天跑月票，他爱人在汉口同济医院，是个医生，有两个儿子，经常挂在口边的是养了两个小老虎。后来他爱人参加了阿尔及利亚医疗队，要去两年，他就把两个儿子带到华工，转到华工附小上学。他把家里两个箱子和儿子的一些必用品搬到寝室，专门用一个上下铺床的上面放那些东西，一个房间有四个上下铺床，他两个儿子来了以后，我们就是一个人一个下铺了。

开始接触G老师时，因为他是北大物理系毕业的，我对他很尊敬。

他一口河南口音，戴着比较深度的眼镜，个子显魁梧，身体强壮，这是他与别的知识分子明显不一样的地方。开始住在一个寝室时我们刚认识，中午下班吃完饭后就回寝室休息，他话也不多。他爱人去阿尔及利亚后，他就带着两个儿子在我们寝室安家落户了，晚上我有时回家有时就在寝室住，尽管他大我十好几岁，又是我工作上的头，但对我还是和蔼可亲的样子，慢慢我们互相熟悉后，话也多了起来。

我一般晚上在寝室就是看些杂乱无章的书，给下农村的同学写信，也别无什么事。他自从把两个儿子带来后，除了自己看书以外，还要经常给儿子们洗衣服，管他们做作业。两个儿子大的十岁小的八岁，正是"七八九、嫌死狗"的时候，都很聪明伶俐但都非常淘气，两个小家伙在这个宿舍里也没有其他小朋友玩，每天进进出出、吵吵闹闹给这个寝室甚至整个走廊带来一些生气，倒是 G 老师有时候是只能摇头，听之任之、毫无办法，让他们去翻天覆地算了。

有次我在图书馆借了一本《人类改造自然》之一《科学》的图书，这本书我在上小学时父亲借回来要我看过，印象很深，时隔多年，我还想再看看。G 老师看我看这本书，就对我说，这本书好，中国人除了古代的四大发明以后到现在还发明了什么？中国现在的科学技术落后啊！他同时告诉我，要我注意这本书前面的两段话。他把书拿过去翻了一下，找到那两段文字指给我看同时他自己又念了一遍后说，你看人家说得多好啊，不去怀疑怎么可能有发明？看看我们现在的孩子，唉！他不停地摇着头。本来我对这两段文字很可能就是一扫而过的，因为我没有这方面的任何体会和知识。

他专门指给我看的两段话很有意思："难怪许多老师认为很难辨别哪些神思恍惚的孩子是在空想无意义的东西，哪些是在思索重要的东西。但是，应该由谁来说，什么是重要的和什么是不重要的呢？世界上的伟大思想，有多少是扎根于白日梦呀？"

"到现在为止，我们只谈到了科学家的心思，还没有谈到他的方法。科学家并不用魔术般的公式来解决问题。科学家的方法是细致的、系统的，而且在任何时候都是从容不迫的，而且是好疑的——这是一个必须用的字眼。"

我在 1972 年 10 月 6 日的日记中写道："终于把《科学》又看了一遍，抄录两段话。那么多人类发明的故事，其中还有中国古代的发明，也基本上看得懂。是什么原因造成中国后来在自然科学上没有什么发明呢？中国人这么聪明、勤劳，都是封建、战争、外国人侵略造成的。多灾多难的中国人怎么可能有那么多自然科学的发明呢？

跟 G 老师聊天，谈我们现在一切都必须遵守，必须服从，不能有神思恍惚，不能有空想，不能有好疑。如果好疑真是科学发明所必须的，则我们现在不产生好疑的孩子。还说到怀疑、批判在马克思那里也是好事情，马克思是非常喜欢怀疑的，但是现在的马克思主义者不允许怀疑。

看着外国人有那么多科学方面的发明创造，除了平常说的中国古代四大发明，后来却是完全没有，心里感觉难受。一直说中国人是勤劳、勇敢、智慧的人民，究竟为什么这样就只能想到是封建、战争、外国人侵略的原因了。

所说的白日梦、好疑其实都是一个思维问题。别说培养小孩好的思维习惯和环境对一个国家和民族发展的重要性，那时连成年人的思维都被精神枷锁所禁锢，哪里还有"好疑"的胆量？一个害怕人们思维害怕人们怀疑的社会还有什么希望？

说到这里不得不想到，四十年前当我们是青年的时候，我们被"批判"压得喘不过气来。四十年后当我们的下一代也成为青年的时候，却是被金钱压着直喘粗气。一个极大地失去青年人的活力、创造力、想象力的社会又意味着什么？几十年前所有人都会说的一句话是"精神变物质"，想不到经过半个世纪，社会的发展十分准确的被这句话言中，从精神之极端走向物质之极端。而问题还在于那是什么样的精神和这是什么样的物质？从另一个角度说，几十年对我们人生是又长又短，但是对社会发展是极短暂的，用几十年的人生去经历去感受人类社会曾经和可能是上百年、甚至几百年的变化，这或许是一种必然。

那时正是批判林彪，先是批林整风，后来是批林批孔时期。我与 G 老师经常是在停电不能看书或者是睡觉前靠在床上聊天。谈话间，感觉他对批林批孔十分反感，批林整风开始后展开的批极左，本来人们认为批判极左思潮和无政府主义可以纠正那些年的错误，"文革"已经搞了这么多年，刘少奇倒了，特别是林彪死了以后，没有多少人再相信"文革"，感受到的是受到极大地蒙蔽和欺骗，怎样尽快结束那场闹剧，使国家和人们的生活回到一种正常的轨道上来，真的是人心所向。可是1973 年初整个舆论又突然变了调，强调"批林整风"的重点是批判林彪的反革命修正主义路线的极右实质。明明是极左，却硬说是极右，批了几个月的极左，说是批错了，应该是批极右。还要把深入批林批孔，当作全党的大事，全军的大事，全国人民的大事。否则就是不抓阶级斗争和路线斗争，就是放弃对修正主义、资产阶级世界观的进攻。用现在的话来说是本该踩刹车的，却踩了油门，而且不是无意的，是有人必须要踩油门，还要加大踩的力量。G 老师经常用他的河南话加重语气地说"见鬼"和"瞎胡闹"来轻微的发泄一点不满。讨论国内外的大好形势，谈正确对待"文化大革命"和吸取两条路线斗争经验等问题。按报上的说法，看形势主要看阶级斗争、路线斗争的形势，经过"文化大革命"，粉碎了刘少奇、林彪两个资产阶级司令部，巩固了无产阶级专政，防止了资本主义复辟，这就是形势大好的主要标志。

那时很多话是只能在私下、背后说的，公开场所就不能说得太明显，否则可能会招来大祸。尽管林彪死了以后人们说话的环境要好多了，但是以前那么多因为祸从口出的教训太深刻，人们不得不仍然要长个后眼睛。我和 G 老师在这些聊天的过程中慢慢建立了一种互相信任的关系。他还讲到1957 年他在北大当学生时参加反"右"运动和"文革"初期的一些事，只是越到后来越觉得不对头的思想变化过程。

除了聊当时的形势外，比较多的是聊一些小说。以前知道 G 老师看过很多外国文学名著，有次我借了本塞万提斯的《堂·吉诃德》，他看见我靠在床上在看《堂·吉诃德》，就很有兴趣和我说起关于《堂·吉诃德》的话题。说塞万提斯打仗开始怎么被俘、后来逃跑的故事。说堂·吉诃德瘦削的、面带愁容的样子，由于爱读骑士文学，骑一匹瘦弱的老马，拿一柄生了锈的长矛，戴个破头盔，侍从桑丘·潘沙，骑了驴儿跟在后面。他说着堂·吉诃德把旋转的风车当巨人，冲上去和它大战一场，弄得遍体鳞伤时，就更是来了精神，学着骑士，手握长矛，飞马上前，冲向前面风车的样子，还模仿堂·吉诃德叫到"不要逃跑，你们这些胆小的恶棍！"他的滑稽动作让我十分好笑，这一小段表演很投入，手舞足蹈，像个演员，也像堂·吉诃德，但是更像个顽皮的小孩。接着他又讲堂·吉诃德怎么把乡村客店当城堡，他把羊群当军队，冲上去厮杀，被牧童用石子打肿了脸面，打落了牙齿。我没有想到他对《堂·吉诃德》这么熟悉。

但是我对《堂·吉诃德》仅仅是外行看热闹，仅此而已。至于塞万提斯写《堂·吉诃德》这个冒险的骑士的意义，到底好在哪里？为什么能在世界流传时间这么长，范围这么广，我的确是不知道。包括阅读其他名著，也是如此。仅仅只是限于看了，知其然而不知其所以然，饥不择食、囫囵吞枣、没有基本的常识，不懂分析，不懂方法，获得一点没有什么意义的自我满足和安慰，自己好像是得到一点充实，实际却是无形中造就了一种虚荣。但是以后的日子里，我却感到自己有点像堂·吉诃德，不是我的行动，是我的很多想法四处碰壁，总是失败，狼狈不堪，与周围的一切协调不起来。我如果完全按自己的想法去付诸实施，结果一定比堂·吉诃德还可笑，还要悲惨。

还有一次，我在看莎士比亚。G 老师又开始给我聊《哈姆雷特》、《奥赛罗》，讲莎士比亚的故事，讲莎士比亚和伽利略是同一年出生的，讲《哈姆雷特》的故事梗概，讲《奥赛罗》，讲到兴奋处，他竟然大段的背诵起来："生存还是毁灭，这是个值得考虑的问题：默然忍受命运暴虐的毒箭，或是挺身反抗人世无涯的苦难，通过斗争把他们扫清，这两种行为，哪一种更高贵？死了，睡着了，什么都完了。倘若在这一种睡眠之中，我们心头的创痛，以及其他无数血肉之躯所不能避免的打击，都可以从此消失，这正是我们求之不得的结局。死了，睡着了，睡着了也许还会做梦……"我的确是惊奇，可以说是目瞪口呆，他是学物理专业的，眼前的这个人哪里像是学物理的呢？我忍不住问 G 老师，你是什么时候看的这些书？他笑着回答，都是以前看的，还看过英文版，那时候记忆力好，现在差多了。他回答我的时候居然还表现出不知道是自豪还是腼腆的一笑。我想问的就是这个"以前"，我当然知道是"以前"，但是看来他是不想说太多。我在心里暗暗想，难怪毛主席说北大是"庙小神灵大，池浅王八多"。怎么都是这样的人精啊！

那段时间，我一本接一本的看这些名著，G 老师很多都看过，也经常晚上他看书累了或者什么有空的时候就聊这些书的内容。说到《斯巴达克斯》和乔万尼奥尼，可能是我们聊的时间最多的一次，因为我的确很喜欢这本书，看样子他也很喜欢。我们从描写角斗士的场面及残酷到角斗士起义，从罗马的奴隶制度到贵族，从斯巴达克斯的那种英雄主义个人性格，到斯巴达克斯与范莱丽雅的爱情。尽管我对爱情的体会还很不成熟，但是那些爱情的描写和对话还是深深的打动了我，尤其是斯巴达克斯最后用异乎寻常的意志力强迫自己挣脱了他心爱的女人的拥抱，去领导他的奴隶起义大军与贵族军队决战的情节，让我深受感动。当然，感动之余我还是和 G 老师讨论斯巴达克斯怎么与一个贵族的妻子相爱的问题。G 老师的说法让我无言以对。一是说我还不懂爱情。二是这是小说的魅力。

后来我跟 G 老师到北京电子管厂学习。有一天 G 老师上科技情报所去查外文资料要我也去。我说我去做什么，除了还记得毛主席万岁的英语我什么都不认识，去了也是当睁眼瞎。他说去吧，拉着我就出门了。路上他对我说，你可以给我帮忙，今天要查的是有关激光方面的资料，你去了以后就在目录里找，凡是目录中有激光英语单词拼写 laser 的你就把题目和资料编号用笔记下了，我再来看，这样可以节约时间。我明白了，把 laser 几个字母记牢。

G 老师一定是以前去过的，他很熟悉去的路，我们没有费周折就到了科技情报所。门口没有人进出，显得冷冷清清。来到查阅检索厅，到目录柜一看，全是外文，连目录也是。我想我这个大字不识的人居然也敢进来，刘姥姥进大观园她还能看明白一些事，我这进去真还不如刘姥姥，两眼一抹黑，体会到原来当文盲是这样的感觉。来这里的人很少，稀稀拉拉有几个人一看就是知识分子的样子。我庆幸自己，因为如果人多我就更不好意思了，就是这么几个人的眼光都让我不安，因为他们的确在看我，可能是他们也觉得稀奇，怎么这个年代还有个小青年在这里查外文科技资料？他们哪里知道这是个英文的小文盲。心虚掩盖不了我胆怯的样子，G 老师看出我忐忑不安，小声对我说，你不要管别人，你就看你的，按我说的做，别人也不知道你是怎么回事。他说完就在旁边一个目录柜开始查找工作。

我按照他的指点，在目录柜的抽屉里煞有其事翻起卡片来，这是科技情报所，里面不会有毛主席、万岁等我所熟悉的英语单词，我脑筋里想着 laser，眼睛盯着那些卡片，生怕看漏了，把我找到的有 laser 几个字母的文献标题和文献编号记下了，歪歪扭扭、一笔一画的抄着那些上初中时我们经常说的钩子款子，就像开始学写汉字一样，我得尽量写得好一些，一是能让他看清楚，二是也不想让老师笑话我一个高中毕业生写出来的英语就那么差。我一连查了几个抽屉的目录，也记下来十几条，估计差不多了。我拿着抄好的单词交给老师，他看了一下，连声说不错、不错，看样子大概他还满意。我问他还要不要继续再找，他说可以了，就连同他自己找的一起去调阅处找原文了。文献很快就调来了，他又一本本翻了一下选择了三本办理了借阅手续。我们的任务完成了，G 老师看来很满意，出了情报所大门，我舒了一口气，感到自己就像"滥竽充数"里那个南郭先生一样慌慌张张逃走的感觉。受到那天的一点刺激，我想以后真应该把英语学好。以后好多年，我的确用了很多时间去学习英语，但是始终没有学成器。

1973 年我圆了小时候的梦，参观北京天文馆时，在漆黑的空间里坐在椅子上仰望那半圆球形的屋顶上用光点布满的星星，仿佛又回到小时候乘凉时我熟悉而充满好奇的苍穹，讲解员随着演示各个星座的图形，介绍一些天文知识，让我感到极大的满足。看完演示后，出门看见有一本小册子《天体运行论》，这本小子是为了纪念哥白尼诞生五百周年而出的，哥白尼的名字我熟悉，小时候玩邮票时有一套 4 枚纪念邮票，其中有中国古代的屈原和波兰天文学家哥白尼。我毫不犹豫的买了一本，尽管哥白尼说了不懂几何的人不要看这本书，我想我不懂几何，但是就冲着五百年前的这么一个伟大人物的书，我看不懂也要买，工资没几个钱，平常我是省吃俭用，但是有这样的书在旁边就像拥有一个人物、一种精神，让我经常能想起这些伟人的伟大之处，会像灯塔一样照亮前进的路。

晚上回到住地，G 老师把《天体运行论》拿去看了一下，可能是他有些感慨，就给我讲哥白尼的太阳中心说形成的前因后果，讲欧洲五百年前就已经有了不少的大学等等知识。我以后又知道了布鲁诺、伽利略的名字。我为欧洲几百年前的文艺复兴时期产生的科学巨人，同时也为这些巨人面对黑暗的教会统治和残酷的人生迫害所表现出来的大无畏精神所叹服。我和 G 老师议论恩格斯在《自然辩证法》里的一段话："这是一次人类从来没有经历过的最伟大的、进步的变革，是一个需要巨人而且产生了巨人——在思维能力、热情和性格方面，在多才多艺和学识渊博方面的巨人的时代。给现代资产阶级统治打下基础的人物，决不受资产阶级的局限。"议论恩格斯说的"决不受资产阶级的局限"的含义，在流行用阶级斗争的观点分析一切的时候，"给现代资产阶级统治打下基础的人物，决不受资产阶级的局限"这句话是明显说不通的，所以一般在引用恩格斯这段话时绝不会引用后面一句。如果不是恩格斯说的话那肯定是要受到批判。我在内心深处似乎感到，天空中类似中世纪飘浮在欧洲上空的乌云并没有因林彪摔死而全部散去，伟大的中华民族还得在几百年后的今天在每天呼喊着革命的口号当中去享受那种乌云笼罩的感受。中国怎么没有产生那么多"巨人"，难道中国不需要"巨人"？怎么样的空气、土壤和水才能产生"巨人"？对马克思等哲学著作的肤浅体会，似乎使我明白了"批判"和"怀疑"的真实含义，我感到马克思在那些自称的所谓继承者那里，仅仅是被当作一根大棒在使用，他们败坏马克思主义名誉的程度比资产阶级还要严重得多。但愿马克思能在另一个世界中去狠狠地踢他们那些带有旧的封建纹章和所谓"革命家"的屁股。

现在说这些马后炮的话意思已不大了，我没有遇罗克、张志新的水平，更没有他（她）们为坚持真理不惜生命的勇气。我当时只能在两个关系最好的老师或几个最亲密的同学之间谈论这事。

1973 年夏天，报纸上发了毛主席会见著名美籍华裔科学家、诺贝尔物理学奖获得者杨振宁的消息，这在当时是影响很大的一件事。G 老师看到消息以后显得有些激动，他马上急着给我讲杨振宁、李政道，讲诺贝尔物理学奖。我稀里糊涂地听着。晚上我们也没有其他事，他又接着白天的话题讲起来。不知不觉讲到基本粒子方面，他又说到日本物理学家坂田昌一和汤川秀树，说到坂田昌一著名的基本粒子"坂田模型"，按照物质无限可分的唯物辩证观点，把基本粒子看作构成自然界的有质的差异的无限个阶层之一，所有基本粒子不都属于同一层次，讲基本粒子最小最终的物质组成单元是错误的观点。并且说毛主席认为世界在时间和空间上都是无穷无尽的。宇宙从大的方面看来是无限的，从小的方面看来也是无限的。不但原子可分，原子核也可以分，电子也可以分。基本粒子也是可分的。成语"咫尺之棰，日取其半，万世不竭。"揭示了物质可无限对分的本质。还讲夸克、层子模型。那时我连原子是由原子核和电子组成，而原子核是由中子和质子组成也是才看了一点点，还有什么中微子、兀介子等，但是在当时有本《自然辩证法》的杂志上我知道有些基本粒子是在不断地变化之中，也就是在极短的时间里，一种基本粒子可以变成为另外一种基本粒子。我对 G 老师说我肯定不赞成"日取其半，万世不竭"的观点，但是我相信基本粒子处于不断地变化之中，而是在变化中体现无限，凭猜想，物质不可能无限地分下去，它一定是个无限循环变化的形式，当它分到某一程度时，看到的将是一个瞬间中存在的千变万化的形态……这也符合辩证法。不过我还知道自己几斤几两，我去讨论这样的问题无异于是四岁的小孩讨论高等数学。所以这个话题我是不好意思再说什么了。

我庆幸自己年轻时有这么长时间的机会与 G 老师在一起。讲哲学、文学、自然科学。

我与 G 老师后来一直有来往，现在已经是七十好几的人了，说起一些事来，仍然是口若悬河，那些知识和经验如瀑布倾泻，滔滔不绝，不是面对面坐着你很难感受口若悬河的含义。但是我心里十分清楚，他内心深处有一个极大的遗憾甚至是痛，他永远不会对别人讲，那就是他没有实现他年轻时的梦想。

天 南 海 北

　　我和 G 老师是 1973 年 4 月下旬到北京电子管厂去学习"灯工"技术的，时间是三个月，据说想安排半年但是没有那么多经费。灯工跟车工、钳工、电工一样是一种工种。灯工就是把大大小小的玻璃管烧接成需要的样子，通俗说就是烧或者吹玻璃。学习这个技术是为了单位能够做气体激光管。因为要用口吹玻璃，我十分不愿意去学这个工艺，但是没有办法拒绝。北京电子管厂因为是专门做电子管的大企业，所以高水平"灯工"师傅比较多。北京电子管厂位于东直门外大山子，真是命中注定，我居然又住到了大串连时在北京住的那个楼，和 G 老师住一个房间。

　　带我们的师傅是沈师傅和朱师傅，两个非常好的师傅，年纪都在三十多岁。我们去了以后，师傅就把最基本的灯工要求示范给我们看，然后我们按照师傅教的自己反复练习。

　　每天上班，师傅们都还是按时到厂，但厂里情况看来实在不妙，完全没有生产任务，工人们上班没活干，师傅们都是换了工作服吃了早点后一般就开始聊天，又基本都是工人阶级的成员，说起话来也没有太多的框框，甚至也没有什么政治学习，不聊天就只能是在那里傻坐着，你看着我，我看着你。所以聊天或者说北京人的侃大山是帮助他们消磨时间的最好方式。中午吃完饭后基本就是开始下围棋。G 老师看来是希望跟师傅能尽早搞好关系，让师傅多教点手艺给我们，所以表现得仍然是很健谈。后来慢慢大家都熟悉了，有些旁边房间的师傅也经常过来一起聊，椅子不够就搬几把过来。早上聚在一起，寒暄几句就开始天南海北，哪个挑起有意思的话题就可以东一句西一句没完没了地聊下去，经常是聊到后来，话题已经不知道扯到什么地方去了。聊天最多的内容是各地"文革"情况，很多事很有意思。

师傅知道我们是从武汉来的，就问震惊中外的七二〇事件，问"百万雄师"、"钢工总"，他们似乎对这些很感兴趣。老师把"百万雄师"、工人总部及武汉军区司令员陈再道等情况简单说了一下。接着就把七二〇事件是部队和"百万雄师"的人，冲进东湖宾馆抓走中央"文革"代表王力，然后进行了 3 天大游行等等大致情况简单说了一下。我则把我亲眼看到的几百辆大卡车和几十辆消防车每辆车上装满戴着"百万雄师"袖章的工人和"8201"（武汉部队独立师番号）的战士，这些战士把领章、帽徽都全部摘除了，有的战士全副武装和工人们一起不停喊着"打倒王力"口号，工人则戴着以前那种藤编的安全帽，手执长矛，枪上刺刀，有的卡车上面还架着机关枪，每辆卡车前面车门外左右各站着一人那些事告诉他们。师傅们听得很认真，对我那些身临其境的讲述好像觉得很过瘾，因为以前只是间接听说，这次是我们说的好像更权威一些。七二〇事件尽管已经过去了好多年，但在外地人心目中的印象还是相当深。

然后有个师傅就讲七二〇事件几天以后，中央人民广播电台播送谢、王"胜利回京的喜讯"。全国各地报刊均以头版头条刊载北京机场对谢、王回来举行盛大欢迎仪式的消息和照片，各地造反派也举行了大规模集会、游行，表示对王力和中央"文革"的支持和慰问。他也搞不清武汉"七二〇"是不是真"兵变"了，反正感觉闹得挺凶的，后来参加了天安门召开百万军民大会，斗争陈再道。林彪出席讲话："坚决打倒党内、军内一小撮走资本主义道路的当权派"，提出"要批判带枪的刘邓路线"。又说到当年 8 月北京发生了火烧英国代办处的事件。接着，王力从红得发紫的英雄到倒台成了罪人。

243

我是边烧玻璃边听他们在旁边侃，他们侃得那么津津有味，有的抽着烟，有的跷着二郎腿，不时互相之间打趣挑逗一下，打打嘴巴官司，或者发发牢骚。我觉得这样很好，一来师傅没活干可以把工作台完全让给我们练习手艺，二来手上练着耳朵听着，时间也好过，的确听他们聊天我也知道了不少以前不知道或者不清楚的一些大事。

后来他们就从北京的"首都三司"、"北航红旗"、清华大学"井冈山兵团"，讲到"联动"，聊到外地的如河南的"二七公社"、四川的"产业军"、湖南的"湘江风雷"等全国闻名组织。还有北京的几大司令和其他地方有名的头。

接着就从全国闻名各类组织聊到武斗。聊到武斗时他们更是知无不言、言无不尽了，七嘴八舌，如数家珍。

1967年上海"一月风暴"开始，掀起了全面夺权高潮。接着就是全国性武斗。讨论全国武斗的第一枪是哪里开始的，有说是上海首先打响的，也有说新疆"石河子事件"是全国第一次武斗，双方死伤近百人，甚至将女青年衣裤脱光曝尸。还有说是"青海赵永夫事件"开始的，武斗时部队开枪反击，双方死伤近几百人。但是这些都是多年前在小报上看到的或者是道听途说，或者是听老家人说的，或者是亲朋好友说过的。所以谁也说不清楚全国武斗到底是从哪里开始的。别处还说到福州、广西、长春等地的武斗。

这些事件我以前听说过一部分，但他们讲得绘声绘色好像曾经亲眼目睹一样，还有一些具体的过程，让我知道了原来1967年全国乱到了什么程度。

1967年下半年，全国武斗很厉害，不少地方具有相当规模，动用较大杀伤武器。相比之下，北京成了不算最严重的。当时，我们都知道四川的武斗很厉害，那里军工厂多，据说打派仗把炮都推出来了对着干。有些几乎每个省都有互相对立的大组织，而且都经过武斗阶段，所以后来说那是"全国性的内战"一点也不过。其实有时候我也感到纳闷，按气候、环境应该是"中央文革小组"一边倒，怎么还会产生那么多的对立面呢？在一个领袖统领之下，在一种思想的武装下，都是为了"文化大革命"的目的，怎么能产生那势不两立的两大派，他们凭什么去斗得不可开交，杀得眼睛冒血丝？有时真想不明白。

每天就这么过着，我的手艺据师傅说是进步很快。我们与师傅相处得很好，中午偶尔也跟他们下盘围棋，我年轻手也不笨，也想早一点掌握了技术好回武汉。两位师傅也根据我的情况不断地教我一些新的复杂一些的技术。

有天早上几个人一起议论报纸上批判爱因斯坦、伽利略是叛徒，为帝国主义者服务的事，还说是自然科学领域里两条路线斗争的问题，爱因斯坦搞唯心主义、形而上学、相对主义等等，要用辩证唯物主义的理论来进行批判。大家都感到好笑，你一言我一语在那里骂文章的作者，大家都知道爱因斯坦是全世界鼎鼎有名的大物理学家，但是为什么说爱因斯坦当叛徒，具体是怎么回事，也没有人说得清楚。G 老师把爱因斯坦是犹太人，他在柏林的财物、住宅遭到法西斯分子抢劫，为了躲避德国法西斯的屠杀才逃到美国，并且建议美国的罗斯福总统马上研究原子弹的故事讲了一遍。然后说如果爱因斯坦等一批物理学家留在德国，帮助希特勒造原子弹，后果就不堪设想了，这些写批判文章的人可能连做人的资格都没有，他们批爱因斯坦也不掂量自己的分量。然后老师还讲了当时德国的物理学家海森堡、玻尔等人都是世界一流的大物理学家，德国如果先于美国把原子弹搞出来，整个世界就是另外一回事了。大家大眼瞪小眼地听着，都说他说得好，不愧是老北大物理系出来的，还开玩笑说他是爱因斯坦的徒子徒孙。G 老师好像受到鼓励，又接着讲爱因斯坦三十岁以前就成为世界有名的大科学家了，什么宇宙大爆炸学、黑洞、特定情况下光线不是直的、电子和光子具有波粒二重性、场论、相对论，什么一只猫如果以光的速度，就可以穿过一条很窄的缝隙等等，他尽量用我们基本能体会意思的语言来表述，口若悬河，可惜我们一个个仍然是大眼瞪小眼在那里听天书，全都傻了眼。尽管有一些知识老师以前也给我单独讲过，但是我知道在一群工人中拿着批判爱因斯坦的报纸却在宣传爱因斯坦的伟大，这样的情况在别的地方基本上是看不到的。

G老师也发现再这样讲可能就是对牛弹琴了，他把话题一转，又讲起了所谓伽利略是叛徒的故事。他讲伽利略是三百多年前意大利的也是世界的大物理学家、天文学家、哲学家，是伽利略发现了宇宙，是天文学之父、近现代物理学之父及"现代科学之父"，讲伽利略发明了温度计和天文望远镜，发现太阳黑子、太阳的自转，在力学、运动速度、热学等等很多方面都有新发现。但是三百多年以前欧洲处于中世纪黑暗的末期，罗马教皇、宗教势力依然强大，在伽利略已经很老的时候，罗马教皇对他进行了残酷地迫害，甚至要对他处以极刑，你们知道布鲁诺就是被教皇活活烧死的，伽利略只能宣布放弃自己的学说，伽利略的晚年非常悲惨。这么一个伟大的科学家怎么能随便就批判起来呢？有些人真是疯了。老师讲完了伽利略的故事，大家都没有作声，大家在沉默，或许都在思考着什么。

后来还是一个师傅开了口，师傅笑着拿G老师开心，说："看来你这个北大物理系的高才生是一肚子资产阶级的学问啊，明天我也写篇文章，把你今天讲的好好批判一下，揭露你这位爱因斯坦的门生是怎样在我们这些工人阶级中放毒的，肯定在第一版登出来。"

G老师不好意思地笑了一下，他知道这些人是在开玩笑。

没想到师傅继续开玩笑说，"嗯，你还笑，这不是资产阶级知识分子在我们无产阶级面前不好好接受批判吗，完全是个没有改造好的、顽固不化的资产阶级知识分子，这个也要写进去。"

大家哈哈大笑起来。

旁边一个师傅说，赶紧去写，明天一定能登出来，这样你×××的大名马上就可以臭名远扬啰。又一个师傅接着加了一句，说不定还可以进入什么写作班子，你这个大老粗也可以去摇笔杆子啦！弄得大家又是一阵哈哈大笑。不料开始开玩笑的师傅一下收起了笑容，把脸拉下来，骂了一句，操他妈屄，打死我也不会跟那些王八蛋站在一起，并且站起来指着要他去摇笔杆子的那个师傅说，你要去你去。

不知为什么过一会他们又扯到王、关、戚，杨、余、傅这些人身上去了。

我一直在认真地听，为 G 老师渊博的知识所感叹，同时感觉很多工人对某些人的不满和嘲笑，他们一有机会就会发泄心中的不满，而且是痛快淋漓。最后大家又把话题转到议论把"唯生产力"批得体无完肤问题，说多少年都不怎么生产了，多少亿人要吃饭，坐吃山空，还在不断地批"唯生产力"，看来大家对现在有些事十分反感，北京人比武汉人敢说。

承 受 羞 辱

有一次学院组织老师们听激光和电子计算机的两场学术报告，都是老师在那里听，管我的老师也都在里面。我也没有要紧的事，于是怀着好奇心和厚着脸皮偷偷地溜进大教室的角落坐下。我知道自己什么都不懂，而且是个青工，别人都是知识分子，但是我太想在教室里坐着的感觉，而且这里是大学的教室，太想知道一些我不知道的东西，激光和电子计算机都是当时最前沿的科技。当我进去坐下来，确实感觉我在那里是那么的不合适和别扭。尽管我是工人，属于响当当的领导阶级工人阶级的一员，但我像个白痴，知识分子说起来是"臭老九"但他们肚子里都有货，低人一等的感觉让我脸红，让我感到羞愧。好奇心使我顾不了这些，硬着头皮在那里认真地听，当然跟听天书一样。两场学术报告下来我不可能有任何学术上的收获，仅仅了解了一点激光、电子计算机的基本知识，但是我从报告人那里明白无误的知道，我国在 1958 年和60 年代初激光和电子计算机起步时和日本差不多，有些方面还好些，总的情况与当时国际水平相差不大。但现在已经差得很远了。我一方面感到自己太无知；另一方面我反复在想，为什么差得这么远？为什么？

然而事情并没有结束。为听讲座的事，没过两天党支部书记在一次大会上，面对几十个老师和青工对我进行了严厉的点名批评。与其说是点名批评不如说是对我进行极端的羞辱。他大声点了我的名以后就继续说：不去好好学习政治批林批孔，不好好工作，跑去听讲座，你学这些有何用处？你用得着吗？还是拿起你的锉刀、拿起你的锄头干活吧，这是你的本职工作，你的岗位在车间，你的贡献就是为革命多锉一块铁。激光和电子计算机与你有什么关系？完全不相干嘛，那些东西你听得懂吗？当了工人还想怎么样？我看你的思想很有问题……

这是我多年来遭到的极大打击，大庭广众之下我颜面丢尽，我想不通，这个混蛋为什么要这样，是出于什么用心。我当工人就只有干活的命？就只许老老实实出苦力，不需要知道其他更多的知识？我深深地体会到某些知识分子对工农在内心深处是瞧不起的，书本的知识，稍高一点的学问，很难轮到普通的工农身上，科学被这些人据为己有，工农在这些人的头脑中只能跟铁、锹联系在一起，而不可能与科学技术相干，他的态度是那样的恶毒和傲慢，极尽轻蔑、挖苦，甚至带有一种仇恨，可能他知道我对一些政治问题的看法上跟他不是一路人。我恨这个混蛋，我想我用自己的更踏实的工作挤出一点时间听讲座有什么大错？只许我干活，不让我知道用途，岂有此理？我感到有些人平时说的话多动人啊，然而不正是在这些动人词语后面看到的灵魂才是更深刻更真实的吗？他就是想拿批林批孔来整人，拿口号压人，谁都看得出了他还老想着往上爬。

我受不了这种指责和侮辱，尽管我去听讲座也有可能要挨批评的思想准备，但不知道是这样的批评。我恨不得冲上去一拳打碎他的眼镜，如果那样可能我就完了，虽提醒自己临辱不惊、但如坐针毡。我把低着的头慢慢抬起来，还要用我带有蔑视的眼光看着书记，我盯着他，心想既然是这样那就好吧，我要报复，不让我听讲座，不让我上短训班，在工作上再也别指望像以前那样卖力了，不是有些活必须靠我吗？部分工作没有我这道工序后面的都得等着，那就让你们去等吧。不想要我学，岂不是笑话，非要学得这些乌龟王八蛋看看。我诅咒那些掌握别人命运坏了良心的人，以后是要遭报应的。

当然，为此事自己也很伤心，是哑巴吃黄连有苦说不出。有的青工投来同情的眼光，有的却是一种幸灾乐祸的态度，甚至说"癞蛤蟆想吃天鹅肉"。我想自己的命运如何才能由自己支配呢？我害怕以后自己的命运就是每天在车间"多锉一块铁"，更怕再听见这样令人颤抖的羞辱。马克思在《哥达纲领批判》中说的共产主义社会的高级阶段前"奴隶般的服从分工"难道就是这样的残酷？尊卑贵贱就是这样的分明？我的心在滴血，但是只能忍受这种痛苦的折磨。那时毛蛋已经得了精神病，他是为了谈恋爱。我体会到了在众目睽睽下遭到羞辱的味道，毛蛋没有挺住，没有经受住打击，当然他所遭到的羞辱可能更重，受到的打击比我大得多。那时也听说过有的青工因为各种各样的原因走上了自杀的事，本来好不容易从农村招工回城当了工人，那么困难的时期都过来了，反而选择了结束生命。当他们刚刚学会了思考，当思考的问题越来越多、越来越复杂的时候，他们没有成长过程中承受精神磨难的准备，很多青工都面临着在恶劣环境中必须要过的精神关，脆弱的神经只能毁了自己。以后我们的路不会平坦，路漫漫其修远兮，吾将上下而求索。总之我想了很多很多，上星期还听邵同学讲他们厂里一个青工自杀的事，觉得很惨，为的也是遭受别人的欺侮。感叹之余，还写了一首诗《抬起你卑微的头》。

> 慢慢的，
> 你低下了卑微的头，
> 因为生活沮丧甚至悲伤，
> 还有苦闷、心痛和彷徨。
> 空气在挤压着胸腔，
> 潮水在击打着心房，
> 你低着头在颤抖，
> 你的身躯已在摇晃。
> 坚持住，
> 用你仅存的勇气。
> 支撑着，

用你残留的力量。

用这点勇气和力量，

去抬起你卑微的头，

前面还有光亮。

抬起来，

抬起你卑微的头，

去迎接鄙视你的眼光。

抬起你卑微的头，

去蔑视恶语对你的击创。

抬起你卑微的头，

不要让失望把你吞没和埋葬。

抬起你卑微的头，

就和高傲的头没有两样。

对于个别看我笑话的青工，我也投去轻视的眼光，人各有志，他愿意每天重复的做那些事，他认为现在的生活比起农村来是天堂，他愿意在这样的天堂里当几十年舒舒服服"癞蛤蟆"是他的事。

大约一年以后，那个书记找我谈话，像哄小孩似的希望我给他提供或者是揭发其他老师在批林批孔运动中的"不好言论"。我当然明白他的用意，从内心更鄙视他了，他既然把我当小孩哄，我也以歪就歪，用小孩的身份让他碰了一个软钉子。

多年以后，在一次老同事聚会上我遇到了这位党支部书记。几十年过去他也老了，他后来政治上终于没有爬上去，业务上也不行，过得很平庸，不像别的老师已经是很风光了。碰见我他居然能轻轻松松地对我说些奉承的话，我听得直起鸡皮疙瘩，打断他的话说，谢谢书记当初的"教诲和鞭策"。我想我可能真是要感谢他，他那天的每句话就像鞭子一样不停地抽在我心里，知耻而后勇，让我得到一种人生体验，又何尝不是一种鞭策呢？再说，从他那时的角度说我几句也正常，工人做工，农民种地，似乎也是天经地义的。

他可能已经健忘了，但是我没有忘记在我心里留有的一点伤痕。看着他布满皱纹强装出来的笑脸，心想他不就是"乱哄哄，你方唱罢我登场"那个年代的一个小小过客吗？我没有去羞辱他，忘记了曾经的恨，却产生了一点怜悯。

北京来的代培生

1974 年，我们教工食堂吃饭时来了个颇具气质的年轻人，一口纯正的北京口音，所以几天以后就引起我们这些年轻人的注意。可能是在一起吃饭正是互相交流机会的原因，过几天他买了饭以后就主动加入我们几个经常在一个桌子吃饭的饭桌上来了。看样子他比我们几个青工年纪大几岁，我们自然是很客气的欢迎他的加入。他简单的自我介绍以后，我们知道他是从北京来学院代培学习的，时间是半年。因为他的身份还是一个工人，只是跟着工农兵学员一起上课，所以他不在学生食堂吃饭。年轻人总是在寻找自己同类，他可能因为在这里是孤单一人，所以把我们当做他愿意接近的对象。他的名字我已经记不清了，索性下面就叫他代培生吧。

代培生很快就和我们搞熟了，因为大我们几岁，又是首都来的，以居高临下的姿态把我们几个人的情况逐一问过后，就说跟他估计的差不多。他说话大方，谈吐不凡，见多识广，不愧是大地方来的，很快就博得了我们的尊敬，所以在一起吃饭的时候他就是主讲的角色了。

当他知道我会围棋，就提出跟我切磋切磋，我当然高兴地接受，心想又多了一个一起下围棋的，至于他是什么水平，我猜应该和我差不太大。那天晚上他就到我宿舍，开始切磋起来。没想到下了二十多颗子，我就感觉他棋力厉害，断我的棋，打入我的空，我开始感觉很难对付，下到中盘我已经是招架不住了。眼看着他围的空越来越多，我死的棋不少，我就明白我遇到高手了，我跟他的水平根本不在一个档次上。眼见大势已去，不可能翻盘，我中盘认输，并且对他的棋艺大加称赞了一番，我提出再下一盘。不是不服输，我是想能不能少输一点。再战，情况一点都没有好转，仍然是输得一塌糊涂。我想这是我下围棋以来直接看到的第二个真正的高手。看样子他的水平不让我三颗子我是毫无招架能力的，悬殊太大了，已经不仅是输得服气，而且对他的敬意油然而生。我有些不好意思起来，说自己不行，我很少有这样狼狈不堪的感觉。他却说我下的可以，能够跟他下成这样还是不错的。我想他是在鼓励我，让我不至于输得太没面子。下完棋，他看我桌子上放的几本书，随便又聊了一下他就告辞回他宿舍去了。以后我没有再请他下棋，我知道他跟我这样的水平下棋是没有什么意思的。

与代培生认识一个多月后，我们的接触越来越多了，除了基本每天在饭桌上几个人天南海北地吹牛聊天外，他又到我的宿舍来过几次，当然不是来下棋。他一个人难免有点孤单，来说说话，感觉他还有点想"帮助"、"启发"我的意思。我渐渐地感到他是个博学多才的人，我当然只能多是竖着耳朵听。有次他知道我是高中毕业以后，就跟我聊数学，聊三角函数，我心虚，三角函数我除了还记得什么正弦、余弦、正切、余切的名词外，其他在高中学的一点点也都忘得一干二净，什么两角和公式，和差化积等等我根本不敢接腔，心里直打鼓，但虚荣心还是让我在那里嗯、嗯、嗯，他可能是以为我听得懂，就越讲越多，什么Sine 的导数，cosine 的导数，再接下来就是什么极限，微分积分。

我的天，我完全是云里雾里了，终于我找到了没有学过的借口，打断他的话说："算了，你是在对牛弹琴，我一点都听不懂"。其实我心里已经一点都不想再装下去了，在这样的人面前，装下去不是更可怜吗？

他收起了他的"讲课"说："我知道你可能听不懂，我的意思是要你去学点数学，让你对数学有点兴趣，以后总是有用的"。

我说，其实我也很想学，但是高中本来就没有上什么课，学的一点数学都还给老师了，数学基础太差，越学越感觉难，越难就越没有信心学下去。

他又跟我讲，其实数学越学越觉得有意思，他也是找机会到处听课，再就是自己学习，现在已经把微积分学了两边，还做了不少题。数学里面的变化，严谨，来不得半点虚的，不能不懂装懂，起码对训练思维是很有帮助的等等。我知道他说的都有道理，而且有些话是对着我说的，比如"来不得半点虚的，不能不懂装懂"，我耳朵根好像在发烧。但是对于我来说，我都不知道从哪里下手，因为我知道自己连正负数的运算都有问题。我看他也是诚心诚意的开导我，我对他表示非常感谢，说一定听他的劝导，以后还是慢慢学点数学。这次谈话真是让我佩服他数学这么好。我感到尽管他也是个工人，比我大几岁，但是差别太大了。关键是他对我可以说是忠言逆耳的劝导，他看出了我的毛病所在。

和代培生交谈主要还是在看的一些书上面。他说"文化大革命"开始他也是红卫兵，后来跟很多同学一样，感觉那样闹下去没有什么意思了，开始有些彷徨和苦闷，就到处找书看，开始是学习马克思列宁的著作，后来就看别的什么哲学、政治、文学方面书。还谈了些北京干部子女的事，说北京的高干子女多，社会上没有见过的很多书他们都能找到，很多"文革"前"内部发行"的只有高级干部才能看的"灰皮书"。有些学生因为看得太多，有些幼稚，后来出了问题。但是的确很多人后来就没有在外面闹了，都在看书。

出了什么问题代培生没有再说下去，他怎么能看到一些外面看不到的书，他家是不是高干我也没有去问。但是通过一些交谈我知道他的确看了很多书，而且他非常善于高谈阔论。

比如有一次下午吃饭，他谈到巴尔扎克的《人间喜剧》包括一百多本小说，谈到《高老头》，高老头对金钱的追求和父女间的金钱关系，和他对女儿的变态痴情。谈到《贝姨》中的于洛男爵如何贪图女色等等。因怕在旁边桌子吃饭的人听见，我们尽量小声音偷偷地谈。我把《大卫·科彼菲尔》算在巴尔扎克的名下，他立刻纠正我的错误，说那是狄更斯的，同时还列举了狄更斯的《匹克威克外传》、《双城记》等作品，并且说狄更斯小时候很苦，曾经在大英博物馆自学。他后来说的这两本书我没有看过，但是我的一个错误就可以引起他这些话来，使我印象深刻。

还有一次谈到欧洲，他说了很多。意思是他深切地感受到多年以前，在欧洲这块土地上人类在科学、哲学、文艺、经济、政治、音乐等各方面所产生的思想是那样的博大宏伟，以至几百年后在中国这个古老文明的土地上，除了政治上的登峰造极以外，其他方面却显得这么肤浅和孤独。当然，你可以说那全是资产阶级的东西。这里姑且不说还包括马克思主义和这个主义的来源。马克思主义的博大精深是无人反对的。没有深刻的思想就没有马克思主义。马克思是深刻的，马克思主义的三大来源不深刻吗？就是说资产阶级，别忘了它也曾经是人类发展中的革命阶级，当这个阶级与反动落后的封建专制制度、与黑暗的宗教势力作斗争时，它所表现出来的是一种人类所共同的寻求进步和发展的革命精神。在人类寻求进步的过程中，新生资产阶级的代表人物也都表现出一种历史的博大与精深。百科全书派，看这个派别的名称也不会怀疑狄德罗等人的博大精深。平民思想家卢梭，其思想的光辉至今还照耀着你能不佩服他的博大精深？巴尔扎克的小说，是不是博大精深，贝多芬的音乐算不算博大精深，冲破各种牢笼中所表现出来的思想和行动难道不值得后人永远崇敬吗？可是在我们这个封建意识深厚的国度里，却分不清什么是人类的精神财富，什么是封建主义糟粕，什么是我们民族引以为自豪的，什么是人们身上的毒瘤和枷锁。为什么国外有些大思想家对中国古代的思想文化表现出极为叹服并从中汲取营养，我们自己却轻而易举地踩在脚下。要想民族复兴，看看历史上资产阶级处于与封建制度斗争的革命时期，所产生的曾经照耀人类前进的思想，不同样会产生某种启发吗？封建主义的左派只能是一种封建主义。

"西方"更是可憎可恨，"西方"几乎成了"反动"的替代词。人们似乎把马克思、恩格斯、列宁都看成了中国人，西方怎么可能产生出那么伟大的革命导师呢？他们不配，他们不够格。革命导师们那浩如烟海的著作也应该出自红色的土地。激情代替了常识，歪曲欺压着事实，荒谬被当作真理，羞耻却变成荣耀。还好没有拒绝使用一切西药、汽车、火车、飞机、电等，因为那些人也少不了它。

"文化大革命"把中国以前所有的文化都看成是封建主义的糟粕，是腐朽没落的文化，除了秦始皇要肯定，还有后来为了批孔而找出的历史上几个"法家"代表人物外，几乎就没有值得肯定的人物和思想了，没有好东西，尽是坏蛋。仿佛中国人都是在一代又一代的历史反革命和反动思想中生存延续下来的。在很多很多的打倒、破坏、拒绝、否定、批判中，我们甚至不知道连"牛鬼蛇神"、"导师"、"世界"、"实际"、"宗旨"、"觉悟"等等这些我们革命的日常用语都是从佛教中引过来的，我们是不是浅薄和可笑了一些？狂热的革命掩盖了民族深深的悲哀，极左的潮流冲淡了历史的滑稽。

他给我们说得太多了，我也不知道他说的是不是都对，他的一些高谈阔论不能说对我没有影响。我回过头想自己那几年在空余时间总还算是看了几十本书，有历史的、哲学的，主要是西方名著。但仅仅是看，谈不上学，更不可能自学成才。所谓看书，只是了解大意，略知皮毛，不讲究方法，并没有真正变成自己的知识。要真正掌握知识只有通过学习与思考，而且要从基础开始，一步一步走向系统。我的文化基础比小学毕业生强一点，只有这种基础，想有所造化，除非是一个非常用功和非常聪明的人，对此，我只能是羞愧。当然开卷有益，对我们那个年代患有知识饥渴症的人来说，有那么好的条件借书，尽管是饥不择食、好高骛远，不求甚解，总比没有看要好一点点。

我也由他想到自己以后该怎么办，应当把自己的思想向哪个方向引呢？应该想些什么问题？是遇事就胡思乱想，还是去学会有计划的冷静思考？还提醒自己学习要有目的，有方向，有方法，盲目是徒劳无益的。关键是我的毛病怎么去改。

后来我也一直有些纳闷，为什么那些西方名著当时那么流行？没有什么人要我看那些书，后来发现我周围也有不少年轻人在看，听代培生说了才知道原来北京也是这样，甚至比我们这里还流行多了。

反"开后门"

"开后门"的事对我来说就像阿 Q 头上的癞头疮疤一样，但我绝对不敢有"你还不配"的想法。

在轰轰烈烈批林批孔运动初期，运动突然转向，变成了轰轰烈烈的反"开后门"运动。报上刊登了南京大学政治系学员钟志民的申请退学报告，在当前运动中放了一炮，他提出干部子女搞"特殊化"问题。我也佩服他的决心和行动，感觉他提出的问题的确值得深思。一时间，学生宿舍和院办公楼前面的大字报栏全部是关于反对部分工农兵学员"开后门"的大字报。没过几天，就有了反对"开后门"招工人的大字报。因为我也是"开后门"才当了学徒工的，我知道有些大字报已经是比较明显地针对我们几个"开后门"来的工人。本来自己当工人以来，内心很长时间都有一种愧疚心理，感觉很不光彩，抬不起头，这大字报都有了，更是让我感觉灰溜溜的。

高中毕业时，报纸上已经开始批判林彪的极左路线。教育和各条战线的工作开始回暖，我们这一届高中生遇到了短暂的好机会，一个班可以推荐一名同学直接上大学，但不能选学校和专业，我们班一个和我关系较好的女生赵同学在大家羡慕的眼光里获得了这次机会，当然她在班上各方面成绩非常突出，别人无话可说。其他人有的留校经过培训后充实教师队伍当了老师，有的分配到商贸战线，有的到农场，有的则下放到市郊的农村。

其实高中毕业时，我开始是不顾家人的劝说，硬是拿着户口本和彭同学等几个准备一起到农场去的同学到了粮道街派出所下户口，前面站着二、三十个和我一样准备下户口的学生。我们排着队，在那里聊天。我说，见鬼，下户口还要排这么长的队？彭同学他们几个一直也在劝我，说如果家里以后能给你找到工作，就不要下去了。我心情也还是十分矛盾，想着家人看着我非要拿户口无可奈何的眼光，我心里也不舒服，但是我是铁了心要下去，并不是要响应什么号召，听什么话，而是被逼无奈。关键是我这几个最要好的同学都要下去，我从感情上想跟他们一起，不说是有难同当，也是对具有深厚的友谊的我们来说，这种情况下我不能临阵脱逃，开小差只顾自己，否则我对不起朋友。我想朋友们在一起去努力，共同去创造新的生活。同时我也对下去以后的困难有了充分的思想准备，没有一点畏惧感，相信自己能走出自己的路。

下户口的队伍在慢慢的向前挪动，小厅里很安静，来这里的学生心情没有好的。

彭同学他们还在小声劝我不下户口，他说，我们班那么多同学可以不下去，有些人就是平时表现得很积极，关键时刻一个个都往后面躲，还看我们的笑话，更想看你的笑话，你就不能硬口气，不让他们太得意了吗？至于我们几个下去以后也会搞好的，也不要你陪我们，以后我们不可能总在一起，总是要分开的。彭同学说的有人想看我的笑话的确是实话，也说到了我的痛处。他们是真心实意、苦口婆心地不想我下这个户口。突然，彭同学趁我不注意，从我手里夺过户口掉头就走。我追上去，其他两个同学却把我拉着。彭同学头也不回就快步离开了派出所。就这样因为排队，因为他们劝说，因为自己不是十分坚决，我们又回到了我家，彭同学把原封不动的户口交给了我母亲。就这样他们去了农场，我后来过了一段时间，父亲找人"开后门"，我就当了工人。

有人贴我的大字报，我十分后悔，我想我应该把户口下了就好了，应该靠自己的奋斗，凭自己的本领去走出一条自己的路。但事至如今我也并不害怕，大不了到农村去，那么多同学都能去，我为什么就不能去呢？我又不比别人差。对此，我有很踏实充分的思想准备。面对周围有些人的议论和讥笑，我只有保持沉默。经常看到一些十分特殊的眼光，我只有去承受。从内心相信自己，以后事实会说明一切，让事实去回答吧。但我必须考虑眼前自己对这些事所持的态度，还要注意处理好一些关系，不是要去讨好什么人，而是注意不要去跟别人发生面对面的冲突，因为我毕竟背了理。青工开会学习钟志民谈申请退学的思想经过，弄得自己心里也十分矛盾，这时我已经作好退工的思想准备。但是我感觉事情没有完，因为我知道有那么多"开后门"来上学的，他们都没动，大字报虽然多，报纸上的文章也是一篇接一篇，但真要是退，怎么也要起码走一半学生吧，我这个当工人的凭什么要冲锋在前？

在一次政治学习的会上，终于有老师直截了当问我，对"开后门"当工人有什么打算。我明白他的意思是要我自己说出来退工。我已经想好了，尽管有些难堪，但是一点都不害怕，我站起来想说，如果组织通知要我回去我就走的意思。没有想到这时另外一个姓何的老师站起来，大声说，"开后门"当个工人，当个劳动者，当工人阶级的一员，有多大的错！我们这些人当初能上大学，现在也就是个"臭老九"，就不要这样对待年轻人了吧。这时，又有另外有几个老师也说，是的，不就是当个工人吗？有什么好揪着不放的？最开始向我提问的老师可能感觉到自己的孤立，也就不说什么了。我完全没有想到这些老师为我解围，特别是何老师，我知道他在院里是有影响的人，事情完全与他无关，而且那时我平常也没有跟他有什么特殊的关系，我当然非常感谢他。

但是工农兵学员面对如潮的反对"开后门"大字报却是高潮迭起。那时工农兵学员也不上课了，我们上班也不正常，大字报栏里三层外三层的人流，大家边看边议论着。又出了一批新的揭露某某等人"开后门"上大学的大字报。还有"开后门是对马列主义的背叛"、"与开后门决裂"、"像钟志民那样退到底，一直退回农村去"、"奉劝开后门的同学不要等待观望"为标题大字报。我们知道钟志民是从部队到大学的，现在他不仅仅是退学，退回部队不算，还要退到去部队以前的地方。这可不是小事，如果全国都这样退下去，那是不可想象的。

我住的集体宿舍就和大学生们一个楼，旁边的寝室都住着大学生。进进出出中也认识几个。其中有一个是当时解放军某兵种司令的儿子，从北京来这里上学的。他拿着一本《拿破仑传》在看，这在外面是看不到的书，我向他借时才知道他的同学已排了队，但他很好，优先借给了我。我觉得很好看，几个晚上一边看一边抄《拿破仑传》里有些我觉得有意思的内容。他结婚两天后就告别妻子踏上了战场。21岁任法军总司令。他在遗嘱中叫儿子永远不要反对法国，并且记住座右铭：一切为了法国人民。他自己估计他的主要品质：钢铁般的意志，坚决的精神，非凡的勇敢。不想当将军的兵不是好兵就是在这时知道的。他对女人、感情的克制力，他对学习、工作的认真态度和勤奋，他有时是狐狸有时是狮子的比喻，他的军事天才，他对法兰西的热爱等故事吸引着我。我想一个有点志气的男青年看了这本书都会为拿破仑的英雄气概所感动，哪怕你是十分渺小的泥土，如能仰望远处的高山，也能欣赏到那种外在的雄伟和体验那种内在的精神。难怪有人评价这本书时说，一人在此，此书毁情。我真是还想多抄一点东西，我想《红与黑》在工农兵大学生中也很流行，让他先把《红与黑》给别人看。但他那天跟我说，搞不好他和很多同学一样都要退回去了，别人还急着想看这本书。我已经是很感谢他了，听他这么一说，我马上把书还给了他。后来又发生了一起干部子弟的学员打了一个平常家庭出生的学员的事，被打的学员开始绝食，已有两天，其他的同情者那天晚上11点在扩音器中表示声援，强烈要求处分现在的"薛番"，大家都知道《红楼梦》里那个叫"薛番"的不是个好角色。这事后来是怎么处理的，我就懒得去关心了。

还有一位女大学生，她们在校办工厂实习劳动的时候我打过交道，一看她的穿着打扮就知道是个干部子弟，有人告诉我说她父亲"文革"

前是个高干。因为她是北京来的也长得漂亮，而且谈吐行动中也有一点特殊的气质，所以更引人注意。有几次在看反对"开后门"的大字报时，我看见她也在那里认真地看，但是眼神里充满着忧郁。我想她们现在的心情可能都很复杂，不知道再这样下去结果会是怎样。有一次在路上跟她擦肩而过，我忍不住回头看了她一眼，没想到这时有人在叫她，她也在回头，我赶紧溜之大吉。多年以后，工作关系我去接待一位上级单位来的客人，自然也是我们的领导，有人告诉我还是一位美女领导，巧的是来客居然是她。

在批林批孔运动中批"走后门"，这一点无论如何的确是正好符合了人民群众的诉求。1974年2月27日我在日记里记着：星期六听传达毛主席批示和中央8号文件，"走后门"参军、上学（没有说当工人）的问题，放在运动后期妥善解决。人们都为几百万而惊奇。普遍的情绪是对两句话不理解，"开后门"的不一定是坏人，不"开后门"的不一定是好人。还是集中批林批孔。

原来1月30日，叶剑英写信给毛泽东，反映了自己对"批林批孔"运动的看法。2月15日，毛泽东对叶剑英的来信作了批语，"开后门来的也有好人，从前门来的也有坏人。""现在，形而上学猖獗，片面性，批林批孔，又夹着走后门，有可能冲淡批林批孔。"当然"开后门"的不一定是坏人这句话我是很喜欢听的，因为我是属于"开后门"的，但是我知道自己肯定不是一个坏人，而且可以说是个有理想的革命青年。毛主席为所有"开后门"的人解了围。反"开后门"运动似乎影响了批林批孔的真实目的和大方向，学校也不可能将那么多学员退回去，参军的更是不好退。毛主席的批示让所有"开后门"的人都一块石头落了地。反"开后门"的事实际上就这样不了了之了。

"开后门"的风气起于参军的热潮，我们班一个女生一个男生都是部队干部子女，在大家都不知道的情况下就悄悄走了，后来我们才知道是当兵去了，这种情况在当时非常普遍，军队干部子女当兵容易些，地方干部只要有关系也都把自己的子女送去当兵。后来有上大学的机会，招工农兵学员，有些学员是经过基层推荐选送的，有些则是"开后门"上的大学。这种凭各种关系上大学的情况在基层并不少见，鱼有鱼路，虾有虾路，当然主要是些干部"开后门"把子女送到大学，但这些干部一般都是已经解放出来工作且级别较高，又担任重要职务。还有一些省、市地委领导干部和部队的子女。在基层的就是那些掌握实权的人了。后来"开后门"风气越来越盛，主要是重新掌权的一些干部，为了自己的孩子不下农村，开始在城里为孩子找份工作，主要是当工人。因为我有"开后门"的不光彩经历，所以也经常在想。为什么中国"开后门"风气刮得越来越烈，风源在哪里？

为什么会产生"开后门"现象，而且后来愈演愈烈，如果用黑格尔的存在即合理的思辨，就是说"开后门"现象既然那么普遍就一定是有其合理性。这尽管显然是不为老百姓所接受的观点，但事实很残酷，就是摆在那里。我家邻居是个大字不识的老工人，应该是个地地道道的老百姓，曾经是普通得不能再普通的工人，大字不认识几个。在一所大学当工宣队员以后，她就把她的侄女弄到大学当了工农兵学员。事情很简单，道理却不简单。今天我是老百姓，反对别人"开后门"。明天我的地位变了，有可以"走后门"的机会，我也是要走的。那些大大小小"走后门"的当权派，他们绝大多数都是从穷苦老百姓变过来的，曾经都是受压迫、受剥削的老百姓。所以合不合理关键在这个"理"上。就像以前的那些平房，如果没有后门，所有人是不能破墙而入的，只能都走大门。如果说后门是消防通道，规定没有火灾谁也不能走，并且平时把后门锁起来，那也是除了管这个锁的人以外，其他人是不能走的。如果把后门敞开着，人们需要的时候当然就想去走了。

混乱的 1974 年

1974年新年伊始，我们学习两报一刊社论《元旦献词》，战斗的1973年过去了。讨论国内外的大好形势，谈正确对待"文化大革命"和吸取两条路线斗争经验等问题。按报上的说法，看形势主要看阶级斗争、路线斗争的形势，经过"文化大革命"，粉碎了刘少奇、林彪两个资产阶级司令部，巩固了无产阶级专政，防止了资本主义复辟，这就是形势大好的主要标志。

按照中央1号文件列举的林彪的言论对照孔子的言论，林彪的罪行主要有：一、效法孔孟"克己复礼"。二、鼓吹"生而知之"的天才论，"我的脑袋长得好，和别人的不一样，特别灵，有什么办法呢？爹妈给的么。""这样的天才，全世界几百年，中国几千年才出现一个。"三、宣传上智下愚唯心史观，恶毒污蔑劳动人民。四、宣扬"德"、"仁义"、"忠恕"攻击无产阶级专政……几个老师对冯友兰写的尊孔思想的自我批判很感兴趣，说他也转弯了。

开批林批孔大会。会上那些人激昂的情绪，煽动的语言是对谁呢？大会上群众是这样地容易发动，也是这样地容易引导，真是教育人，真有意思。

继续学习批林批孔文章。"天马行空，独往独来"，"天马横空，知无涯"，"猛志常在"，"恃德者昌，恃力者亡"，"韦编三绝"。开会批判孔孟"民可使由之，不可使知之"，林彪"理解要执行，不理解也要执行"的愚民政策。"匹夫见辱，拔剑而起，挺身而斗，此不足为勇也","胸有大志,腹有良谋","范蠡的忍耐"。学《论语》批注。"名不正,则言不顺;言不顺,则事不成;事不成,则礼乐不兴;礼乐不兴,则刑罚不中;刑罚不中,则民无所措手足"。樊迟问仁。子曰:"爱人。"问知。子曰:"知人。"樊迟未达。子曰:"举直错诸枉,能使枉者直。"有子曰:"礼之用,和为贵。"还学周一良的文章"读柳宗元《封建论》",《封建论》肯定秦朝废除分封,设置郡县,建立中央集权的进步意义,正确估计了秦始皇革新进取的历史作用。王安石称柳宗元为"天下之奇才",苏轼则骂他为"小人之无忌惮者"。儒家宣扬"天人感应",柳宗元则说"苍苍者焉与吾事"。柳宗元的《天说》继承了法家的杰出代表荀子。那时有几个历史学家很吃香,报纸上每天都是这些反映中国历史的文章,五花八门,连篇累牍,铺天盖地。我按照在初中形成的学习方式,看一点,记一点,也不懂什么意思,知道自己历史知识有限,只能多看了。但是这样的学习效果显然就不像复课时抄几个词那样简单了,因为涉及的时间太长,人物太多,实际就是中国的历史,而且有些还非常具体。仅靠以前读一遍《中国通史简编》的基础是远远不够的。

一场大的运动又开始了,形势也越来越乱了。那天,很多人都议论汉口武圣路新华书店旁边的大街上大白天出现要流氓事件,几个流氓居然在光天化日之下在武汉最大的街道上,把一个女青年的裤子全脱了,那几个流氓在很多人在场的情况下对这个女青年进行调戏,而且事情发生还持续了一段时间,后来引起更多人围观,说新华书店那里挤满了围观的人,但是没有人去管,这件事轰动武汉。那时各种小的流氓事件时有发生。大家议论纷纷,说前几年那么乱也没有这样的事发生,再这样乱下去,不知道还会发生什么事。

政治学习讨论为什么不设国家主席,主要是能更好地实现一元化领导。有人说这次批林批孔的真实目的在于保卫"文化大革命"的成果。现在各方面反回潮,就是因为"文革"中涌现的新生事物在近两年被扼杀了，或又走到老路上去。

那天听院里专门请来的当时赫赫有名的历史学家作批孔报告，听完后也没什么事，就到司门口武昌区委门口的一个小广场去看开批林批孔大会。人很多，和"文革"开始时的情况差不多。人们对批林批孔大会没有太多兴趣，都是三个一群五个一堆在那里说着各自的见闻，我也挤在旁边听他们说些什么，有的说什么地方什么单位又开始成立战斗队组织了，有的人说这是又一次新的"文化大革命"的开始，有的说又要可以大串连了……有的人很兴奋，有的人很神秘，有的人则忧心忡忡。我想"文革"差不多八年了，再来个新的开始，如果再来次大串连？我不敢想下去。

3 月中旬的一天上午，院里召开批林批孔大会，院领导刚刚讲了几句，几个人就冲到大会主席台，夺过麦克风，把院领导训斥了一番，说他们是搞复辟，搞倒退，整造反派，算"文化大革命"的账等等，要党委起来带头造反，表态支持反潮流。冲到大会主席台的有个人我们都知道，他是个工农兵学员，最近在院里很活跃，一直在号召老师和学生都起来造反。原来坐在台上的几个堂堂的大人物被轰在一边站着，看他们的样子很害怕，不知所措，什么话也不敢说。我看着他们真是像可怜虫，软骨头。这时台下出现了起哄声，起哄声越来越大，有人带头喊"不许破坏批林批孔大会"，"在党委的领导下搞好批林批孔运动"的口号，还有人也冲到台上，要跟那几个人辩论，会场一片混乱。几千人的会就这样在一片混乱中散了场。

事情还没有完。中午在教工食堂居然搞起了大辩论来。我们正在吃饭的时候，以那个工农兵学员为首的几个人气势汹汹地进到食堂来，他好像也知道谁是他的对手，笔直就找到 H 老师，他们是来找他辩论的。H 老师把手上的饭重重地放在饭桌上，丝毫没有胆怯的样子迎上去。这时食堂里所有的人都围上来，里三层外三层。他们主要围绕"党委该不该起来造反"这个主题，你一句，我一句，各人说各人的，声音都很大，唇枪舌剑，两种观点各不相让，气氛异常激烈。辩论到后来，就完全脱离了什么党委该不该起来造反这个主题，开始去揭对方老底。工农兵学员先说 H 老师是个老保守派等等。这时所有人都没有想到 H 老师居然把那个工农兵学员是从湖南的什么工厂出来，前几年曾经是个什么组织的头头都翻出来了。这使大家都很惊讶，包括对方可能也没有想到这一点，那一刻他显得有些狼狈。我知道 H 老师平时是消息来路广，耳听八方，但也对他了解这些情况所惊奇。最后那个学员好像是不顾一切了，居然跳到饭桌上，那一刻几乎所有围观的人都开始起哄了，这里是教工食堂，学员是不让来这里吃饭的，更何况还是来这里撒野。有人大声喊要他滚下来。他也不管这些，继续手舞足蹈，唾沫横飞，声嘶力竭地大喊大叫。我想他真不愧为勇敢的"反潮流战士"，恨不得长两个喉咙就好了。尽管他口里充满了当时革命的语言，但辩论的对象非同一般，也是经过了多年"文革"锻炼的队伍。最终姜还是老的辣，那个工农兵学员嫩了一点。H 老师最后教训他不珍惜上大学的机会，还在搞派性，唯恐天下不乱。加上还有很多老师一直在起哄，那个学员和一起来的几个人可能感觉到在这里完全没有他们的市场，就灰溜溜地离开了食堂。H 老师旁边的几个老师都说他说得好。尽管饭已经凉了，但是大家还是没有忘记去填饱自己的肚子。

我后来看见这个学员就没有前几天那么得意和趾高气扬了，客观说那个学员还是很能言善辩的，没有一番经历、勇气和口才也是不敢轻易找上门来的，关键是报纸上每天都有号召"反潮流"的文章，让他有了底气。这场辩论我看得十分过瘾，也是我整个"文革"时期第一次这么近距离这么从头到尾看到的一场辩论，感觉很有意思。

那天晚上，几个年轻的老师又聚在一起，只要晚上没有安排学习、开会，他们就基本都是到 H 老师的寝室里聊天。那时他们都是两地分居的单身汉，老婆和孩子都不在身边，所以晚上也没事，就是关心国家大事，当然他们是大的方面观点非常一致的几个人。这天好像讨论的核心问题是对"文革"到底该如何评价？使人民的思想革命化，巩固了无产阶级专政，防止了资本主义复辟，用经济观点和上层建筑反作用的观点如何评价等等问题。我在一边听，但是确实不是很懂得他们说的意思。他们还听说院长准备站过去，说他一定是以前吃了亏，这次就错误地总结经验教训，怕不能正确对待群众运动，再就是也的确有很大的一股力量在压，怕他顶不住。他们几个老师商量好去找院长，劝他站稳立场，不能搞党委造反，不能倒向另一边支持"反潮流"，不能错误总结经验，不能交权，否则可能犯大错误。听说他们后来是去找到了院长，院长在摇摆不定中接受了他们的观点。据说后来院长很感谢他们，说要不是他们几个去劝阻，差一点就要犯大错。

那天半夜，他们几个老师在院内大门口的路上用石灰水写了大标语，很大的字写在地上，"反对踢开党委闹革命"、"坚持党的领导"等等。他们是有备而去的，一桶石灰水和一把大刷子早就准备好了。我一直跟着他们，半夜才回到宿舍，在回宿舍的路上，面对茫茫黑夜，不禁仰问苍天，不知道要乱到何时，还要赔多少青春进去。

第二天早上，我早早起来，到那些写了标语的地方去，看见已经有很多人在那里议论了。

又听说出现流氓犯罪，社会治安情况变得真快。大家都在议论流氓犯罪，把自己听来的小道消息又在这里绘声绘色地说一遍。有老师说，人类社会在繁荣时代的秘诀是道德，那么反过来，道德的沦丧说明社会什么呢？没有人能回答他的问题。

后来又看了一次学生代表新造反头头与院长的辩论会，学生要踢开党委闹革命，双方各持其理，而且很精彩。看来院长的态度硬了一些，也不像上次大会上那种战战兢兢的样子了。但学生代表似乎更理直气壮一些，咄咄逼人的样子。我渐渐对这样的话题失去了兴趣，没有再继续看下去。

3 月 27 日报纸上刊登了毛主席接见坦桑尼亚总统尼雷尔的照片，

大家都说毛主席看来比以前明显年迈多了。看得出大家的心里多了一份担忧。

4月的一天，早上骑自行车去上班，那时武昌鲁巷靠邮科院那边都是水塘，水塘里漂浮着一具年轻女子的尸体，很多人在围观，有说是自杀的，有说是被害的，尽管从穿的衣服、头发已经可以看出是个年轻女子，但是还有人在那里告诉大家溺死的男人都是仰面朝上，而女人都是俯身向下。我看的死人太多，自从1967年看渡江那次淹死人以后，就再也不想多看那种惨景了，好好的活人，一下子就成了那个样子，想着心里就难受，看了一会儿就离开了，马路上不断有人过来。

没有想到几天以后又是早上在另外一个水塘里又漂着一具年轻女子的尸体。很多人在议论，说现在越来越乱了。有的在唉声叹气，表现出对国家形势的忧心忡忡。还有的人在那里骂，明目张胆地骂当前的运动，明显表示不满。我还想，现在人们也越来越敢说了。也没有人去告发，如果有人要跟他过不去，说他是"现行反革命"一点都不过。看来不满的人也是越来越多了。在这个小道上可以说是怨声载道。短短几天的时间，就这块小地方，接着发生两起这样的事。那时除了报纸没有别的资讯，当然报纸是绝对不可能刊登这样的新闻的，所以也就是看见的人上班给同事去说说罢了。

那段时间，社会上的流氓犯罪活动案件明显增加。为了打击流氓犯罪，维护社会治安，各单位要求加强民兵轮流巡逻执勤。有天晚上，我和其他几个民兵执勤，我们每人都拿着一根比较粗的棍子，我们几个商量好，如果发现了流氓，先把他狠狠打一顿再说。我们围着巡逻的范围转了几圈，结果没发现什么事。那个半夜依然很冷，喧嚣以后的夜晚显得更加寂静，原来世界也是可以这样悄然无声，趁着这个夜晚我享受了自然安静的一面。

有天晚上到老师住处听他们谈论有关运动问题，他们说很多迹象说明这次运动是对着周总理的，有消息说那一派扬言要批"大儒"，批

"活儒"，是对着周总理。不过他们也感到这场运动发展太快，来势凶猛，超过了他们的前一段预想。武汉现在几个有名的派头头也都跳出来了。

"反潮流战士"越闹越狠了，但有些对立面好像也开始行动，感觉弄不好又要打起来。据说汉口那边很热闹，反正也不上班，那天到汉口工艺大楼，看了些大字报，主要是针对翻案的，特别是不许为"七二〇"事件翻案等等，工艺大楼几层楼窗子都砸得差不多了。回来时公共汽车也没有，就一直走到武圣路才搭上到武昌的车。

4 月 17 日传达中央文件。中央明确运动要在党委领导下进行，不搞战斗队，不搞串连。这对"反潮流战士"们明显不利，但也只是安静了两天没怎么看见他们闹了。两天以后"反潮流战士"就又动了起来，那时中央文件都管不了他们，他们到院长办公室找院长辩论，仍然是要求党委造反，要求党委表态支持"反潮流"的革命行动。院长办公室外面乱哄哄的，有人说就是要搞得这些老家伙昏头昏脑，要像割韭菜一样，把一批批的老家伙割掉。要打开监狱找左派，要真正地行动起来。我想戈培尔式的宣传可能就是这个样子，谎言重复一万遍，但是能成为真理吗？

那些天不上班也没人管了，我也看不进任何书。听说有个地方贴出了很好看的大字报，是专门讲毛主席 1971 年在郑州、武汉、长沙、杭州、上海、等地接见大军区负责人谈话的内容。我去的时候，果然看见那个大字报栏前站满了人，大字报里面有很多反映林彪九一三事件前夕中国最高层的活动情况，讲毛主席怎样"甩石头"、"掺沙子"、"挖墙脚"，讲思想路线、政治路线问题，谈庐山会议后的党内斗争形势等等，大字报很长，很有意思，我对大字报将信将疑，因为从内容看不像是假的，但是又对这么重要的秘密怎么会流传到社会上来感觉不理解，所有的人都在那里非常认真也可以说是屏住呼吸地看，因为内容太吸引人了。

我马上就 20 岁了,不知是喜还是忧,喜的是又大了一岁。忧的是各方面实在太欠缺了。自己应该进入一个新的时期,走好今后的路。

后来我们又听了传达中央专门对湖北问题的 7 点指示。两派在 7 点指示里各取所需,一派大叫"七二〇"事件不能翻案,另一派要打击五一六和白、决、扬,结果还是闹得不亦乐乎,谁也没有说错。七二〇事件已经过去 7 年了,但好像在两派不同观点人们的心里仍然是一块抹不去的心结。

因为 74 年是混乱的,所以我的思绪也跟着混乱。

听老师们说笑话

1974 年 4 月初的一天下午，和老师们在院内打扫卫生。几个平常喜欢一起说话的老师又凑在一块，边清理教学楼下的阴沟，边聊起前段时间北京等地搞得沸沸扬扬的"考教授"一事。我知道他们都是些消息灵通人士，他们经常到北京、上海出差，在很多大学都有同学，家庭关系等等，这些都是他们小道消息的重要来源。

A 老师首先挑起了话题，说是北京把六百多名教授、副教授弄去考试，结果及格的只有几十个，百分之九十以上不及格，还有不少是交了白卷的。我说你们啊，不要老是想自己的专业和轻松地劳动，等到考试的风吹到武汉的高校来，我看你们也跑不了。

B 老师本来在蹲着捡碎砖，一下就站起来接着说，据说这次"考教授"是按上面的意思搞的，谁要这些老家伙看不起工农兵学员的？看你们以后谁还敢搞大学入学前的考试。听说后来其他地方也出现的"考教授"都是采取突然袭击的方式。武汉要搞这事，只能是什么时候把你们这些老一点的家伙也来突然袭击一下，那也是很过瘾的嘛。

B 老师说完笑得蛮开心，在我眼里，B 老师在这些老师里面也应该是个"老一点的家伙"。尽管他对 A 老师话题的附和看样子还有点得意扬扬，我想要真是那样，他可能也跑不脱。

C 老师扶着铲子站着说，把那些不同专业的教授拉到一起考同样的试题，本来就是莫名其妙，明摆着就是要修理这些人。以后批"修正主义教育路线"、批"右倾回潮"就更有说服力了。看这些人以后思想还通不通，还服不服气，还敢不敢说怪话。

D老师笑着说，考"三大纪律八项注意"，有的老家伙答八项注意其中一条是注意打扫清洁卫生。也难怪那些老家伙劳动改造还是有蛮大的进步嘛，这些年只知道打扫清洁卫生了，不知道有没有答要注意劳动改造，不乱说乱动的。要我今天去答题，说不准我也会这么答。

其他几个老师们一时议论纷纷。

A老师又接回来到，要我去答题我就交白卷，不是要向张铁生学习吗？这辈子还不知道交白卷的味道。

B老师指着A老师说，老A呀，人家张铁生交白卷是英雄，你算什么东西啊，你交白卷一定是狗熊。还可以批你抵制考试，批你对革命行动不服气，你信不信？

B老师和A老师两个人一有机会就会互相逗乐，在食堂的饭桌上只要找到话题就要你一句我一句逗一下，我们明白他们都是在借题发挥，说些讽刺、挖苦的话是吐出自己的牢骚。今天这样的机会他们自然不会放过。

B老师的话引来大家的笑声，A老师在一边只能苦笑着摇头。我站在旁边，哪里想去劳动？只是听这些老师在那里说些我还不是很清楚的事，看他们发牢骚、打口水战的样子，的确感觉蛮有意思。

A老师转移了话题，说前几天《文汇报》发表《一本地地道道的复礼、翻案的画册——评〈中国画〉》的文章。听说画册里面有个画家画了一幅睁只眼闭只眼的猫头鹰，就批他充分暴露了仇恨现实。老B，我看你蛮像那个猫头鹰啊。

原来A老师是借题想回击B老师。不过经A老师这么一说，我也觉得B老师确实长得有点像猫头鹰，圆圆的脸，又黑，眼睛上架着一副眼镜，脸上还有胡子。可能是大家有和我差不多的感觉，所以都转过头来仔细欣赏B老师的脸是不是猫头鹰脸了，从他们笑的样子看，应该是认为还是蛮像的。

没有想到 B 老师也哈哈笑了一下，下意识地扶了一下眼镜说，老 A 呀，你怎么不说有人画了三只老虎，在"月晕而风"的夜晚，躲在草丛里，瞪着恶狠狠的眼睛，窥测方向，伺机而动呢？你那两个儿子加你，不就是那三只恶狠狠的、伺机而动的老虎吗？大家说，是不是？

A 老师显然没有想到 B 老师这么反击他，他一时张口结舌，因为平常大家都说他的两个虎头虎脑儿子是两个小老虎。现在加上他，正好说明是三只老虎。大家对着 A 老师又是一次哄笑。还是 A 老师自己转了弯，说，见鬼了，画家画这不行，画那也不行，反正是要想批你，就有理由，真是欲加之罪何患无辞，本来就是画的国画准备拿出去赚外汇的吗。

C 老师笑着说，行了，管你们是猫头鹰是老虎还是大公鸡，赶紧清理一下就收工了，最好明天还接着劳动，把"黑画"里的公鸡和骆驼也拿出来评一下，看你们还说些什么新花样来。

当时全国批判一些画家的画也是搞得很大影响，把画的猫头鹰、老虎、公鸡、骆驼等等都上纲上线，批这些画是仇视"文化大革命"，是反对批林批孔运动，是反对社会主义，是一小撮"复辟狂"不甘心自己的失败，随时随地准备同无产阶级决一死战，是想翻案，等等。

大家在轻松愉快的氛围中结束了这次劳动。我越来越觉得那些知识分子讲俏皮话有意思，他们在互相逗乐打趣调侃中流露心中的情绪，对当时舆论的反感，用这种特殊的方法交流思想，甚至发泄不满和怨气。所有知识分子的优点和缺点在他们身上都得到充分的反映。

书 信 摘 录

　　高中毕业以后的一段相当长时间，我与几个朋友完全是靠写信保持联系。那是我们之间保持友谊、倾吐思想感情的唯一渠道。对于刚刚踏上社会，一切都是新的，充满了陌生感和满腔热情的我们来说，为什么周围的一切是这样的，我们的内心发生了哪些变化，我们的人生道路，我们的前途会是什么样等等很多问题缠绕着我们。我们几乎每天都有新的想法、忧愁、烦恼需要诉说，因为有些想法是不合当时时宜的，是我们内心深处的，用那时的语言是灵魂深处的想法，被别有用心的人知道了是要惹祸的。所以这样的诉说也只能在很好的朋友之间来进行。另外，朋友们去了农场以后，除了一些当时的政治书籍以外，没有任何其他的书，应他们的要求，我看了什么书里面有哪些我觉得好的内容，就要我摘录一点给他们寄去。

　　这样的书信来往有二三百封，差不多每个星期至少要写两封信。现在来看这些信，回想那时的心情，感到这些信起码没让我们这些初出茅庐的年轻人被憋死，还有个渠道能说真心话，能够互相倾吐。通过信的交流，我们也互相得到鼓励和宽慰，度过一些我们共同面临的内心痛苦时刻，使我们一些焦虑情绪得到一定程度的释放。一天的体力劳动或政治喧嚣后，在属于自己小小的空间里，在夜深人静的时候，在那种非常压抑的环境里，去呼吸一点清新的空气，任凭自己的血去自由的流淌，任凭自己的笔在信纸上去袒露心声。这个时刻的我们才属于自己。写信和收信对我们是何等的重要，那几年我是三天两头往邮局跑，几乎每天都在信堆里满怀希望的找着自己的信，这是现在年轻人无论如何体会不到的一种感觉。

这些真实的笔迹还是一种记载，从那些信里可以反映出我们在那个年代里如何慢慢长大。能看到那时我们内心的困惑、痛苦和天真、美好的想象力、希望，才能更深地体会到破灭的过程。

信很多，掐头去尾，也不管是我写给朋友的还是朋友写给我的，拣出来一些段落或句子，算是一种注脚。

你终于来信了，我好高兴。谈到遇到领导的要求、环境、劳动、生活、学习等等很多问题，思想有些困惑和波动，感到理想离现实生活差得太远，感到受到某种刺激。我想这可能是因为我们思想不成熟的原因造成的，希望能战胜这些困难，战胜这些困难就会有新的进步。

这两天看克鲁普斯卡娅的《列宁回忆录》，它像一本新书似的吸引着我，多么有趣的回忆啊！记得高中时写批判文章批判普烈汉诺夫，还批判伯恩斯坦、考茨基等，什么修正主义的鼻祖、机会主义的代表，现在想起来多么好笑，我们当初知道他们多少呢？对批判对象的无知，我们自己真是莫名其妙，太盲目。人云亦云的批判有什么效果呢？当然现在知道的也不多。

人们和大地都进入了梦乡。

读《中国通史简编》，获得一点历史知识。知道中国在几千年的奴隶社会和封建社会中农民所受的苦难，确实难以想象，真是做牛做马。中国自古以来，虽遭受了很大的不幸，却也对人类有很大的贡献，作为青年人要继承我国人民勤劳、勇敢、智慧的优良传统，为子孙后代多做贡献。

有几句成语：方而不割，廉而不刿，直而不肆，光而不耀。

我们刚进入这个社会，是否也要用这些成语来告诫自己？让自己去适应周围的环境，处理人与人之间的关系，让自己有立足之地？

对于学习也有几句古语：学须静也，才须学也。非学无以广才，非志无以成学。淫慢则不能励精，险躁则不能治性。年与时驰，意与日去。中国的这些古语说得这么好，的确像是给我们的如何去学习拨开了一层迷雾，我们一起共勉吧。

还有古训说：时过然后学，则勤苦而难成。我想我们这个年纪正是学习的时期，古人说过了这个时间，你再勤奋刻苦的学习效果也不行了。所以我们必须趁自己还年轻多学点知识。

……

心情怎么也愉快不起来，整天除了劳动还是劳动，面朝黄土背朝天"修地球"，生活单调，枯燥无味。劳动一天，精疲力竭，晚上倒床就睡，日复一日。大道理虽然明白一点，但有什么用呢？有几个人是真正按大道理去做呢？有时候用那些大道理来说服自己，但是现实生活和大道理完全是两码事，真正要做到太不容易了。我这里没有书，你看有什么书，给我寄两本来，也可以消磨一点时间。

在你感到忧伤的时候，在你处境很困难的时候，你会看到有的人是多么的快乐无忧，这时你会羡慕那些快乐的人们。但你不要想去分享别人的快乐。我现在没有欢乐，也不想去分享别人的，我相信自己，哪怕是自我安慰，我要用我的努力去换来属于自己的欢乐，我相信自己会快乐起来的，我记得：不在沉默中爆发，就在沉默中死亡。我将要爆发，将要燃烧，分享别人的快乐有什么意思？用别人的快乐去狠狠鞭笞自己吧！

这几天常常想自己未来的生活，也许是幼稚的空想，但我却把未来看成是活生生的。

我们刚刚进入到一个新的境地，算是迈上了新一层的生活阶梯，受到一些新的事情的影响。给你提个问题：什么是幸福、什么

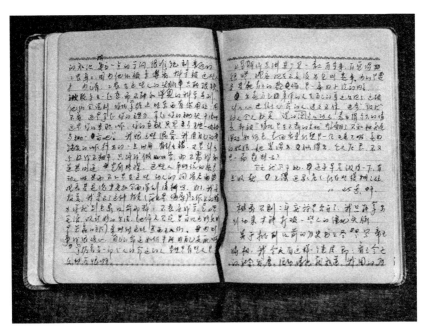

"文革"时期的日记

是愉快、什么是苦恼、什么是忧愁？我想，从大道理讲，为人民服务最幸福，犯了错误最苦恼。这是我的感觉。都说我们这个年龄是世界观形成的时候，尽管只有无产阶级和资产阶级两种世界观，感觉自己看问题肯定不会用资产阶级的世界观，但是好像也不是现在说的无产阶级的世界观，因为离无产阶级世界观的要求似乎差得太远，按现在的要求根本就做不到。难道除了这两种世界观以外，还有另外的世界观？真是不明白。

  ……

  真是有意思，你提的问题，我前段时间也在想，我也有同样的感觉，难道真是我们的思想落后的问题？事实上我们应该算是要求上进的，这些我们自己最清楚，但就是达不到现在按无产阶级世界观认识事物的高度。都说我们这个年龄的人世界观一旦形成，以后就不会有大的变化，就基本固定下来了，如果是这样，我们岂不是永远都像在高中一样，属于落后者？我也是想不明白，找不到答案。看来这是我们在人生的道路上不得不面临的一个大问号。

……

昨天见到毛蛋，与他一起讨论你提出的什么是幸福、什么是愉快、什么是苦恼、什么是忧愁等问题。我们感到各人都有自己的愉快和苦恼的事，这要看各人的志愿、爱好以及性格和环境。在满足自己愿望或欲望的时候，一定会高兴、幸福，符合自己性格和环境时也是同样。相反，在自己的愿望受到打击，愿望不能实现，性格与客观环境不相符时，就会产生苦恼和忧愁。当然这其中还是存在世界观的问题。记得鲁迅有过这样一句话，大意是吃不饱饭的人总不会去为商品销不出去而感到担忧。话虽这么说，但自己面临的苦恼也解决不了，我们的前途在哪里？我们就这样过一辈子吗？72年的5月永远不会再回来了，时间一天天过去，我们却在原地踏步，以后该怎么办呢？我现在心里像是被什么东西塞住了一样，很不好受。面对强烈的空虚感，真是感到害怕，老天保佑明天要好些。昨天和毛蛋还说到报纸说今年三月，数万美国儿童和他们的家长一起在华盛顿举行了孩子们为生存而进军的示威游行，抗议资本家雇佣童工进行残酷剥削。我们国家的儿童是幸福的，他们不会有任何苦恼和忧愁。

普希金写于1825年的《假如生活欺骗了你》：假如生活欺骗了你/不要悲伤，不要心急/阴郁的日子须要镇静/相信吧，那愉快的日子即将来临/心永远憧憬着未来/现在却常是阴沉/一切都是瞬息，一切都会过去/而那过去了的，就会变成亲切的怀恋。

……

这两天不想写信，因为头脑好像被空虚挤满了，像是什么事都熔化成了空虚，脑筋里空荡荡的，充满了空气，恍恍惚惚，就算很想摆脱这种精神状态，但就是摆脱不掉，是自己的想法太脱离客观吗？充满了怀疑，我自己也担心，害怕这个样子，甚至埋怨自己，像内心有两个人在争论一样，但是空虚的一方仍然很顽固，我不知道该怎么办。不知道你有没有过这样的感觉。

给你寄去几本鲁迅的小册子，新华书店只有这些书，另外你要的农村办宣传栏用的刊头的书，书店里所有这方面的书我全部都拿了，一并寄去。

上次问你还写不写诗，你说没有心思去写了。其实我想如果想写的时候还是应该写，我觉得你以前写得那么好，还是应该坚持下去。我在看马雅可夫斯基诗选，马为什么最终选择自杀？他不是一个十月革命的诗人吗？

下午偶尔收听了红小兵节目和红卫兵节目，使我想起小学时下午这个时候收听的小喇叭节目的事，那时我们是多么无忧无虑啊！

……

今天看完《马克思传》下册，走自己的路，让别人去说吧！但丁这么说，马克思也这么说，他们是伟人，走的是伟大之路，向伟人学习吧。记下这几段话：熬过了许多不眠之夜，进行了许多次战斗，经受了许多内部和外部的刺激……他抛开了大自然、艺术和整个世界，疏远了朋友……对最高认识不倦的追求，是发源于他内心的最深的情感……上帝曾经赋予他的灵魂，使他对每一种痛苦比别人感受得更强烈，对每一种忧患比别人感到更深切……他在大海上航行，总是充满了风险……人所固有的我无不具有……能够为了人类的伟大目的而超然于最痛苦的不幸之上。生活给予他的锻炼能力的机会太多了……

《马克思传》里面的马克思是一个多么活生生的伟大人物啊！想不到伟大人物也会有很多痛苦，但他们都以坚强的意志战胜了痛苦，像贝多芬说的那样：我们这些具有无限精神的有限的人就是为了痛苦和欢乐而生的，几乎可以这样说，最优秀的人物通过痛苦才得到欢乐。

看来痛苦是人生道路上面临的山，你必须翻过去。

现在经常回忆自己走过的路，在郁闷中经常回忆那些难忘的人和事，我幻想能把那个有趣的年代描写下来就好了，如实地去反映出我的童年、小学、初中、高中的生活、事和人。不是美好，是曲折，是能折射出这个特殊年代的特殊生活和个人成长的特殊道路，一定很有意思，一定能打动很多人，因为我们这一代人的成长过程基本上和我是大同小异的。也可能会受到批判，那些无聊的批判的确让人讨厌，相信社会不会永远是这样。我试着写了几次，自己都看不下去，留着怕被人看见笑话，撕了。我不明白别人是怎样写出那么多好的作品，而且他们大多数人也很年轻。我深知自己思想不成熟，文学水平太差，没有天分，但幻想也要想办法去实现，因为这个幻想是那样的强烈，它经常光顾我的心灵，暗示着我，向我发出召唤，我想一定要坚持下去，尽管很难很难，一定不能让我的幻想破灭。尽管列宁说幻想是弱者的命运。我现在只能是个弱者，也只有认命了。

......

断断续续总算是把《通史简编》看完了，多了点历史知识。借来《少年维特之烦恼》等书，慢慢看，只是讨厌经常停电。昨天与毛蛋下了几盘棋，然后到江边走走，还好。在江边碰见两个小学同学，好多年不见，几乎是异口同声地说对方长大了。我一眼就认出了他们，样子还是以前那样，但是再不是以前的娃娃脸了，而是真正的青年人。我想，同学看我可能也是一样的感觉。是啊，我们确实长大了，我们应该是真正的青年人了。

恩格斯说："每一种新的进步都必然表现为对某一种神圣事物的亵渎，表现为对陈旧的、日渐衰亡的、但为习惯所崇奉的秩序的叛逆"。现在一说起来，这是新生事物，那是新生事物，而且一开始就要表现出"完善化"，不说没有那么多新生事物，就算有一些所谓的新生事物也要体现一种新的进步，但那些所谓的新生事物按恩格斯讲的意思差得太远。能称为新生事物吗？完善了就意味着某种成熟、无缺点，这种所谓的新事物只能是一种自我吹嘘罢了。

看《资产阶级人性论言论选辑》，不知不觉中了很多"毒"，人的七情六欲是不是抽象的人性？如果是，那么人性就有抽象的，如不是，也就无抽象的人性了。焦大并不一定对林妹妹无想法，只是地位相差太远不敢想罢了。没想到多年前就有人对人性的研究、论述如此丰富。抄了一部分我觉得有意思的句子。

……

人总想追求违禁的事物，思念弄不到手的东西。恐惧是为着那漆黑的有威胁意味的深洞，欲望是要知道那里面究竟有什么可惊奇的东西。

好人的天生欲望是知识。

时光啊，你消磨掉一切事物。

友谊真是一样最神圣的东西，它是慷慨和荣誉的最贤惠的母亲，是感激和仁慈的姐妹，是憎恨和贪婪的死敌。

愚蠢往往使人们从幸福的境界堕入痛苦万分的深渊中，而聪明人却往往能凭着智慧，安然渡过险境走上康庄大道。

要是他们身体里缺少热血，那么就让他们在冷冰冰中过一辈子吧。

让一个人坚定地走向放在他面前的目标吧，他的影子会跟着他走的。

现在你应该从怠惰中摆脱出来，因为坐在绒毛上面或是睡在被窝里的人们是不会成名的。你们不是生来去过野兽生活的，而是要去追求美德和知识。

真正有学问的人就像麦穗一样，只要他们是空的，他们就茁壮挺立，昂首睨视。但当他们臻于成熟，饱含鼓胀的麦粒时，他们便谦逊地低垂着头，不露锋芒。

一条猎狗的敏捷，不是因为它的颈圈，一只鹰隼因它的翅膀而不是因为它爪上的系铃，为什么我们不一样地根据他本身的价值而去评价一个人呢？

要全神贯注在……最有用的部分上。

只有疯子才对什么都加以坚决的肯定。

与知识一样，怀疑也使我高兴。

蜜蜂到处采花，但它们后来把它酿成蜜，这就完全是他们自己的东西了。

知识就是力量。

人们在致力于社会职责方面也是如此，经得起各种诱惑和烦恼的考验，才算达到最完美的心灵健康。

对于一个生在大风暴时期的人来说都是太不幸了，那些巧工心计的无休止的野心把人民搞得离心离德。

人类一切工作都像游泳家的工作，茫茫大海威胁着要吞没他，如果他不是勇敢地对待它，它会说吞没就吞没。歌德说，人类在世上能作一切工作都是如此。

无知者是不自由的，因为和他对立的是一个陌生的世界，他住在这世界里面不是像居住在家里那样。

是的，苦痛、亲人的死亡甚至朋友的背叛也会给予伟大艺术家一种辛酸的快乐。

憔悴的青春，衰退的精力，枯竭的天才。

最纯粹的杰作是这样的，不表现什么形式、线条和颜色，一切都融化在思想和灵魂中。

雪莱：过去属于死神，未来属于自己。

司汤达：伟大的热情成就一切，因此我们可以说，一个人只要强烈地坚持不懈地追求，他就能达到目的。

司汤达：做一个杰出的人，光有一个合乎逻辑的头脑是不够的，还要有一种强烈的气质。

……

收彭同学信，讨论必然性，同意他的一些看法。但是我突然问自己，人处于顺利或优势时，认识其必然性会得到一种特殊的动力。如果处于恶劣或劣势的地位，认识必然性将会得到什么样的效果呢？命中注定？刚才不好是必然的，现在好了也是必然的，看来必然性本身包含着永恒的肯定与否定，对原来的否定，对现实的肯定，今天的现实又可能被明天所否定。所以不能听天由命！

批《三字经》、《女儿经》、《千字文》、《增广贤文》等。批"头悬梁、锥刺股"，"劝清政、劝宽仁"，"凡是人、皆须爱"，都没看过，这么多人写批判文章，不知是哪里看的书。看了几篇批判林彪"灵魂深处闹革命"的文章，说了那些年，都是在搞唯心主义，以前批林的人又是反革命，怎么说都有道理。

……

毛蛋完了，他怎么成了这个样子，哪里是我以前活泼愉快的好友，我伤心透了，他一辈子完了，我要负什么责任呢？我怎么没早点发现那些不好的苗头呢？我怎么没去帮他一把呢？唉，可怜的毛蛋，可怜的家庭。没办法挽救了。

……

看《红与黑》，不知怎么老是联想到自己，是不是像鲁迅说的，看《红楼梦》，硬是把自己比作书中的一个角色？也从一个侧面说明这些书写得好，一、二百年前的，外国的，读起来很多从心理上相通。《红与黑》在工农兵大学生中也很流行，不知他们是什么体会。

碰见高中的左同学，哪怕面对面，眼对眼，我也不愿理他，让这小人对自己去趾高气扬吧。

把这两年我们的通信看了一遍，有很多有趣、欢乐、痛苦、无奈、烦恼、激情、克制、愤恨、追求、灰心、失望、悲观的事，真是应有尽有，酸甜苦麻辣五味俱全、记忆犹新，一切都在动荡之中。两年了，看来还是随着年龄长大了，但感到进步太慢，成绩太少。有个想法，一定要学点数理化，下了几次决心，都吹了。不知这次决心能不能实现。英语继续学，有些进步，也是太慢。想到工作很烦，太限制人了，看点书要装假，偷偷摸摸，而且提心吊胆，生怕别人看见又惹是生非，真是见鬼。有时却感到非常无聊，尽管此时无情地骂自己，克制自己，但效果还是不好，怎样的一个矛盾混合体呀！

真正有出息的人，我想都是依靠自己的力量，我有这种力量吗？以前是没有的，今后呢？

……

五一过得一般，看完《斯巴达克思》，完全被吸引住了，真好看，很受感动，那种英勇的气概，真诚的爱，他说，伟大的理想只有经过忘我的斗争才能胜利地实现。

看来我是个无能的人，面对自己的痛苦只能表示出那种仰首叹气、低头洒泪，有虚伪但恨它，有空虚但想脱离它，有幻想但嘲笑它，有烦恼但想克制它。对自己的无知我已习惯于自卑，对命运的安排我表现多愁善感，我希望真诚，希望崇高，希望美好，但老天注定赋予我这个庸人的角色。

摘录这些就可以了，因为所有的信加起来是那么多，只想说明那时信对我们是多么重要。

大 学 梦

1973 年 6 月底，眼看着大学招生正式开始了，条件是有 2 年以上实践经验的优秀工农兵，一般 20 岁，年龄可以放宽。我才一年工龄，不用去想入非非了。下一年这个时候按条件我"2 年实践经验"还差三个月，就别谈"2 年以上"了，要是硬卡"2 年以上实践经验"的条件，我要到 1975 年才够格，当然还要是"优秀工农兵"，如果别人不认为我是"优秀工农兵"，到了时间也不行，如果有几个"优秀工农兵"，但是上学的名额有限，还是有问题，关键是我的"灯工"工作别人做不了，如果让我去上学，整个一块工作就要停摆，看来希望渺茫，我在心里盘算着。尽管知道自己不够格，但眼睁睁看着别人有机会，还是感觉很伤心。以后会怎样，天知道。那段时间对前几年的大学生可以重新返校学习，叫回炉。我想人家都能回炉，我们还不能进这炉子，真是没办法。

没过几天，报纸上转载了"一份发人深省的答案"的文章，介绍辽宁一个叫张铁生的下乡知青报考大学时物理化学交了"白卷"，并在卷子后给领导写了一封信。几个师傅拿着报纸看，各人观点不一样，有的支持，有的反对，一群人为这件事还面红脖子粗的争了起来。

支持的说都搞了这么多年的"文化大革命"，学生没有上课，后来又下了农村，老老实实接受贫下中农再教育的学生哪有时间看书学习？凭什么要考他们？如果以后上大学靠考试，谁还愿意下农村？

反对的说大家经历都一样，大学当然应该招一些有一定学习基础的学生，不考试怎么区分？不考试就可以"开后门"，谁有门路谁就可以上大学，那些学习好的没有门路的就一辈子别想进大学的门了。

本来我开始看那封信时，还很同情这个叫张铁生的下乡知青，因为他好像比我大一岁，他1968年初中毕业就响应号召下乡接受再教育去了，也只能是1965年学了一点物理化学，这么多年学的一点物理化学肯定是忘了，怎么能不交白卷呢！但后来看他在说别人是"大学迷"时，同时承认他上大学是"自幼的理想"时，感觉他真是矛盾，自己也是想上大学，怎么说别人？再说我自己也非常想上大学，按他的说法我应该也是个"大学迷"，所以从心里就不同情他了。至于几个师傅争论的观点，我想他们都很有道理，谁也说服不了对方。问题到底出在哪里？我也迷惑起来。后来张铁生这件事在社会上影响越来越大，那段时间他成为全国聚焦的焦点。

通过这件事，我知道其实还有很多很多年轻人跟我一样，都想上大学。那时年轻人的主要出路基本是当工人、农民、解放军，也就是常说的工农兵。参军已经不可能了，下农村的知青都盼着回城当工人，尽管搞了这么多年意识形态方面的思想革命，但是所有的人对当农民都不是心甘情愿的，因为都知道当农民最苦。现在有上大学这条路，千千万万的年轻人都在翘首以盼，所谓人往高处走，上大学起码可以多学一些知识，可以在城市里工作，当然还有部分年轻人是想成就一番事业，为国家为人民贡献自己的才智。

那是铺天盖地地批判"知识越多越反动"，成天叫嚷"宁要社会主义的草，不要资本主义的苗"的虚伪年代，但在人们的心里没有人去相信那些鬼话，一个头脑正常的人都知道生活在这样一个年代，知识应该是有用的。轻视知识、反对知识甚至违反规律、倒行逆施，最终民族、国家迟早是要付出代价的，而且一定是惨痛的代价，跟着倒霉的则是所有的老百姓。"四人帮"垮台以后，我想他们是做着葬送别人的事，他们也在葬送自己，他们一边愚弄着人民，一边把自己永远钉在历史的耻辱柱上。

到了9月，报纸上说我省17所高校招生8000名，全国共招了17万工农兵大学生。我想一所学校就招了差不多500名工农兵学员，武汉那么多大学，那么多也轮不上我，只能眼巴巴地看着别人"上大学、管大学、用毛泽东思想改造大学"了。我家那个老工人邻居，在一所大学当"工宣队"队员，把自己的侄女送到大学去当了工农兵学员。我想凭读书我不比她强一百倍也要强十倍吧，但学校就是要她。还有好多干部子弟，也能去上学。我明白，我父亲这样的干部级别低，没有实权，没有那么大的能耐，他何尝不想要我读书？只是他自己也没有办法，我也从来没有表示想上学的强烈愿望，我没有任何理由那么做。

马克思说，在科学上面是没有平坦的大路可走的，只有在那崎岖小路上攀登不畏劳苦的人，才有希望到达光辉的顶点。我感到自己一方面想向知识的山峰攀登，一方面却连通往知识山峰的山脚都未到达，我在崎岖小路上攀登不畏艰险的资格都没有，还是争取先努力到山脚下，找到崎岖小路，这也不是件容易的事。

过了一年，1974年大学招生又开始了，完全与我无关，我连边都沾不上。当时大学招生是贯彻所谓"十六字方针"：自愿报名，基层推荐，领导批准，学校复审。我连报名的机会都没有。遗憾和恼恨是难以忍受的，没人的时候，我用拳头使劲地捶着桌子，捶着自己的头，但是捶桌捶头也没用啊！那个邻居家的女大学生上了一年的大学，已经找到男朋友了，据说是同学，每个礼拜天都上邻居家来玩。看着自己周围的这些工农兵大学生，我从内心深处真是羡慕他们。我想如果能像以前通过考试来录取大学生就好了。哪怕是我自己考不上，也怨不了别人，是自己不行，不是学习的料，自己也认了，也甘心了，也死心了。如果以后仍然是这样通过推荐上大学，我想我这一辈子可能就永远上不了大学了。

到了1975年年初，"文革"过去九年了，我国有一千多万知青上山下乡。看报纸上说"文革"前全国的大学生是 70 万，现在是 40 万。三十个左右的知青里可以有一个上大学，还有那么多青年工人，我盘算着，看来是太难了。

我非常认真地做自己的工作，想在工作中忘记这些烦恼，不去想这些事，你怎么想都是白想的，现实不会同情我的幻想，在现实面前我是太渺小，像一片树叶，像一个蚂蚁，没有人会在意你有什么想法。

既然没有希望上人学，我还是想学点什么，比如数学，我找到一本数学书，看着那些莫名其妙的符号，那些变化的过程，到处都是问题和迷惑，看不懂，习题自然不会做。我感到自己这方面基础太差，数学是掺不了半点假的，前面的知识不行后面就不可能绕过去，捏着鼻子哄眼睛都不行。不懂的地方我也不好意思去问别人，我怕别人笑话说我还是个高中生，连这么简单的数学都不会。更可怕的是，感觉整个脑筋简直是开始僵化了，成了自己以前曾讥笑的那种不会动脑筋的笨蛋，头脑就像塞满了东西似的，转不过来。听说当时中学要不断提高教学质量，学生们还要做些数学题。想想我们，一年没做几个题，现在都还给老师了。英语断断续续学了比较长的时间，也没有明显效果。一天八小时紧张的体力劳动以后，感觉自己晚上精力也差一些，再加上晚上经常停电，想头悬梁锥刺股都不行，当然停电正好给了自己睡大觉的充分理由。时间一天天过去，太快了，有点危机感，心里发慌，但又能怎么样呢？白天看点书怕别人看见又惹是生非。学习物理，几个力就是分不清楚，什么作用力、反作用力等等，感觉社会对我们的作用力大，我们对社会的反作用力小。反正是搞不清楚。

有天晚上，与余同学等几个老朋友一起谈近来学习，我们有很多想法是一样的，也想通过自学弥补一下，尽管总还是在学，但每天白天上班，晚上时间也不多了。面对飞速的时间，我们感到自己是在地上慢慢地爬，像蜗牛一样。这样下去，何年何月才能爬个名堂出来？可悲可叹，没办法慢慢爬吧。自学，虽不怕下苦功，但进度慢得只能使人灰心。特别是数理化，没有老师指点，的确感到很困难。尽管我们之间还互相鼓励一下，但是感觉我们这样的情况靠自学是肯定学不出来的。

我想改变一下现状。那时学校办有短训班，我想不能上大学，去上个短训班也行。考虑再三，鼓足勇气，我也曾经给领导写了一份申请，表示想上短训班的愿望，并且承诺不影响工作，在课余时间把该自己做的工作补起来。有人说我太幼稚了，结果也证明我的确是太幼稚，因为这是不可能的事。没过多长时间，我就为听讲座的事招来一次羞辱。

那时说是工人阶级领导一切，这只是需要的时候的一种冠冕堂皇的口号，实际上在绝大部分工人身上是感受不到那种当领导的权威和滋味的。青年工人多是学徒工，出师以后地位也好不了多少。所以也偶尔听说有青工自杀的事，觉得很惨，据说是为遭受别人的欺侮，受不了。身边的毛蛋也完了。我也感到生活在压抑之中。所以就有通过读书来改变自己命运的愿望，去尽力抗争，不要落在我们这代人队伍的后面，不要有被人踩着的感觉。比较崇高的理想不能说一点都没有想过，那只是用目标来鼓励、鞭笞自己坚持下去，相信未来罢了。什么"书中自有黄金屋，书中自有颜如玉"、"学而优则仕"那些老话，是连想都不敢想的。尽管中国以后的变化再次很大程度印证了这些老话的道理。

我也明白自己不是很聪明，也不是很笨。在我身边的聪明人太多了，我时常在内心羡慕他们。所以信奉笨鸟先飞、勤能补拙这些格言。如果是现在，我可能不会有这些想法，因为能出头、挣钱的路很多。但那时好像就是华山一条路了。

1975 年 4 月 29 日那天，学院又开春季运动会，运动对我来说只能靠边站了。记得前一年第一次看运动会时，因离高中的时间较近，看见跑道上的人就心情激动、兴奋。因为我在高中短跑和跳远的成绩也能在这里取得好名次，在田径场上我也曾骄傲过，可惜这里我没资格参加，我是工人，别人是学生。引起一些伤感，越看越伤心，对运动的爱好而客观不许可，只能望而远之。今天，运动会对我的魅力慢慢地逐渐消失，对田径场只剩下深深怀念和回忆。还是那无病呻吟的话，那美好的年代在我一生中已经一去不复返了。看着人家幸福，会使自己痛苦，还是远离吧。我不敢继续去看那激动人心的场面，既然是可望而不可即，就干脆回宿舍。于是到操场上逛了一圈就回来看《约翰·克利斯朵夫》。

"他是孤独的……孤独的！多快乐啊，独立不羁，完全自主。多快乐，摆脱了束缚，摆脱了纠缠，摆脱了骚扰，生活而不为生活的俘虏，做着自己的主人"！罗曼·罗兰，约翰·克利斯朵夫这样说，我想我也是孤独的，但是我没有快乐，我是生活的俘虏，我不是自己的主人，那种孤独真是很折磨人，有时是喘不过气来，有时是一种揪心的痛。尽管这样，《约翰·克利斯朵夫》还是给我以安慰，一种自我安慰。面对这样的孤独和我想上学的梦想，写了诗《孤独与梦想》。

> 我时常感到孤独，
>
> 那是心的孤独。
>
> 在另一个空间，
>
> 在属于自己的时候，
>
> 我时常要去忍受孤独的折磨，
>
> 那心里的阵阵的紧缩，
>
> 也要去沉浸在自己的梦想。
>
> 我终于明白，
>
> 我为什么孤独，
>
> 是因为心中藏着一个梦想。
>
> 一个属于自己的梦想，
>
> 它以前是童年的迷惑，
>
> 它现在是少年的渴望，
>
> 梦想在心里慢慢长大，
>
> 是梦想让我产生了孤独。

梦想像一首回荡在心里的歌，

也像一根皮鞭抽打在身上，

有时它像针刺一样疼痛，

也像一股驱使奋斗的力量，

让我看见追求的希望。

面对孤独，

不要去拒绝，

不要感到彷徨，

孤独是梦想的温床，

要在孤独中去享受梦想。

孤独属于自己，

自己属于梦想，

有一种孤独，

才有一种梦想。

享受孤独的人，

才能拥抱梦想。

我得到短暂的倾吐，一时得到自我安慰。那时头脑中有一种十分强烈的欲望，我几乎每天都在心中默念高玉宝的呼喊：我要读书！每当我看见那些和我差不多年龄的工农兵学员走在路上的幸福表情，每当我一次又一次地从坐着大学生的教室门口走过，听着老师正在给他们讲着什么，真是羡慕这些时代的幸运儿。我想我比他们个人差吗？还有我那几个我认为很聪明的正在农村"修地球"的朋友。特别是我身边的那些老师，一个个满腹学问，使我内心深处反复感受什么是自卑和惭愧。我知道自己正是读书的黄金年龄，一年又一年，时间在流逝，它对每个人都是公平的。但我们必须每天去完成分配的工作任务，同样的时间对每个人来说又是这么大的差别。我经常问自己：这就是马克思说的奴隶般地会服从分工吗？是啊，奴隶般地服从，奴隶般地，奴隶，我现在是个奴隶，是马克思说的那种奴隶。而且是"开后门"来当了一个奴隶！当然我不会去曲解马克思说的"奴隶般"的比喻意思。

没想到30多年后，我女儿在德国学习时与一个土耳其青年在教室为"中国人"这个话题发生了争执，后来那个土耳其青年当着这个国际班的所有同学，指着我女儿说，你们中国人就是全世界的奴隶。奴隶这两个字激怒了我女儿，为了中国人和自己的尊严，她说她拍着桌子严厉斥责了那个土耳其青年。她说最后她赢了。她讲给我听，我笑了。一来是因为女儿在外面表现还可以，二来是那两个字又触动了我的神经。我以前是沮丧地问自己是不是，现在是一个土耳其的青年在说女儿甚至是中国人，的确是太过分了。还是接着说自己以前吧。

那段时间，我也曾一个人到长江边坐上一、两个钟头，与江水为伴，向江水寻找自己，去更深切地领略"问君能有几多愁"的味道。我像一滴水在长江的激流中随波逐流，我在水中，随着周围的一切，不由自主地被来自各方的力量推动或牵引着，时而沉没，时而浮起，我没有力量摆脱我的位置，只能如此跟随着江水翻滚。偶尔我也会被送到水面或浪头上，仅在如此高的高度上，才能够领略一下浩浩荡荡的含义，给自己增添无限的安慰。

其实，以后社会的变化给年轻人的出路多了，能上大学受系统的教育更好，不能上正规大学也一样可以通过努力去做一些事，去挣钱，天无绝人之路，这样的例子不胜枚举。但那个年代，在看不到前途的时候，对上大学的刻骨铭心的追求，一定是一代人的梦想。我这里只是袒露出自己孱弱的内心，留下一点后人了解我们也曾经为年轻人时的心路历程。

批判的 1975 年

1975 年的元旦过得很沉闷，没有什么新年的喜悦，不知道新的一年将如何渡过，小时候盼望长大，现在长大了，拽不住的时间，我又大了一岁。1975 年开始的大事就是听周总理政府工作报告。因我完全不知道以前的政府工作报告是怎么回事，多少年了才知道总理还要作政府工作报告，所以也不懂，感到很新奇。感觉主要强调今后的二十几年，再过二十几年，在本世纪末，我国将建成农业、工业、国防和科学技术的现代化，走在世界的前列。这对我们太有吸引力了，我想尽管那时我们都快老了，但再过二十几年，自己的后半辈子仍然是美好的，我也要努力奋斗。

到处传毛主席说邓小平人才难得，政治思想强，柔中有刚。大家感觉到邓小平又要出来了。

我感觉知识分子对政治真是很敏感，有态度，有观点，只是善于隐藏，含蓄地说些气话。

有一次开会，讨论经济话题。有人说一个人所处的地位对其思想的影响是绝对的，有人不同意，说经济地位决定了人的思想。从大道理讲，应该是经济地位决定人的思想，但现在经济地位都差不多，为什么就产生了两种截然不同的观点呢？一个家庭里的成员两种对立观点两个对立的派别的情况多的是，怎么解释？大家沉默没有人出来解释。

两个女老师悄悄在下面聊天开小会说她们的儿子在中小学批林批孔的情况，一个说现在中学生也不怎么上课，就是批林批孔，他们懂得什么？另一个说小学生都是这样，他们更不懂了，还要写什么这批判稿那批判稿，自己又不会写，晚上还要我帮忙，真是见鬼，我说你去抄报纸去。然后她们又说到钱的问题上，说现在五十多块钱根本就不够用，要养两个小孩，还要给家里父母亲寄一点，他们在农村一年也挣不到一百元钱等等。

我听着她们的谈话，想起自己在初中的情况，这么多年了，中学还是这个样子。也想到前几天发了工资，我在32元工资中拿出20元给下农村的妹妹寄去，因为知道她们在农村很苦，我这个当哥哥的还在城市，心里也不是滋味，这个月伙食只有克制一些了，零花钱更是没有，感到缺钱用真是烦人，想到自己平时是个不怎么在意钱的人都有这种感觉，何况这两个老师，上有老下有小，生活肯定是紧巴巴的。

天气慢慢热起来了，有天晚上要求上政治课，本来就够烦的，白天学了晚上也不放过，各人无精打采的在那里熬着时间，结果上了一半的时候停了电，可能是大家怕电又马上来了，连上课的老师好像都觉得机不可失，所以都急着赶紧开溜散了场。

谈到搞政治，L老师的确有些想法，说首先要有权，没有权就不可能产生对社会的影响。还要有机会，所谓时势造英雄。还要不怕，他说他就是前怕狼后怕虎，才没有搞得更好一些。其实我倒觉得他们都是搞政治的料，有知识，有威信，周围聚集着一群相同观点的人，问题看得也准，可能还是有些顾虑。

听省委传达中央冶金工业会议的报告，其中讲到老工人、老干部受运动冲击最大，要发挥他们的经验和积极性。还讲了斗争性问题、派性问题、放手发动群众问题。要求钢产量达到二百六十万吨。听说武钢在批林批孔中损失了好几个亿。6月5日接着又召开了"抓革命、促生产"誓师大会，听动员报告，开骨干会，各人表态，下午讨论。几个老师说得好，1972年、1973年开始时的生产形势刚开始好转，但后来运动一来，党委一起来造反就开始乱了。现在要求"抓革命、促生产"

是大好事，但是运动对生产的影响太大，人们不可能静下心来搞生产。事实也的确是这样，这些天仍是政治运动，活动较紧张，贯彻文件，不仅要摸老虎屁股，而且还要摸狮子屁股，路线决定一切。

政治学习讨论主要是批判有关派性问题，这是"文革"以来我见到的关于造反派和保守派最心平气和、文质彬彬、最深刻的一次讨论和反思，虽然中间有点情绪化，但已经是很不容易了。这二十多个知识分子坐在一起，虽然那时已经没有任何"派"的组织，但是在思想上大多数都保留有"派"的思想和感情，经过了多年的"文革"，这些对他们来说已经是一种根深蒂固的东西了，他们或者是在造反派一边或者是在保守派一边。公开场所他们说话一般都是只说半句，意思点到为止，这也是多年来形成的一种自我保护的方法，防止别有用心的人揪辫子，为自己以后能辩解留下后路，但是又往往想把自己的观点表达出来。

王"老保"发言，说自己本质固然好，但真正那股蓬勃、勇敢、无畏的精神是很缺乏的，造反精神的确少了一些。别人笑他，造反精神多了不就成了造反派吗？他说不会，保守派也要学点造反精神。

有人说：造反不当官，等于白造反。造反不入党，有权也难掌。有人把"枪杆子里面出政权"改成了"枪杆子里面出党员"。真是乱世英雄起四方，有枪就是草头王。

有人说原来的造反派"文革"开始时基本是受"压"的群体，虽然后期还在造反，但实质上是要保，要巩固、发展已取得的位置。原来的保守派，到后来却似乎成了造反派，因为他们后来受压制多年，也很不满。这就是"造"与"保"的辩证法。但是在后来几个老师的发言中，本来是批判派性，结果越说越流露出派性，情绪越激动，很明显，有些人都是站在自己的派性观点上讲话，为本派辩护，"涂脂抹粉"，涉及很多"文革"中的事，如何形成的派，如何对立起来，谁是谁非等等。最后有点讨论不下去了，有个老师干脆转移讨论题，说武汉又出了大事故，火车与汽车相撞，死伤人数不详，据说死了几十个，可谓天灾人祸，惨得很，关键是还有人抢死人的手表、钱等。这样大家话又重新多了起来。

听他们说这些我觉得很有意思，不过有些问题看来一下是说不清楚的。

从8月7日左右开始，河南淹了一个多月的洪水，说是千年罕见，也有说是水库垮了，冲了十几个县，听说死了几十万人，京广线的铁轨像扭麻花，京广线也停了个把月，G老师被隔在北京好多天后只能乘飞机回汉，他说在飞机上看见河南地上是一片汪洋，真是惊心动魄。各方面救灾听说搞得较好，现在水退完了。大家只要是议论此事就摇头叹气，真是灾难呀！

有些天我真想病一场，脏衣服什么都没洗，非常无聊。我开始学着抽烟，能解点烦恼。我害怕胡思乱想的折磨，晚上主动去加班干活，什么都不想，在工作中寻找安慰，去打发时间，去填补空虚，去赶走可怕的绝望，把注意力都放在自己手中的活上。那时心情不好我就去加班，老师们看着我的活越做越好，成品也越来越多自然很高兴，经常表扬我几句，他们哪里知道我的苦衷。我连续两年被评为院先进生产者，也是想图个表现，把我算成优秀的一员。这年的中秋节，桂花又开了，香味沁人心扉，晚上加班以后回宿舍的路上飘着小雨，我被花香吸引，走到桂花树旁，闻着花香，捡起落在地上的小黄花，在沉闷和无味的氛围里，我感觉到一点美好，是桂花香给了我一点好心情，回到宿舍写了四句：四季守繁枝绿叶，寂寞盼中秋月圆。清风送花香留人，细雨撒黄蕊一片。

有段时间又到处传说要地震，搞得人心惶惶，晚上不敢在家睡觉，我找到武汉空司的熟人，想部队应该有比较准确的消息，结果他们也搞不清楚，也在到处打听。

开始反击右倾翻案风，批"三项指示为纲"，批资产阶级法权，批算"文化大革命"的账，说资产阶级就在共产党内，走资派还在走，批教育部长周荣鑫和清华大学的刘冰，批"白猫，黑猫"，批林批孔批宋江，矛头似乎越来越清楚了。有人公开说，批邓是手段，目的是要"文革"派掌权。王八蛋们掌权就完了。人们已经提不起劲了，不知以后结果如何。

这年末我又一本日记本记完了，不想再这么记下去，觉得这几年该记的都记了，再记也就是翻来覆去这些事。我决定结束这一本日记，那晚我想了很多，想最后写点有意思有价值的东西，但头脑很乱。我把四年的几本日记都拿出来翻了一下，感觉有些幼稚，但很真实，我不知道这几年自己在走一条什么样的路。我爱这些日记，又恨这些日记，一方面是我几年的心血，另一方面中间又藏着我多少烦恼与痛苦。想起"红楼梦"里"满纸荒唐言，一把辛酸泪，都云作者痴，谁解其中味"几句，真是说到了我心里。几本小小的日记本，此刻在我手上却是那样的沉重，放到抽屉里只供以后去回忆吧。

过几天就是 76 年了，以后会是什么样？

青　工

我到校办工厂的无线电厂上班，当工人。刚开始上了两天班，组织学习讨论了两次，互相之间不认识，大家发言都说我们现在成了工人阶级队伍的一员，但还不具备工人阶级的优秀品质，要向老工人师傅学习，使自己早日成为一名真正的工人阶级成员，做无产阶级革命事业的接班人。几天以后，我们都发了新工作服。穿着新工作服，自然有很多感慨。

师傅教我们怎么焊简单的电路板，我们坐在各自的工作台前，拿着电烙铁用焊锡丝或者是用锡和松香先试着焊。我因为在高中拆过一个四管半导体收音机，尽管没有还原，所以对简单的电路图还略知一二，不至于让别的青工和师傅看起来说我不行，心里暗想幸亏以前还摆弄过收音机，但是始终就没有把它弄响却是我心中一直存在的挫折感。师傅又教我们怎样注意不要有虚焊，因为虚焊看上去是好的，但是实际上没有焊好，导线很容易脱落，甚至因为虚焊导致接触不良，对产品合格危害很大，另外焊点还要干净漂亮，等等。

那段时间每天就是坐在那里反反复复焊同一种电路板上的几个点，车间里一共才三个男青工，女青工却有十几个，女青工做这种活的确是显得有些不麻利。开始大家不熟，话不多。等过了一段时间熟了她们就开始慢慢叽叽喳喳起来。我们焊的电路板都要经过师傅的检查，一连多少天没有出现差错就让我们增加焊点，最后就是焊整个电路板。另外那两个男青工都做得非常好，不仅是焊点漂亮，走线也整齐美观。两个月过去了，女青工与男青工的差距就比较明显了。但是她们的话却是越来越多，而且有些好像还在背后议论什么，有时候神秘兮兮的，感觉好像是在议论我们男青工的什么。

我们有很多时间是用来学习和批判，经常是每天早上先读报，然后再工作。那时候是"九一三事件"才不到一年，由周总理抓经济工作，各方面生产开始逐步恢复。我们车间也组织学企业管理方面的文章。我是第一次听说企业管理这个词，按报纸上说企业管理属于上层建筑，为一定的经济基础服务，并由一定的政治路线所决定。感觉是有些文章说抓生产需要企业管理，另外有些文章说企业管理不单纯是个方法问题、业务问题，而是一个政治问题、路线问题。只要说是政治问题、路线问题，那就是天大的事了，反正我是一个青工，每天在那里重复劳动，做我的活，管理与我没有太多关系。

我们还学习革命导师的语录："资本家所关心的是怎样为掠夺而管理，怎样借管理来掠夺"。学习讨论把合理的规章制度与"管、卡、压"条条专政，把成本核算、增加积累与"利润挂帅"，把发挥技术人员的作用与"专家治厂"、"技术第一"不加区别地混为一谈是错误的。另外还批判了"用经济的办法管理经济"等修正主义企业管理办法。这些事对我来说都是全新的知识，越是学习和讨论，越感觉分不清楚一些事情谁是谁非了。我想主要是因为我不懂这些知识，没有经验，以后还是要好好学习，慢慢搞清楚这些事。但总的要求还是以路线斗争为纲，把产品质量提到第一位。质量关系社会主义建设，关系支持印度支那三国人民斗争，关系支援世界革命。所以我们的电路板与世界革命就有了直接的关系，这就非同小可了。

以后团支部组织业余学习小组，我们十几个男男女女青工每个星期学习两个晚上，按要求学政治、学哲学，读一些马列的书，批判"刘少奇一类政治骗子"，这样的学习对我们这些实际只有小学文化程度的人来说是太勉为其难了，更关键的是一些女青工根本就没有心思学这些理论，她们对这些毫无兴趣，有的在那里小声聊天，有的眼睛直愣愣地坐在那里发呆。有一次提出要学习知识青年和贫下中农在突然下起了大雨的深夜，赶到秧田，用自己的蚊帐、卧单和雨衣抢盖莛田秧苗的崇高精神和品质。别看那些女青工心不在焉，说到这些事的时候，她们居然哈哈大笑起来，说，她们在农村的时候，从来没有见过这样的事，这都是报纸瞎编的。有的说，管它是真的还是编的，赶紧学完了好回家。

我们开会批林，有人把林彪比作妖精，说《西游记》中有一段孙悟空深入无底洞，三战金鼻白毛老鼠精的故事，那金鼻白毛老鼠精是个青面獠牙的妖怪，却变成"月貌花容"、"朱唇樱桃"、"团团粉面"、"十指如笋"的俊俏美人，结果还是逃不过孙悟空的火眼金睛。有人说，其实《西游记》中这类故事太多了，现在真有个孙悟空，不是识别妖怪的事都不成问题了吗？又有人回答，不对，还有唐僧管着他。大家想想，好像也是这样。

我们读报纸，报纸上说，旧中国是"富人的天堂，穷人的地狱"。现在不一样，春节到了，从上海、天津运来很多物资，过一个革命化的春节。资本主义社会贫富悬殊，两极分化，美国最富有的百分之五的家庭占了全社会百分之四十以上的财富，还有什么别墅、高尔夫球场、狩猎场。有人说他没有见过别墅是个什么样子。我告诉他，说我以前住的县华林那个地方有别墅，都是旧社会留下来的小洋房。至于高尔夫球场、狩猎场我们根本就没有听说过，当然都不懂，大家议论反正是什么球和打猎的地方。报纸读完了，接下来就讨论怎样做一个有志气有抱负的青年的问题。批评攒点家当，搞点基本建设，追求小家庭生活等思想。还有的举出《红灯记》中鸠山说的中国古语"人不为己，天诛地灭"，说天地良心，哪个人不想自己的事？大家沉默，发言不像刚才那样踊跃了。有人打破这样沉默的场面，谈了自己的活思想，说自己原来打算工资一个月可以存一半，15到20元，攒一两年钱想买手表、自行车等等，说自己离一个有志气有抱负的青年差距蛮大。有人给他算账，一个月吃饭 10 元，买月票 2 元，还有 20 元，零用钱 2 元，少买点衣服就差不多了。至于差距大不大的问题没有人去关心他。但是看得出了，多数人都不愿意谈这个话题。临近春节，各人有自己的想法，盘算着春节来了要买些什么，如果有朋友了，还要去买点礼品，钱是肯定不够用。

报纸上大块的批判或者评论文章经常就是我们的学习讨论题目。

有一次是讨论青年人认为大材小用的问题。说现在很多青年人认为自己是大材小用，批评这样的青年人是"缺少自知之明"，外加一顶"对工作不热心，不安心"的帽子。连一分为二都不要了！有人发言说，不久前报纸上还在赞扬"英雄无用武之地不存在于今日"，好像现在所有的青年人都有自己的用武之地了，都是在"各尽其才"了，怎么今天又说"各尽其才"在任何时候都不存在呢？昨天那样说，今天这样说，而且互相矛盾，要我们怎么办？有人问，没有自知之明能够加在成千上万有理想有抱负的青年身上吗？说年轻人没有自知之明，就是说你们要明白自己有几斤几两，老老实实干你们的活，不要有什么其他想法，就只能当纯粹的驯服工具，这些对青年人的评论与毛主席以前有关青年的论述是多么矛盾啊！有人问，社会主义制度允许不允许各尽其才？没有人能回答这个问题。有人说写信去报社问问那些文章的作者。但是大家反对，说根本无用，这是时代的"需要"。

学习小组有些学不下去了，都想请假。

后来为了加强我们这个团支部组织业余学习小组，又派来一个和我同一届高中但是直接上了大学，后来留校的女团支部书记来领导我们学习。

有一次学习《法兰西内战》，有人提出凡尔赛、梯也尔是地名还是人名的问题，反正外国人的人名地名搞不清楚，也记不住。还有第一国际、巴黎公社是怎么回事等等问题。这位新团支部书记不知从哪里开始说起，只能说凡尔赛是法国的地名，梯也尔是当时法国的人名。对其他的问题，我虽然略知一点，但也没有完整、准确给他们解释的水平。再说我们都是在耗时间，没有人是真正想学这些东西的，所以也不想说什么。

不知不觉，我的三年的学徒期满了，专门为我开了转为正式工人的鉴定会。评议时会上听的好话太多，我知道自己没那么好，提醒自己要注意，不能飘飘然。何况实情他们并不知，看的是表面。当然，自己在工作中下了真功夫，也学了点本领。意见主要两条，一是政治上要有更高要求。二是如何锻炼成为一个真正的工人，保持工人阶级的本色。我还不是真正的工人？当然，只有我自己明白，我就是不想当一辈子的工人，再怎么批知识分子，我还是想当一个知识分子。后来，我已经当师傅有一年多时间了，上面给我派来一个徒弟，我知道徒弟不想学我这个别人瞧不起的手艺，我也没有强求他学，甚至为他在老师面前说好话，我明白人各有志不能强勉，也明白己所不欲勿施于人的道理，我自己都不喜欢的工作，为什么要逼别人去喜欢呢？后来徒弟去学习度膜技术，以后据说也发了财。

后来又分了两批从部队转业的年轻人来，不少是干部子弟，他们基本都是前几年"开后门"去当的兵，有些也该回到地方安排个工作了。其中有个武汉某大学党委书记的女儿，是从文工团下来的，长得很漂亮，自然有些干部子弟就打她的主意，也有点小故事。但是以后她还是嫁到北京去了。他们来后给我们的青工队伍增加了活力，这帮人敢说敢做，大家一起更热闹些。

1975年元旦以后，度过3天假期，晚上青工开会，听有人讲现在社会上的年轻人中流传手抄本《一个少女的心》，怎么会产生这种黄色的东西呢？这无疑是所有精神空虚者们最受欢迎的读物，听说看了的人都想学着做。

传毛主席说邓小平人才难得，政治思想强，柔中有刚。中央开会选举邓小平同志为中共中央副主席、中央政治局常务委员会委员以后没几天，听周总理政府工作报告。从报纸上看，周总理同以前相比已经是明显地变苍老了。

2月8日，星期五，晚上出乎意料地召开过一个革命化春节的会，要求大家发扬革命精神，易风易俗，响应一个工农兵学员的倡议，报名到农场劳动。我感到非常为难，心里大骂那个什么狗屁工农兵学员，自己要积极就自己去吧，发个什么狗屁倡议，害得我们春节也不得安宁。但是面对小组其他的人随着第一个、第二个、第三个举起手，都慢慢吞吞报了名。我感觉到自己的孤立，自己思想斗争是异常激烈。报名去，显得自己积极，但我的确非常反感这个倡议书，像精神被强奸了一样。不报名，肯定就是落后甚至是不响应革命号召、不发扬革命精神，对过一个革命化春节的抵制。最终我选择了抵制或者说逃避，默默地坐在那里，看着天花板，就是不报名。会场显得有点紧张气氛，感觉大家都以惊奇的眼神看着我，既然我已经决定了，就不怕那些眼神和压力了。结果1975年这个春节我也的确没有过好，心里老想起这件事。提前上班以后，我工作小心翼翼，提防有人抓我的小辫子。那些报名去劳动的回来以后，都后悔不该报名去，说去了一点意思也没有，在农场鬼闹了几天就回来了，都骂那个提倡议工农兵学员害死人。

虽然当了几年工人，我也尽量去做好自己的事，干好自己的活，但心里仍然还是想读书。我知道并不是我一个人有这个想法，我周围有好几个同是青工的朋友，从我们的交谈中，从他们无奈的眼光里，我能体会到他们的内心深处和我一样苦闷。习是我慢慢认识很好的一个朋友，年纪和我差不多。他是从知识青年招工上来的，安排在食堂卖饭票和清早去白案做揉面蒸馒头的工作，开始我去他那里买饭票，后来我发现他在没有人去买饭票的时候，经常是拿着小说看，而且也是我想看的一类小说，他很羡慕我们可以学点技术，对自己的工作显得无可奈何，甚至是灰心丧气，说话间流露出有些自卑感，这些情绪也是我内心深处具有的。跟他交流中觉得他人老实本分，但非常聪明。慢慢我们成为要好的朋友。他因为清早就有工作，所以晚上一般都不回去，没有其他什么爱好，对政治运动毫无兴趣，根本就不沾边，晚上就是看书，有时候到我宿舍一起聊聊天。因为有些书在图书馆经常是目录卡片上有，但是被别人借走了，很长时间还不回来，所以我和他就采取我们借不同的书，然后交换看的办法。后来他也找来一些数理化方面的书，补一点这方面的基础知识。他学习比我认真刻苦，比我扎实，人比我聪明多了，唯一缺点是自卑感太强，总是觉得自己不行，当然这种自卑感从另外一方面也促进了他更用心去学习。

后来慢慢也认识了几个比我年纪大的青工，是典型的老三届的高中生和初中生，他们一直在不间断学习数理化，特别是后来学校办起了夜校，每个星期有两个晚上上课，主要是上数学课，我与他们一起上课，明显感觉自己和他们比差距很大，我是为了要学习而去的，只是想弥补一点基础数学知识。他们是对数学课有兴趣，基础也比我好得多，表现出来的学习热情和钻研劲头就完全不一样了。我感觉他们的学习要求比我实在，我比较漂浮，就是通常说的眼高手低。

与工农兵学员比，我们连去参加考试、竞争的机会和权力都没有，同时我当然明白那些尚在田间接受贫下中农再教育的知识青年们，他们又何尝不是处在更可怜的境地之中？他们连无产阶级都当不了。我不明白为什么经过半夜鸡叫那个年代的高玉宝的呼喊声，仍然还在我们生在红旗下，长在红旗下的一代人心中回荡。无休止的"文化大革命"何时才能结束。

老天有眼，恢复高考后我们一起上夜校的好几个青工都考上了大学，尽管晚了好多年，但最终还是实现了他们的梦想。那个卖饭票的习，开始他居然不敢去报名，说自己肯定不行，考不上怕别人笑话，还要说他不安心自己的本职工作。为此我急着找他好几次，说他那么聪明，看了那么多的书，要他去报名，甚至激他说你就是喜欢卖一辈子饭票，做一辈子馒头，既然是这样你为什么还要看那些书呢？他才慢慢显得有些犹豫，在我反复的催促甚至是逼迫下，他总算是战战兢兢地报名参加了考试，结果出来他竟考上了重点院校分数线。再以后碰见他时他已经是教授了。

音 乐 与 诗

每个时代都有它的音乐，有它的诗。音乐和诗对那个时代的年轻人来说又具有鲜明的时代烙印。

"文革"中青年人时兴学各种乐器，那时毛泽东思想文艺宣传队遍地开花，会一种乐器是很吃香的。我凑巧从"文革"开始到后来多年的时间里也学过好几种乐器。

我开始学吹笛子、吹口琴。中间还借了别人的二胡和扬琴摆弄过，那时学二胡或京胡的人比较多，因为演样板戏都要用京胡伴奏，我没有这些乐器，也就是偶尔向别人借着学一下，没有太多的兴趣。

那时每天晚上都是用"矿石"收音机戴着耳机听着音乐入睡，《毛主席是各族人民心中的红太阳》是我觉得歌颂毛主席的几十首歌曲当中最好听的。后来就是听芭蕾舞剧《白毛女》和《红色娘子军》，我觉得比别的样板戏好听多了，所以几乎每个晚上都听，说百听不厌一点都不过。后来只要是这两个舞剧的音乐，从中间任何一个地方开始，我都能把下面的乐曲接着哼出来，甚至我差不多可以把这两个舞剧的全部谱曲准确地背下来。类似我这样学乐器的学生社会上不少。

当时为了表示对音乐的热爱，我吵着闹着要家里买小提琴，新小提琴缺货而且贵，我就到寄托商店买了把旧小提琴，琴和弓都还好，琴的背后虎纹很明显，只是琴盒破旧一点。我当时也听别人说过，14岁开始学拉小提琴，是学不出名堂的，年龄大了。但我以为小提琴比笛子、口琴难，但总学得会，不一定拉得很好，能拉个歌也可以，关键是我迷进去了。我当时还是满怀激情，甚至是倾注了巨大的热情，不怕别人笑，也不怕别人烦，从音阶、小步舞曲等运弓、指法的基础练起，目的就是想拉会《白毛女》、《红色娘子军》两剧的曲子，但终因基础太差，年龄太大，手指太硬，悟性太差而没学出来。但一般的歌如朝鲜电影插曲《卖花姑娘》等很抒情歌曲，《白毛女》、《红色娘子军》舞剧中的一些较慢的曲子也都能较流畅地拉下来，拉得不好，但我很投入。那时晚上经常停电，我也喜欢在黑暗中练琴，没有人能看清我的表情。

后来我曾想过，如果有下辈子，我一定要当一个乐队指挥，让人们去领会感受音乐的无穷魅力，像指挥千军万马一样，驰骋在无边无际的精神原野中。这种一闪念的幻想只是说明对音乐的投入，我知道没有下辈子，我明白我是在幻想，是在做梦，做着"如果有下辈子"的梦来安慰自己。

后来批贝多芬、柴可夫斯基、舒伯特等人的无标题音乐，通过这些批判文章，我知道了一些原来我不知道的音乐，也引起了我很大的兴趣，但当时是找不到这些音乐的，我想以后有机会一定要找了听。批判"无标题音乐"据说是"与反革命修正主义的路线斗争"。批无标题音乐没有阶级性。还举了资产阶级作曲家贝多芬的《第十七奏鸣曲》例子。说当有人问他这首奏鸣曲是什么意思时，他回答，你去念念莎士比亚的《暴风雨》吧！据说《暴风雨》正是宣扬资产阶级人性论的。还有奥地利资产阶级浪漫派作曲家舒伯特的《b小调交响乐》，虽没有标题，但却反映了像舒伯特这一类小资产阶级知识分子感到政治上经济上没有出路，但又缺乏反抗的勇气，而产生一种苦闷、彷徨、悲观、失望的情绪和逃避现实、幻想自由的愿望。交响乐引子给人一种阴沉、抑郁之感，充满了小资产阶级悲观失望、孤独苦闷的感情。还批贝多芬的"个性解放"、"个人奋斗"、"英雄性"，柴可夫斯基的追求个人幸福、苦闷惶恐、消极低沉。

批得这么厉害，可惜我都没有听过，报纸上批得越狠，我就越好奇，还真想听听，看他们是如何表现"个性解放"、"个人奋斗"、"英雄性"，追求个人幸福、苦闷惶恐、消极低沉的情绪。以后一定要想办法听听。多年以后我都找来听了，原来是那么的美妙、动人、震撼。

"痛苦的人所能栖息的另一处所，是音乐世界。音乐占领着整个灵魂。有时它如万马奔腾的急流一般，把我们所有的思想冲洗净尽，而后我们觉得胸襟荡涤，莹洁无伦；有时它如一声呼喊激起我们旧日的痛苦……乐章的前呼后应，我们起伏的心潮渐归平息；音乐没有思想的对白，引领我们转向最后的决断，这即是我们最大的安慰。音乐用强烈的节奏表显时间的流逝，不必有何说辞，即证明精神痛苦并不是永续的。"这段话我也不知道是谁说的了，但说得比较高雅，若按我粗俗的说法，音乐能帮助排泄出精神中的痛苦与烦恼，能使心境更加平静和安宁，使快乐的情绪锦上添花。

送同学下农村的时候我第一次写诗，如果那也算诗的话，起码是我自己写的。以前根本没有想过我要写诗，我发现它很快就让我心情平静下来，满腔的东西发泄出来人就舒服多了。

那时别说写诗，就是一般的语文知识我们也少得可怜。外婆倒是多次给我说过"熟读唐诗三百首，不会吟诗也会吟"，但我连三十首都没有熟读。毛主席诗词那个小册子倒是背得滚瓜烂熟。当时会背毛主席诗词的有上亿人。

后来我慢慢又写了几次。为什么想继续写诗？因为有了第一次的感觉，还比较好。也因为生命里突然长出来一个新的东西——感情。以前有些事是感到、觉得怎么样，想一想就过去了。有些事最多发点感慨或者感叹一下，不持续，不强烈。但现在有些事想一想还过不去，它反复在心里积压，憋在胸前，形成一种比较强烈的涌动，不吐不快，如鲠在喉，很难受，非要把这些涌动的东西写出来，让那些情和景变成文字，人才感觉舒服了。那时多数情况是让自己平静下来，舒服起来。不敢给别人看，怕别人从我写的文字里可以清楚的看到我的内心世界，同时也感到写得不好，感情幼稚，词句别扭让人笑话。

1972年5月，我已经高中毕业，暂住在沙湖旁边的一个亲戚家，附近是武汉师范学院，现在的湖北大学。郊区的夜景与农村一样美好，我非常喜爱这明月、清风的夜晚，还有每晚此起彼伏的青蛙叫声，伴随着梦中对朋友的思念，学着毛主席诗词里的词牌写了一首"如梦令"《蛙声》。

　　一更、二更、三更，

　　月明风飒夜深，

　　每每独自醒，

　　窗外良田有蛙声。

　　蛙声、蛙声，

　　只为吾梦共存。

我不懂古诗词的平平仄仄，把想表达的意思能够比较准确地说出来就觉得蛮满意了。

过了几天，我仍然处于内心的焦虑之中，半夜时常醒来，思念远方的朋友，做梦惊醒以后听见附近公鸡咕咕咕的打鸣声，又写了几句。

　　醒于三更思远友，

　　五更闭目未断忧，

　　须臾只觉呼声急。

　　佳梦惊来闻鸡声。

那些天经常是半夜三更的蛙声、清晨的鸡鸣伴随着我的梦，十分幼稚但十分真实，幸好有蛙声和鸡声，否则我的梦肯定是更加悲凉。有时亲戚家的长辈看我郁郁寡欢的样子，问我怎么样，我也只能是"怕人寻问，咽泪装欢。瞒、瞒、瞒！"说没什么，还好。

7月18日天很热，心有些烦，晚饭后独自一人到湖边走走，没想到看见那么美的景色。

夕阳西下，渐显暮色，眺望天边，彩霞一片。万物尽染，处处彩颜。漫步湖边，阵阵清风。驱我愁绪，掀我衣尖。群燕当空，自由翱翔。游鱼戏水，翻出波浪。杨柳垂枝，弄我衣裳。荷花含羞，吐露清香。叹此美景，心系远方。友人何在，留我孤赏。

有一次我一人沿湖边走了很远，一路看到那么多非常美的地方，写了个八言体的怪东西来，也不管它是什么东西，自己喜欢就行。

花红睡荷飘柳竹青，鱼戏蝶追蝉噪鸟鸣，桂香园幽诗趣步轻，亭廊流水小桥孤影。

幸亏那时的沙湖是那么大，湖水真是清澈见底，周围没有任何高楼大厦，这种美景无论如何不是凭我的想象力想出来的。

那段时间，主要是感到孤单，希望得到慰藉，写点东西自我安慰一下。

我感觉自己头脑被空虚挤满了，像是什么事都熔化成了空虚，脑筋里空荡荡的，充满了空气，很想摆脱这种精神状态，但为什么摆脱不掉呢？是自己的想法太脱离客观吗？充满了怀疑，问自己现在怎么是这个样子呢？

我看车尔尼雪夫斯基、别林斯基、杜勃洛留波夫，看他们怎样去教导俄国的读者去了解那些作品的意义。以前只知道高尔基、普希金、托尔斯泰、肖霍洛夫，原来还有果戈理、契诃夫、屠格列夫、赫尔岑等等，陀思妥耶夫斯基比我知道的要有名得多。看来我还是个"井底之蛙"呀！

还好，那时没有看到批判车尔尼雪夫斯基的文章，可能是列宁称赞过车尔尼雪夫斯基的《怎么办》，所以不好批。不要说我为什么那时专门看外国人的东西，是因为中国人把自己的东西批得没有看的了。总不能去专门找一些"毒草"来看吧。我还抄了车尔尼雪夫斯基的一些观点，觉得他很重视思想。

我抄了一首关于老鹰的诗，它让我回忆小学操场上空那几只盘旋的老鹰和一个梦，美的诗，美的老鹰，还有美的梦。

> 要是你登上险峻的高山，
>
> 你将要发出深长的叹声。
>
> 可是你要抵达那巍峨的山顶，
>
> 你会听到老鹰的叫声，
>
> 在那里你会当成一只老鹰，
>
> 你此身宛如获得再造，
>
> 你会觉得自由，
>
> 你会觉到：
>
> 你在下界并没有损失多少。

后来我重看《马克思传》，作者讲道："马克思认为诗人都是一些古怪的人物，必须容许他们自行其是，而不能用常人或者甚至非常人的尺度来衡量他们，要他们歌唱，就必须恭维他们，而不应对他们严加批判"。我看到这里，不禁大发感慨，一是感慨现实社会把一个真正的伟人变成为一个为了要打人而利用的人。二是感慨我们现在把诗人都批倒批臭了，哪有什么要他们歌唱，还必须恭维他们的道理?! 我们对诗人的认识与马克思认为的完全不一样，所以没有真正的诗人了。

那天，我又在想自己的人生、命运、前途，又想写首诗，可是想到这种感情脆弱的诗又有什么意思呢? 心里被什么东西堵住了，是痛苦? 我骂自己，不应该的痛苦，庸人自扰，无病呻吟，软弱的意志，绝望的想法。问自己，一切何时才能消失? 诗? 什么诗? 让什么感情的流露、什么心灵的痛苦统统见鬼去! 去长叹吧，把可怕的气都吐出来。去痛哭吧，让一切苦水变成眼泪流出来。躲开那些阴暗处的寒冷，去寻找阳光，让精神的太阳照到我身上，哪怕一点点，一点点，我也会得到莫大的安慰，也能使冰冷的心暖和起来。

在那些禁锢面前，你要去敞开个人的内心，去暴露个人的渴望，去表达个人的情感，去写那些一定会被斥之为资产阶级的、落后的、颓废的东西，那就是要去拿鸡蛋碰石头，只能落得粉身碎骨的下场，我的确没有这个勇气，我是个懦弱者，只偷偷写点小诗，自己藏着，聊以自慰。

1973年2月26日晚9点，在看书时，传来阵阵惊雷，我打开窗子，仰望长空，看着那天边出现的闪电，瞬间驱散黑夜，那巨大的闪电，一个接一个，划破长空，照亮着大地。滚雷震耳，霹雳撼心，大雨滂沱，雷电啊！我迎接你，为你欢呼，你撕开了阴沉的天空，打破了无声的黑夜，你就要带来春天，驱除我心中的惆怅。

我找来唐诗宋词，因为书看完了是要还的，书店里那时根本就看不到这些书，所以只能在本子上抄，越看得多自己就越不敢写了，我想中国历史上的那些脍炙人口的诗词已经把人的各种各样的感情写绝了，我写的那些完全是初生牛犊不怕虎，不知天高地厚，我也似乎完成了从"少年不识愁滋味，为赋新词强说愁"到"欲说还休，却道天凉好个秋"的转变。当然，后来我也没有后悔那些年写的好几十首诗，隔些年拿出来看看也可以回忆当初自己的处境和心情，没有那些倾吐，或许会憋出什么毛病来。太多的因素决定了我没有继续写下去。

不管怎样，这些东西还是烫平了有些时间阶段的一些特殊时刻。要说是多愁善感也是，可能是到了那个多愁善感年龄。

后来面对周边压抑的氛围，我一遍又一遍地看高尔基的《海燕》，我太喜欢这篇散文诗了，我决心把它背下来，这是我多年以来自己主动去背的第一篇文章，几年前在父亲的要求下曾经背过"老三篇"，自己感觉记忆力不行，所以平常基本没有去背诵的习惯和愿望。但这次是我心甘情愿想去背诵的。我一边背，一边想，我不能当海鸥、海鸭和企鹅，要像海燕那样勇敢和坚强。《海燕》在我需要勇气和力量的时候，也像一道闪电，划开了布满我心中的阴沉，化解了快要凝固的血液，唤起了战胜艰难的希望。

那天我又到江边，默默看着我熟悉的长江，看着那奔腾向前的浩瀚江水，感受它那磅礴的气势和壮阔的胸怀，想着"问君能有几多愁，恰似一江春水向东流"、"长风破浪会有时，直挂云帆济沧海"等诗句，我突然觉得，江水的一片片波涛潋滟就像愁眉不展、心事重重的人脸上的皱纹一样，好像他也在思虑路途的遥远，诉说他的困惑，他也有焦虑和彷徨？尽管长江水流湍急，勇往直前，但是江水也有回流，江水必须经过产生回流的地方，有漩涡，江水的道路也要经历曲折、反复、徘徊。经过短暂的回流，那些回流的江水又是那样的义无反顾、急切匆匆地重新回到继续向前的奔腾方向，继续奔向前。

我想，歌是诗，曲也是诗，歌是唱出来的诗，曲是音符组成的诗，诗是心里的歌，诗是情感的曲。不论是歌、是曲、是诗，都是我们的内心真诚、纯洁、碰撞的流露和抒发。

寻找新生活

男大当婚、女大当嫁天经地义。那时要求晚恋晚婚，俩人合起来不足50岁是不让结婚的，还是应该响应党和国家的号召，青年人朝气蓬勃，要胸怀共产主义远大理想目标，不要小资产阶级卿卿我我、含情脉脉的安乐窝。早恋早婚，是资产阶级世界观的表现。所以学徒期不许谈恋爱，说这是意识形态领域的阶级斗争在婚姻问题上的反映。但我知道周围的几个青工都在偷偷摸摸谈朋友，只要不声张也没事，没有人真正去干涉男女青工的恋爱。人们早已习惯了报纸上那些看起来振振有词、非常革命的语言，不说是嗤之以鼻，也差不多是不屑一顾了。大多数青工在农村待了几年，好不容易回城当了工人，也不可能再上学，二十好几年纪也不小了，谁要他们不去谈恋爱，那真是太高看自己的号召力了。

那时外国电影《列宁在1918》和《多瑙河之波》已经上演了一段时间。不少青年人都是多次看《列宁在1918》，主要就是看影片中间《天鹅湖》小天鹅舞和那个双人舞，那么暴露的女人大腿，真是沾了列宁的光，如果不是演列宁的电影，无论如何是看不到这样的镜头的，何况是在那样的年代，算是开了大眼界。

有一次，我们几个朋友一起看罗马尼亚故事片《多瑙河之波》，一部反映反法西斯题材的影片，电影里托玛下水挡水雷的惊险场面让我们惊心动魄。更关键的是漂亮的安娜"袒胸露背"的打扮，船长米哈依与安娜的接吻，看得我们心里蹦蹦跳，这些镜头让我们知道了世界上原

316

来还有这样的生活和电影，给我们的思想和感官带来强烈的刺激。后来人们说船长米哈依与安娜的接吻是"文革"岁月中外国电影的第一吻。

我的一位女师傅要我说个时间到她家去玩，这个师傅平时对我也很好，说了几次，我感觉再不去有点不好。那天晚上去了以后，看见她家还有个看样子还不错的女孩子，师傅说这个女孩经常上她家来玩，今天是碰见的。师傅先简单跟我聊了几句家常话以后，那个女孩就先告辞了。然后师傅就说了一下车间里的那些鸡毛蒜皮的事，还表扬了我几句，说我工作认真，肯学。我一边应付着一边想，师傅要我来她们家不会就是说这些鸡毛蒜皮和表扬我吧！果不然，师傅慢慢把话头转到年轻人谈朋友的话题上来了。我担心师傅是不是在试探我，因为按要求我这样的情况是不允许谈恋爱的，我怕说出了实情师傅要批评，所以只能支支吾吾，不正面回答她的问题。没有想到师傅却来开导我，说其实现在年轻人谈朋友是正常的，只要不影响工作和学习，如果有满意的对象就可以去谈。接着她就直截了当问我有没有对象，如果没有她可以给我介绍个各方面条件都比较好的女孩。我听师傅这样说，就明白了她要我来玩的用意了。我一时间感觉有些不知所措，我不说实话，说没有谈女朋友，师傅就要给我介绍对象，这样不行。说了实话，师傅肯定不会高兴，以后会不会给我小鞋穿呢？没有办法，我想只能回答得婉转一些，留点后路。我回答师傅说有个女同学一直在来往，但是不是那种谈朋友我还不敢肯定。我自以为回答得聪明，想搪塞过去可以蒙混过关了。没有想到师傅却要打破砂锅问到底。

师傅穷追不舍地问，我只能老老实实而又简简单单地回答，没有骗她什么。只是没有承认是在谈朋友，只说是有联系。师傅在那里略有所思的样子，说，平时看不出来你在谈朋友。我心里想，我也不能到处说我在谈朋友，也不敢那样。师傅把话题一转，又说到工作上来。但是语气就没有那么和蔼可亲了。看得出，她有点严肃起来。

"我当你们几个青工的师傅是领导交给我的任务。现在上面要求在师徒间开展传、帮、带活动，除了在技术上要带你们外，还要求帮助你们解决不安心本职工作的问题。现在有些青工不安心自己的本职工作，这山望着那山高，朝三暮四，也不想想从农村招上来多不容易，比在农村还没有抽上来的知识青年好多了。还有少数青工有追求个人名利，有成名成家的资产阶级思想等问题。你看现在报纸上那么多文章还有政治学习时，都是批判这些资产阶级思想的。这些问题你都要注意，特别是你没有经过下农村，更应该珍惜现在的工作岗位，好好学技术，要用无产阶级的理想战胜资产阶级的理想"。师傅正儿八经跟我谈起了思想和一些青工中普遍存在的问题。

师傅停了一下继续说，在处理个人问题上，还是要按规定来要求自己，以工作为重，不要影响工作。

我想今天晚上的事情差不多该结束了，赶紧对师傅平时的帮助和今晚的关心表示感谢，师傅说的问题我一定注意，并且表示以后好好跟她学习。

从她家出来，我如释重负，长长舒了一口气。

那时年轻人谈恋爱，因为基本没有这方面的信息，缺乏经验，没人指导，很多事都不懂，而且是在红色的舆论环境中长大的，不管男生还是女生总的来说都十分单纯，所以也没有太多太高的要求，基本条件两个人满意就差不多了，物质条件当时基本都是放在后面考虑的因素。用现在的话说，一般都是"摸着石头谈朋友"，谈恋爱一般没有爱得死去活来的情况，没有轰轰烈烈，甚至浪漫的事情都不多，差不多就凑到一起也就可以了。

我知道我的几个好朋友都开始在谈恋爱了，看来我们真是进入了人生的新时代，时光磨去了很多东西，梦想、理想、崇高逐渐被现实生活代替。

惊心动魄的 1976 年

1976 年元旦过后几天，清晨喇叭传来哀乐声，周总理去世，人们的心顿时碎了，从未有过的悲痛情景笼罩着大地。

周总理的名字对我们来说是太熟悉了，在报纸上我们几乎每天都能看到他为国家操劳，也就是近 3 个月左右周总理的照片没出来过，引起人们一些猜测和担心，好的是报纸上还经常有"以周恩来总理的名义"开展外事活动的报道。周总理为人民鞠躬尽瘁，披肝沥胆，更重要的是在当时的政治风云中，很明显有人视周总理为掌握更大权力的不可逾越的障碍，批宰相批周公矛头更是直接所指，周总理有他特有的为人民所拥护的作用和威望，是无可替代的正义力量的化身。那天晚上思虑重重，想写点什么寄托自己的哀思

在特殊的时刻想要抒发感情就写诗填词。那时在年轻人中间有很多都在学着写，当然我深知自己写的所谓诗词很幼稚，不懂平仄等问题，但我还是以最能表达感情的方式去努力，我想写首词来表示对周总理的怀念。反复思考怎样才能更好地表达，这可不是风物景观、儿女情长的感情。我见过东岳泰山，它在我眼里是那样巍峨雄伟，屹立在群山之中，渐渐周总理的伟大形象就像泰山一样矗立在我脑海里。我想，总理比泰山更高大，更雄伟，总理的名字响遍五洲四海，总理的业绩与日月同辉，总理的光辉形象已在亿万人民心目中树立起不朽的丰碑。

我写了《念奴娇·岳》。

    一岳突崩，震环球，留下万丈深谷。千山忽去一高峰，世人谁

不哀惜。自有英容，巍然屹立，才智多横溢，一身美德，成大众崇敬意。

风云变幻世纪，沙场虎穴，笑容应时局。冷眼剑眉向敌手，春风意暖结友谊。历尽心血，鞠躬尽瘁，踏破千万里。终撒骨灰，化开心泽大地。

写完后，躺在床上，辗转反侧，我相信那时不知道有多少人在为国家的命运担忧。

第二天上班，我找到 H 老师，把昨晚写的给他看，他也把他写的纪念周总理的诗给我看。他觉得一岳突崩几个字好像不好。说实话，都是业余水平，要说写得怎么好也都谈不上，但我们都明白，只是以这种方式来表达感情。我与 H 老师又交谈了一会，有些话只是明摆着，但不说几句心里又堵着难受，主要是为以后的形势如何变化感到担忧，周总理是正义的旗子，旗子倒下了，人们顿时少了主心骨，有一种深深的茫然。

过了两天，又传来各单位为周总理开追悼会不准戴黑纱，甚至不让开追悼会的小道消息，人们议论纷纷，对这种传说表示极大的愤慨。那天，全国开了追悼会，我们院也开了，这是任何力量也阻挡不住的，追悼会上，泣声一片。人们终于没能看见毛主席参加周总理追悼会，我们小范围在低下议论，是毛主席身体状况不允许还是其他原因，无论如何这都是广大老百姓内心深处产生严重忧虑的事情。后来看了首都人民十里长街送总理的纪录片，再一次感受到了周总理在全国人民心中的位置。

很多年后才有披露关于周恩来追悼会的文章刊出，没有经过这些事的年轻人或许不会有兴趣，但对我们却是不能忘却的。

3月下旬，清明节快到了，我们要出黑板报纪念周总理，纪念文章都准备好了，最后因选什么标题却有些为难，出黑板报 H 老师是主持，他写了几副挽联，拿出来征求我的意见，我把他写的全部看了一遍后，毫不犹豫地选出其中一幅，"他为人民谋幸福，也是人民大救星"。"就这幅"，H 老师看我态度坚决，他也下决心把那几个字当标题。打好格子后，H 老师的毛笔字本来就写得很好，只见他一笔一画恭恭敬敬把"他为人民谋幸福，也是人民大救星"写到大黑板的上面，我们都松了口气。没想到我的这个建议害了 H 老师，弄得我后悔好几年。原来 H 老师已被确定为党员发展对象，四五运动被宣布为反革命事件后，有人也提出这期黑板报有问题，就因为这期黑板报上这排字，就取消了 H 老师的近期入党资格，我真后悔。H 老师 1978 年后才入了党。后来每当我提到此事，H 老师总是哈哈一笑。的确我们当时一方面对周总理充满感情；另一方面也有对当时那种想贬低周总理的做法非常反感，你们想压，我们偏要对着干。

4 月初，我和几位老师到沈阳出差，计划顺便在北京停几天办点事，没想到在北京又碰上清明节悼念周总理后来被定为反革命事件的"天安门事件"。清明节纪念周总理，这是人民对总理热爱、崇敬的普遍心意。加上当时人们都感到有人想反总理，如今总理去世几个月了，那些人还不死心，想抹掉总理在人民心中的伟大形象，人民当然不会答应，捍卫总理的形象是很多人发自内心的，"文革"已 10 年了，社会仍处于动荡不安之中，少数野心家不顾社会的发展、人民的愿望，国家、民族的兴衰，还在唯恐天下不乱，想方设法搅乱形势，老百姓已是怨声载道，看在眼里，恨在心里。这时的老百姓也不是"文革"初期的老百姓了，他们在 1971 年九一三事件中就渐渐清醒过来，"文革"的狂热在绝大多数人中已经消失，极少数野心家的倒行逆施只能从另一方面促使人们采取各种方式起来反抗。毫无疑问，清明节悼念周总理成为老百姓迸发这几年心中怨气和怒火的契机。

我和 3 位老师于 4 月 3 日到京，住崇文门饭店，办好住宿后，就随他们出去办事。路过天安门广场时知道北京的老百姓在纪念碑悼念周总理。第二天，我没再随他们出去，而是一人到纪念碑去看悼念活动。主要看那些里三层外三层的花圈和人们张贴的悼念词，这时我已感到人们情绪激动，从很多张贴的文字来看，已不仅仅是悼念周总理的内容了，很多文字直指江青、张春桥等人。纪念碑周围的人越来越多，工人、学生、知识分子，也有解放军战士等，他们中很多人都胸戴小白花。花圈也越来越多，有的很大，几个人抬着。有的很小，一个人端在胸前。有的做得很精细和讲究，有的则就用松柏扎成。纪念碑前有的人在朗诵诗，有的人则贴上一张或几张纸，纸上则是写的各种悼念文字或其他内容的文字，如"誓与赫鲁晓夫似的野心家、修正主义者血战到底"一类。

身在这种氛围中，很自然就有一种肃然和悲痛的感觉。我边走边看，想起10年前"文革"开始时，毛主席在天安门上接见红卫兵时，天安门广场是一片红色的海洋，是欢腾的海洋。谁会料到10年后的今天，人们在这里却沉浸在这样一种场面中。到处是白色的花圈，到处是充满悲痛、严肃、甚至是愤怒的表情。晚上我把白天看到的一切告诉同到北京的3位老师，我知道这几位老师都是很正直的人，他们都对当时的很多事有想法甚至反感，平常私下也常在一起交流，所以我在他们面前没有什么顾忌。当然，他们在北京办事也知道一些天安门发生的事，因为在北京的事已办妥，第二天晚上要离京上沈阳，就定下来第二天我们都到天安门去。我们议论得很晚，但我还是给家里和朋友分别写了信，信中我不敢写看到的具体情况，以防万一，但都明确告诉他们北京出了非常重要的大事。

第二天也就是4月5日早上我们到了天安门广场。群众仍然很多，据说头天的花圈给收起来了，引起很多人的不满，一群群的人们议论纷纷，很多人说话的矛头十分明显对着江青和张春桥。新的花圈从四面八方送来排在纪念碑周围，讲演的人也多起了。我们4人走散了，我与G老师在一起，一会听讲演，一会看新送来的花圈，一会靠近那围着的一堆堆人群听他们议论什么。我头天晚上把写的怀念周总理的那首词写在一张纸上，我想那么多人都把自己写的文章诗词贴在纪念碑旁边，我也想把我写的贴上去。但这时又想自己写得不好，有些不好意思拿出来。犹豫之中，G 老师拉我到旁边小声对我说，要注意有人在拍照，有的是群众在照，但有的是派来拍照收集证据的，千万不要让人给照进去了。我一听顿时警觉起来，远离那些照相的，同时也打消了把口袋中的那张纸也贴出来的念头。下午我们返回崇文门饭店，准备到沈阳。

晚上上火车后，有一位海军军人主动给我们讲他在天安门广场看到的一切，本来我们很谨慎，经这位军人一讲，看他义愤填膺的样子，我们也和他一起谈论起见闻和时局来，说事情发展到这一步，完全是必然的，就像火山爆发一样。后来又过来两个乘客，加入到我们的谈话中，谈得很投机，也很晚。

第二天早上快到沈阳站时，列车的广播中突然传来宣布这几天天安门广场悼念周总理的活动为"反革命事件"的消息，同时免去邓小平党内外一切职务。我们一下全懵了，震惊之余，我们也都还有点思想准备，毕竟两大派的斗争已白热化，因为广大人民群众在广场上已是公开地反对江青、张春桥等的倾向十分明显。但还是没想到被宣布为"反革命事件"。车厢里静得无声，人们只能沉默、叹气。沈阳到了，我们准备下车，与那位海军军人握手道别，没想到他边和我们握手边大声说："我们四个现代化时再见，四个现代化时再见。"他语气是那么坚定，带有悲伤，也带有信心。"四个现代化"是当时人们悼念周总理的代名词，我永远忘不了这一幕，那位年轻的血气方刚的海军军人，个子不高，看上去长得十分结实，他现在也应是 60 多岁了。

我们在沈阳待了近一个礼拜，也听当地人讲述与四五运动有关的事。我们在沉默中办完公事后返京。听说天安门广场不能去，我和 G 老师不信，仍然到广场去走了一趟，但不能到纪念碑。看到的情况说明人们的传说是对的，那么大的广场，除了站岗的外看不到几个人，显得那么安静。静得能听见自己的脚步声，我和 G 老师大气不敢喘，什么话也不敢说,默默地从广场南边走到天安门前西长安街。不过我还是偷偷看了一眼东南角那被烧了的房子。

记得4月5日那天有人在演讲中提到鲁迅《华盖集》中的一段话:

> 他们都是"郁郁乎文哉",不但绝无炸弹和手枪,并且连九节钢鞭,三尖两刃刀也没有,更何况丈八蛇矛和青龙偃月刀乎?至多"怀中一纸书"而已,所以向来就没有闹过乱事的历史。现在可是已经架起机关枪来了,而且有两架!

当时听说四五死了人,但从吴德口述《十年风雨纪事》看,四五没有死人。并且记述了江青当时也害怕,指着吴德、陈锡联、纪登奎问,北京军区、北京市委还保不保护他们的安全的情况。

回汉途中,我们约定回去什么也不说。但在知心朋友和家人中还是议论这些事,知道武汉也有人举起"实现四个现代化"的旗帜,写着"怀念周总理,实现现代化","走资派还在走,野心家确实有"等条幅,长江大桥上也有很多花圈,并准备游行,后因北京出事被压下来了。关于"中国女王"、"总理遗嘱"、"争当总理"、"新老斗争"等各种谣传仍在暗中流传。后来才知道,这次悼念周总理,反对江青、张春桥的活动是全国性的,各大城市那几天都一样。看来那批人的气数的确不长了。

以后的《关于建国以来党的若干历史问题的决议》称这次天安门事件"为后来粉碎江青反革命集团奠定了伟大的群众基础。"后来我庆幸自己亲历了这一事件,更深地去理解"人民的意志"。我想中华民族通过这十年中的痛苦经历,逐渐觉醒、成熟。

我们学习、抄录毛主席1975年10月至1976年1月间的重要指示。政治学习时经常讨论如"列宁说建设没有资本家的资产阶级国家,为了保障资产阶级法权。我们自己就是建设了这样一个国家。"、"'文化大革命'是干什么的,是阶级斗争嘛。"、"搞社会主义革命不知道资产阶级在哪里,就在共产党内,党内走资本主义道路的当权派,走资派还在走。"等内容。还有孔夫子没上过大学，还有秦始皇、刘邦、汉武帝、曹操、朱元璋，都没上过什么大学，可不要迷信那个大学。高尔基只上过二年小学，恩格斯只上过中学，列宁大学未毕业就被开除了，等等。

毛主席说的是事实。我想毛主席说的这些都是皇帝和大人物，我们这些小人物怎么能跟他们比？觉得上大学的希望看来是越来越渺茫了。

7月6日，又传来朱德去世的噩耗，林彪摔死后，朱德、董必武经常见报，董老于1975年去世。周总理病重期间，朱老总经常出面接见外宾，看他身体还可以，怎么也突然就去世了。

1976年7月28日发生惨烈到极点、为世界罕见的唐山大地震。

9月9日，毛主席去世。巨大的悲痛又一次笼罩全国。人们在悲痛之中，普遍对毛主席逝世后留下的巨大权力真空感到非常担忧，国家的命运是每个人都在操心的事，倒不是说那时人们的思想觉悟高到了这种程度，而是实实在在国家的去向决定了每个中国人的去向，人们普遍的不满情绪也到了一个关键时刻。

我记到：深切哀悼之日，重读毛主席诗词，倍感毛主席思想伟大、气魄雄伟，更增添无限崇敬之心，也加深万分悲痛之情。凝视主席遗篇，我感到不能用别的语言而只能用主席诗词中的语言，用主席诗词中成就最高的词《沁园春·雪》来填首词，表达哀悼之情。此词中每句都有出于毛主席诗词之中的词。

沁园春悼主席

豪杰一去，五洲四海，泣声滔滔。哀乐动寥廓，长空洒泪，悲歌激荡，山河折腰。悠悠千秋，漫漫世纪，英名何不引为骄？寄嫦娥，看白花素裹，呈报九霄。

英雄虽别今朝，留光辉业绩普天照。壮志逐心潮，飞舟劈浪，指点江山，红旗尽飘。缚魔扫妖，挥剑之处，有一条人间正道。春来报，思想照环球，卷起狂飙。

同时,我还写了首《忆秦娥》表决心。

噩耗传,肝胆欲裂悲欲绝。悲欲绝,继革命志,承战斗业。坚心刻苦学马列,狂风暴雨安能怯?安能怯?胸怀祖国,放眼世界。

现在看这些固然好笑,但当时自己确实是这样,不仅是我,很多人都是这样想的,也都用这样的语言来表达内心的强烈不安,我们都是那个时代的产物。如果在笑声中还能体会到另一种说不出的感觉,我也心满意足了。

毛主席去世不久,全国各地又闹了一阵地震,因为唐山地震太可怕了,弄得人心惶惶,地震虽没发生,也可看出当时老百姓的心态了。

10月13日传来粉碎"四人帮"的消息,全国人民大大地松了一口气,全国欢欣鼓舞,锣鼓喧天,庆祝这一伟大胜利。如果还有人怀念"文革",就去看看纪录片中全国人民发自内心的声音和喜悦吧。不久,宣布为四五天安门事件平反。剩下的一切都留在中国人民的记忆之中。

马克思是深刻的,"当几群各自心怀鬼胎的旗手们高举着无产阶级大旗,把满载不明真相人们的车轮疯狂地推向歧途"。"满载愚人的船或许会有一段时间顺风而行,但是它终究会驶向不可避免的厄运。""满载不明真相人们的车轮"和"满载愚人的船"终于停下了。即使是在疯狂车轮上面还明白一点真相的人们或是在愚人船上面的聪明人,也是只能唉声叹气,毫无办法的。车行船行上面的什么人都只能跟着行,只有当车或船停下来时,有些人才能更快地逃之夭夭。

历时10年多的"文革"终于结束。

从昙华林小学走出来已经10年多,那年我已经22岁了。我的眼前出现了新的曙光,我重新看到了新的希望,可以用新的视角去化解10年中留在心中的迷惑。

长江还是那样在若无其事地流淌。它好像什么都知道,又好像什么也没看见,只是在那里默默地奔腾着,后浪推着前浪。

后　记

　　50 岁以后，越来越强烈地感觉到童年和少年时期的生活那么清晰和亲切，我很庆幸自己基本保留了孩童时期的那些记忆，再翻开 16 岁到 22 岁留下的几本日记，看着自己写的每个字和记下来的每件事，仿佛又重新回到那个年代，那个真实的自己，心里阵阵震颤。可能是从记事开始，就是在不知不觉中被生活和时光推着向前，走啊走，连头也顾不得回。现在，终于有了走累了或者快接近目的地的感觉，才想起回头看看自己走的路。原来时间是那么漫长和短暂。路途是那么遥远和近在咫尺，看似遥远的路其实就像昨天才启程。当我终于下决心实践自己在 20 岁时的心愿，把自己经历过的事写出来时，我还后悔当初为什么没有把日记写得更详细一些。

　　这里，不可否认的是还有我的小学、初中、高中同学的回忆与启发，已经记不清有多少次和他们一起聚会了，每次聚会他们都会说到一些自己或者同学的故事，他们零零碎碎的只言片语足以唤起我另外的一些记忆，也可以弥补我记忆的不足。

　　太多的因素决定了我们这代人只能以默默无闻而告终。这是这个社会近百年演变的必然。上辈的事情决定了我们的命运。但这并不能说我们这代人没有过理想和希望，没有过努力和奋斗，没有过付出和奉献。

　　实际上我们以那个时代特有的方式表现出所有年轻人的特征：对革命的追求，对理想的理解，对英雄的崇拜，对前途的困惑，对现实的无奈……而且表现得非常充分，甚至是顽强地与环境和命运抗争。

　　一个小学同学曾经在一次聚会上动情地说，我多少年来一直在怀念小学同学，因为我除了小学同学以外，就没有其他熟悉的同学了。刚上初中就赶上"文革"，复课那段时间我很少去学校，同学还没有认识清楚就下农村了，一下就是很多年，以后就再也没有机会到学校，没有机会去认识新的同学了。越到后来，越觉得"同学"这个词是多么的亲切。个人的命运总是和社会、国家的命运紧密相连的，但个人的力量是那么的弱小。社会、国家处于十年"文革"的动乱、浩劫中，我们自然也是在劫难逃。

　　冷静下来，用你的理性观察一代人命运的曲折。应该承认，他们在非常特殊的环境中成长，在历史的画卷中留下了非常特殊的一页。他们也曾在那个时代的大潮中以自己的青春和力量，奋力拼搏，壮怀激烈。然而效果不佳，挫折不少。十年"文革"是动乱，是浩劫，恐怕这是铁板钉钉的结论，我们在动乱中长大，浩劫中我们失去的是对个人和国家来说都是宝贵的青春。

　　我们这一代大多数人的心里曾经受过伤，心上的伤痕只有自己知道。常言道，好了伤疤忘了痛，但心里曾经的痛是不易忘记的。希望我们的后代能了解我们的伤疤，不能再去重复经历我们的痛。

　　"文革"结束以后，也看了很多很多关于"文革"的各类文章、影视文学作品，那十年中发生的事好像永远也看不完，因此我也希望把我的经历写出来，相信能够弥补某些空缺，如那时城市里的学生生活、复课闹革命、高中阶段、青年工人、知识分子的所思所想，等等。

责任编辑:王世勇

图书在版编目(CIP)数据

迷茫年少时:我的"文革"记忆/于斌 著.-北京:人民出版社,2015.3
　(2021.12 重印)
ISBN 978－7－01－014431－3

Ⅰ.①迷…　Ⅱ.①于…　Ⅲ.①文化大革命-史料-武汉市-1966~1976
　Ⅳ.①D652

中国版本图书馆 CIP 数据核字(2015)第 025494 号

迷茫年少时
MIMANG NIANSHAO SHI
——我的"文革"记忆

于　斌　著

人民出版社 出版发行
(100706　北京市东城区隆福寺街 99 号)

环球东方(北京)印务有限公司印刷　新华书店经销

2015 年 3 月第 1 版　2021 年 12 月北京第 2 次印刷
开本:710 毫米×1000 毫米 1/16　印张:21
字数:291 千字

ISBN 978－7－01－014431－3　定价:68.00 元

邮购地址 100706　北京市东城区隆福寺街 99 号
人民东方图书销售中心　电话 (010)65250042　65289539